네트워크 비즈니스
경제 이야기

네트워크 비즈니스
경제 이야기

초판 1쇄 인쇄 2020년 11월 02일
초판 1쇄 발행 2020년 11월 10일

신고번호   제313-2010-376호
등록번호   105-91-58839

지은이   이용훈, 이승원
발행처   보민출판사
발행인   김국환
편집   정은희
디자인   김민정

주소   인천시 서구 불로동 769-4번지 306호
전화   070-8615-7449
사이트   www.bominbook.com

ISBN 979-11-91181-01-2   03300

- 가격은 뒤표지에 있으며, 파본은 구입하신 서점에서 교환해드립니다.
- 이 책은 저작권법에 의하여 보호를 받는 저작물이므로 무단 전재와 복사를 금합니다.

이 도서의 국립중앙도서관 출판시도서목록(CIP)은 서지정보유통지원시스템(http://seoji.nl.go.kr)과 국가자료공동목록시스템(http://nl.go.kr/kolisnet)에서 이용하실 수 있습니다.
(CIP제어번호 : CIP2020042289)

Netwoker 당신을 위한 정보 지침서!

네트워크 비즈니스 경제 이야기

Network Business & Economy Story

이용훈, 이승원 공저

세계 산업의 구조 4차 산업혁명 열풍을 타고
다가오는 6차 산업혁명을 준비하는 자!
당신은 '백만장자'로 탄생될 것이다.

머리글

최근 전 세계 코로나19와 더불어 경제의 흐름을 보면 정치, 경제, 사회의 모든 관행이 크게 변화하고 있다. 세계화와 정보화의 시대에서 특히 네트워크 비즈니스 경제의 현상을 이해하고 적용해야 할 필요성이 더욱 강화되는 주제로 이어지고 있다. 저자는 이러한 환경의 변화에 조금이라도 적응하기 위해 노력한 결과로 이 책「네트워크 비즈니스 경제 이야기」를 내놓게 되었다.

저자는 경제학을 사랑하고, 네트워크 비즈니스 마케팅의 경제학 사랑을 다른 사람들과 함께 나눌 수 있는 것을 즐긴다. 이것이 저자가 「네트워크 비즈니스 경제 이야기」를 집필하게 된 동기이다. 일반적으로 대부분의 사람들은 "경제학이란 어려운 학문이다."라고 생각하고 있다. 하지만 우리가 잠자는 것도 경제학 중의 한 논리이듯이 깊은 학문적인 경제학이 아닌 일상에서의 경제학이란 학문을 조금 더 쉽게 이해할 수 있도록 하였으며, 특히 네트워크 비즈니스 관련 많은 사업자에게 조금이라도 도움을 주고자 하는 것이 저자의 집필한 의도이다.

경제학이란 무엇인가? 본질적으로 경제학은 세상에 대하여 사고하는 것이다. 오랫동안 경제학자들은 각 개인의 일상생활에서 매일 매일 내리는 여러 가지 간단한 경제적 의사결정으로부터 국제 금융시장과 같이 매우 복잡한 시장의 움직임에 이르기까지 거의 모든 경제적 상황을 이해하는 데 있어서 유용성과 적용성이 매우 넓은 몇 가지 원리들을 발전시켜 왔다.

이번 저자는 아주 기본적인 경제학의 논리들을 누구나 쉽게 이해할 수 있고, 특히 네트워크 비즈니스 사업을 하시는 여러분을 위해 도움이 되고자 집필을 시도하였다. 경제학이 주는 일반적인 부분, 실전의 네트워크 사업에서 지켜야 될 규칙, 사업자들에게 용기를 주는 경제 이야기로 생각해보면 될 것이다. 특히 네트워커들의 실전방향 툴(Tool), 네트워커의 문화, 네트워크의 역사흐름, 앞으로 전망과 비전, 네트워크의 개념과 원리들 중에서 어떤 도구들이 사업 발전에 빛을 발할 것인지 도움이 되고자 하였다. 그리고 본서가 출판되기까지 많은 자료수집과 정리에 힘을 쏟은 이승원 교수에게 감사를 보낸다.

- 2020. 11. 10.

저자 **이용훈**

들어가기에 앞서

우리는 정보화 시대에 살고 있다. 특히 현 시대의 경제흐름에서의 부(富)를 축척하는 방법은 바로 정보이다. 그래서 우리는 고급정보화 시대에 살고 있으며, 정보를 어떻게 활용하고 입수하는가에 따라서 당신의 운명은 달라질 것이다. **일반정보가 아닌 지식정보는 필요한 사람에게는 에너지(정보)가 될 것이며, 정보를 받을 수 있는 사람이 되어야 한다는 것이다.** 그리고 현 시대에서 정보를 받을 수 있는 사람은 정해져 있다는 것이다. 우리가 흔히 뉴스를 통해서 받는 것은 상식이다. 즉 의도된 정보는 정보가 아니며, 생활정보지나 일반적인 전단지를 통한 제품이나 부동산, 기타 어떤 매출에 대한 정보는 고급 지식정보가 아니라 일반적인 정보라는 것이다. 이에 고급 정보는 진리와 지식에 기반을 둔 지식정보여야 한다는 것이다. 일반 상식은 어디서든 만날 수 있다는 것이다. 즉 상식적으로 알려진 것은 창업의 기회가 아니라 소비의 기회라는 것이다. 다시 말하면 대중매체가 소비에 지향이 되어 있다는 것이다.

지금 당신이 하고 있는 사업은 고급정보 또는 지식정보라고 할 수 있는가? 고급정보나 지식정보가 이제부터 당신을 성공자 또는 '백만장자'로 만들어줄 찬스, 기회, 타이밍이 이제 시작될 것이다. 어떻게 백만장자를 만들어주는지 이제부터 알아보고 행동으로 실천하는 사람은 부자 또는 성공자로, 실천하지 않는 사람은 실패자 또는 가난한 자로 변화하고 후회하는 삶을 맞이하게 될 것이다.

일반적으로 경제학에서 수요와 공급의 이론이 있는데 소비자가 증가하면 가격이 올라가고, 소비자가 감소하면 가격이 내려가는 수요와 공급의 원칙 등 이런 것들은 대부분 대기업에서 결정한다. 하지만 네트워크 비즈니스 마케팅 회사에서는 어떻게 할까? 대부분의 네트워크 회사들은 매출이 일어나면 날수록 사업자 여러분들에게 더욱더 보상플랜으로 혜택을 주며, 사업자들은 회사를 도구로 사용하면서 사업자들의 의견이나 주장을 이야기하고 반영하는 장점이 있다. 이것이 1990년대 경제 소비자들이 생각하는 경제시대의 흐름에서 미래의 소비경제, 즉 변화(SHIFT)의 판이 바뀌고 있다는 것이다. 바뀌는 시점은 2006년부터 부의 미래가 변화하였으며, 2009년 경제불황을 넘어서 현재의 경제시장까지 변화한 것이다. 많은 경제학자들은 미래의 어느 시점에서 불황이 온다거나 불황경제를 넘어서는 방법 등을 연구 발표하였으며, **이것은 앞으로 미래경제가 집중양성 파워시트(power sheet, 권력이동)가 무너지는 경제 패러다임(paradigm)이 변화한다는 것을 말한다.** 여기서 이야기하는 권력이동이란 정치·경제·사회의 문화, 대기업의 문화가 이동한다는 것을 말하며, 미래의 경제변화는, 즉 프로슈머로 넘어온다는 것을 이야기한다. 이러한 최상위층의 프로그램 등을 이동시키는 경제흐름으로 바뀐다는 것이고, 바뀌고 있다는 것이다.

다시 말하면 지금의 미래가 언제냐는 질문을 던진다면 그 미래의 경제가 바로 지금이라는 것이다. 지금이 미래를 열고 들어가는 문(타이밍)이라는 것, 즉 베스트 타이밍이라는 것이다. 지금이 유통경제 시장에서 타이밍 유통의 관심에서 씨를 뿌리고 싶은데 봄이 아니라 환경이라는 것이다. 그런데 지금까지 많은 사업자들이 지금이 타이밍(Timing)이라면서 네트워크 비즈니스를 열심히 하면서 왜 부를 가져오지 못하고, 일반적인 사업자들의 하는 말을 보면 **"네트워커들은 실패하였다! 기존 네트워커 다 죽었다!"** 라고 할까? 그것은 타이밍이 맞지 않은 시기에 사업을 하였기 때문이다. 기존의 사업자들은 씨를 뿌리고 싶은 봄이 아닌 시기에 뿌렸기 때문에 희생이 되면서 거름이 되었다는 것, 그래서 씨는 봄에 뿌려야 한다는 것이다.

네트워크 마케팅 비즈니스에서 지금이 씨를 뿌려야 하는 시기임을 명심해야 한다는 것이다. 매년 식목일에 나무 묘목을 심지 않고도 가지고 다니는 지팡이를 심어도 싹이 난다는 시기, 바로 지금이 최고의 시기라는 것이다, 바로 지금이 네트워크 비즈니스 최고의 시점(타이밍)이며, 그 타이밍을 지금의 경제환경이 만들어주고 있다는 것이다. 다시 말하면 메가트랜드경제, 즉 대기업의 경제체계가 무너지고 마이크로트랜드경제, 즉 소비자의 현명한 소비가 살아나는 경제, 1인 기업가 백만장자 탄생의 시대가 왔다는 것이다. 당신, 아니 나라면 무조건 지금 씨를 뿌려야 한다는 것이다. 이런 것을 두고 흔히 농사의 경험이 많은 20년 이상 농사를 지은 농부의 말을 잘 들어야 한다는 것이다. 마이크로메가트랜드경제 시대는 당신에게 둘도 없는 찬스이며, 올바른 소비자의 시스템이 바로 네트워크 비즈니스 사업인 것이다.

그럼 당신의 네트워크 비즈니스 사업이 스페이스(space)라고 해서 지금 아무리 환경이 좋다고 아무 때나 돌밭에 씨를 뿌리면 되겠는가? 현재 본인들이 하고 있는 일을 정확하게 알고 타이밍을 맞추는 것 같은데, 씨를 어디에 뿌려야 할지 모를 것이다. 지금부터 아무 곳이 아닌 옥토에 뿌려야 한다. 그럼 옥토와 자갈밭을 구분하려면 어떻게 해야 할까? 지식, 즉 전문지식이 있어야 한다. 이제부터라도 여러분은 공부를 해야 하며, 또한 그 방법을 이 책에서 소개할 것이다. 당신은 이제 네트워크 모판에 씨를 뿌려야 한다.

미래의 나의 꿈을 실현할 줄 아는 것이 중요하다. 나와 같은 정보를 제공하는 방식의 사업자를 만드는 것, 프로소비자를 만드는 것, 즉 프로슈머소비자를 만드는 것, 소비자가 비즈니스프로소비자(Independent)를 만드는 것이며, 소비자가 비즈니스 코드를 갖는

것이고, 프로소비자가 된다는 것이다. 예를 들면 할인마트에서 포인트를 사용하지 않는다고 회원자격을 박탈하지 않으며, 쓰지 않는 것을 더 원하기에 관리를 하지 않는다는 것을 말한다.

네트워크 비즈니스 마케팅 사업은 제품을 써보니 기가 막히게 좋으니까 나 혼자 쓰는 것이 아깝다. 그래서 가족이나 친구들에게 소득의 기회를 주고, 정보를 주는 것이며, 가이드 역할을 해주는 것이 바로 네트워크 마케팅이다. 네트워크 사업을 스크랩 짜서 한 번 사업을 해보자는 것을 말한다.

네트워크 비즈니스는 판매 목적이 아니라 정보를 전달해주는 목적이다. **네트워크 스크랩을 짜면서 사업을 권유하는 것, 즉 프로슈머(Prosumer, 생산자와 소비자를 합성한 말)를 만들어가는 것이다.** 엘빈 토플러는 「제3의 물결」에서 2017년부터 엄청난 변화가 온다고 하였듯이 저자가 이야기하는 새로운 물결의 시대에 준비된 사업자가 돼야 한다는 것이다. 그러기 위해서 우리는 빨리 스크랩을 짜서 확산시켜야 한다는 것이다. 새로운 한국형 프로슈머가 되어 잘사는 나라, 로열티 많이 받고 세금 많이 내는 국민이 되는 것이 경제를 살리는 길이다.

지금 타이밍이 맞고 대한민국의 스페이스가 맞는다면 우리가 종자씨를 가지고 큰 그물을 짜서 4만불, 5만불의 시대를 여는 실현의

견인차 역할을 하는 데 대한민국의 미래가 우리, 아니 당신에게 달려있다. 당신은 이제 새로운 길을 발견해야 한다. 어리석은 사람들은 우연으로 살고, 지혜로운 사람들은 창조적인 삶을 산다. **습관과 규범을 아무런 사고 없이 답습하게 되면 우리는 어리석은 사람으로 살아가는 것이고, "왜?" 하고 묻게 되면 우리는 새로운 길을 발견하게 될 것이다.** 이것은 일종의 모험이다. 이미 있는 길이 아니라 새로운 길을 개척하는 것이기 때문이다. 그러나 삶의 진정한 의미는 바로 이 새로운 길을 발견하는 것에 있다. 세상의 모든 성인(聖人)은 이렇게 자신의 길을 발견한 사람들이다.

그들은 기존의 길과 다른 자신의 길을 어렵게 찾아갔다. 우리도 우리 자신의 길을 걸어가야 한다. 21세기 혁신의 유통 네트워크 비즈니스 마케팅에 당신의 미래가 달려있다. 불가능은 없다. 미래를 준비하는 지혜만 있다면 당신도 성공할 수 있고, 꼭 그렇게 성공하리라고 믿는다. 강인한 믿음은 기적을 이루고, 준비가 기회를 만날 때 행운이 온다. 미래가 준비된 사업자 여러분이 꿈을 실현할 수 있는 아름다운 세상을 만들어가는 지금이 타이밍이다. 위기는 곧 기회이다. 전 세계 경제가 코로나19로 어려워졌다고 전망한다. 하지만 우리, 아니 당신은 이겨낼 수 있다. **당신만의 네트워크 비즈니스 사업, 당신만의 시스템과 문화에서 꼭 꿈을 이룰 수 있기를 기원한다.**

"나는 할 수 있다! 하면 된다."
"I CAN DO IT! YOU CAN DO IT."

CONTENTS

머리글	4
들어가기에 앞서	6

제1장. 시장경제의 흐름   20

매일 행복해지는 9가지 방법	33
경제학 이야기, 하나	36

제2장. 우리의 현실과 N/W 마케팅   39

오늘날 우리의 현실	39
기회비용	53
경제학 이야기, 둘	55

제3장. 우리나라 N/W 시장의 역사   58

네트워크 마케팅의 역사	58
경제학 이야기, 셋	66

제4장. 변화하는 N/W 시장의 역사와 흐름   69

미래의 경제와 사회의 변화	78
경제학 이야기, 넷	80

제5장. N/W 사업의 3무법칙 & 미래지향적인가?   83

N/W 사업은 미래지향적인 가능성이 있는가?   85
새천년의 사회적인 병폐 3가지   89
경제시장에서 1+1을 금지하는 이유   91
경제 이야기, 다섯   93

제6장. 100조의 꿈 N/W 비즈니스 경제   96

6차 산업혁명을 선점하라   96
세계경제 구조의 흐름   98
부의 공동체 100조 시장   104
사업에 임하는 우리의 자세   110
경제학 이야기, 여섯   114

제7장. 4차 산업혁명 시대 미래전망   117

산업구조의 역사   119
4차 산업혁명을 주도하는 미래 산업전망   120
미래 산업혁명의 일자리   125
AI인공지능 시대 '로봇세'   130
경제학 이야기, 일곱   134

제8장. 가상화폐(Electronic Money)   137

- 비트코인(Bit-Coin)이란?   139
- 블록체인(Block Chain)의 개념   143
- 경제학 이야기, 여덟   147

제9장. 4차 산업혁명의 원동력, 차세대 N/W 5G   150

- 이동통신(무선통신)의 역사   151
- 4차 산업혁명의 핵심 5G   153
- 스마트폰 등장으로 달라진 10가지   155
- 경제학 이야기, 아홉   159

제10장. 나는 왜 일을 하는가? & 설득의 법칙   163

- 당신만의 Why를 찾아라!   163
- 설득의 법칙을 알면 성공이 보인다   167
- 5분의 철학   169
- 당신을 왜 사장님이라고 부르는가?   172
- 경제학 이야기, 열   175

제11장. 나를 바꾸는 지혜 프레임 & 가치는 얼마인가?   179

- 자기 프레임, 세상의 중심은 나라는 착각   183
- 지혜로운 사람의 10가지 프레임   189
- 나의 삶의 가치는 얼마인가?   194
- 경제학 이야기, 열하나   196

제12장. N/W 비즈니스 성공 노하우 기본원리　　　199

N/W 기본원리　　　202
N/W 마케팅을 성공하기 위한 자세　　　205
경제학 이야기, 열둘　　　207

제13장. 부(부자)를 창조하는 성공의 5가지 조건　　　211

성공의 5단계　　　212
N/W 사업과 리크루팅의 중요성　　　220
경제학 이야기, 열셋　　　225

제14장. N/W 마케팅의 이해와 성공방안　　　228

N/W 마케팅의 정의　　　228
N/W 마케팅 성공방안　　　235
미래를 내다보는 지혜가 필요한 시대　　　245
코이의 법칙　　　250
경제학 이야기, 열넷　　　252

제15장. 당신만의 N/W 문화 만들기 실전　　　256

YES 문화 만들기　　　257
N/W 사업 진행방법 실전　　　264
경제학 이야기, 열다섯　　　267

제16장. Π/W 비즈니스를 실패하는 이유   270

파레토의 2080법칙   277
경제학 이야기, 열여섯   280

제17장. Π/W 비즈니스 마케팅은 트랜드다   283

전 세계 작은 거인 대한민국   283
'육포' 세대에게도 답은 있다   286
경제학 이야기, 열일곱   288

제18장. 행복한 세상을 만드는 최고수, Π/W 비즈니스   292

인생 고수와 하수   300
경제학 이야기, 열여덟   301

제19장. 마음의 프레임을 바꾸는 방법   306

파트너에게 용기와 희망을 넣어줄 기적의 10마디   308
당신의 가치를 떨어뜨리는 7가지 언어습관   311
커피 맛의 경제지수   315
경제학 이야기, 열아홉   317

제20장. n/w 비즈니스 좋은 글 모음 320

좋은 글 모음 **320**
경제학 이야기, 스물 **363**

제21장. 희망의 글, 용기를 주는 글 모음 366

희망의 글, 용기를 주는 글 모음 **366**
경제학 이야기, 스물하나 **383**

제22장. 100세 시대 긴 인생, 축복인가 재앙인가? 387

성공하기 위한 7가지 필수요건 **390**
최저임금제 **395**
경제학 이야기, 스물둘 **396**

제23장. 마침글 399

제1장.
시장경제의 흐름

경제[經濟, Economy]란? 경세제민(經世濟民)의 약자로, 세상을 경영해 백성을 부유하게 하고, 인간의 물질적 부와 관련된 모든 것으로써 인간의 욕망을 채워주는 재화와 용역을 생산하고 교환, 분배하고 소비하는 활동이 지속적으로 이루어지며, 만들어진 질서를 말한다. 경제학이란 영어의 economics는 그리스어 œconómǐcus [오이코노미쿠스]로 'management of the household[가정학]'이라는 말에서 유래하였다. 즉 유추하면 경제란 가족이나 가정 차원으로는 가정학이라 하고, 기업이나 사회 차원으로는 경제, 경영학이며, 좀 더 확대된 국가 차원은 관방학[1], 행정학으로 그 의미를 확대할 수

---

[1] 관방학(官房學) : cameralism, 16~18c 독일의 봉건사회에서 군주와 봉건 영주의 재정을 풍부하게 하고 국가산업을 육성하여 국권을 신장시키는 방법을 연구하던 학문으로, 중상주의적 사회경제 체제의 성격이 강하며, 오늘날에는 경제이론, 경제행정, 재정학 등 세 부분으로 해체되었다.

있다.

경제학을 통하여 우리가 배우고자 하는 것은 가장 큰 틀로는 합리적인 사고와 생각의 기술이다. 경제학은 대충 이해하고 암기하는 수준이 아닌, 깊이 생각하고 반복적인 훈련과 노력을 통하여 경제개념과 사회현실을 이해할 수 있는 과목이다. 이러한 경제학적 사고능력 배양을 통하여 다음과 같이 경제학을 공부하는 이유를 유추하여 볼 수 있다.

지금 세계는 플랫폼 마케팅 시스템 전쟁 중이라는 것을 누구나 다 현실로 직감하고 있는 시점에서 세계경제의 흐름을 보면 소위 백만장자가 부를 축적하는 기반은 대다수 부동산 시장에서의 투자인 반면, 현 시대의 백만장자 대열의 시대는 창조적인 지식 플랫폼 마케팅 시스템 전쟁이다. 즉 흑수저가 부의 대열에 올라설 수 있는 시스템이다.

전 세계 상위 기업의 40% 이상 플랫폼 마케팅에서 성공기반을 가지고 있다는 것이다. 여기에는 특히 중국의 알리바바, 구글, 네이버, 카카오, G마켓, 옥션 등이 있다. 이베이가 옥션을 3,000억에 인수한 것도 온라인 쇼핑에서 더 많은 돈을 벌기 위함이다. 이런 사례를 보면 알 수 있듯이 **전 세계 100위권 안의 부의 진입의 성장기반인 플랫폼 마케팅 시스템이 핫이슈로 떠오르는 부를 축적하는 방법**

이라는 것이다.

중국의 알리바바 마윈은 억만장자로서 100위권에 진입(알리바바 21위)하여 성장기반이 되었으며, 우리나라 삼성의 이건희 회장(75위)이 약 17조인데 비해 마윈 52조로 삼성의 2.5배 급성장한 기업으로 성장한 사례를 들 수가 있다.

최근 중국의 핸드폰 판매돌풍을 일으키는 화훼이나 샤오미 역시 플랫폼 마케팅의 성공사례로 애플, 삼성, 엘지 등이 핸드폰 마케팅 시장에서 추락함에도 화훼이는 상승세를 보이는 사례이다. 2018년, 2019년, 2020년 현재도 지속적인 세계시장에서 휴대폰 시장을 점유하는 사례를 보면 알 수 있을 것이다. **결국 현 시대 플랫폼 전쟁에서 살아남는 방법은 세계경쟁 시장에서 하드웨어의 방식이 아닌 소프트웨어의 능력과 경쟁력을 키워야 한다는 것이다.**

우리는, 아니 나는 그동안 열심 산다고 살아왔는데 왜 경제적인 부를 갖지 못하고 하루하루를 반복되는 삶을 살아왔는가? 즉 교과서적인 삶, 답답한 세상의 지속된 삶을 이제는 변화시켜야 한다는 것이다. 변화는 무엇 때문에 해야 하며, 나만의 정확한 목표와 꿈이 있어야 현 시대 경제의 흐름에 맞추어 나만의 색깔을 낼 수 있는 창조적인 흐름에 변화시키려고 노력해야 한다는 것이다. 변화에는 무엇이 필요한가? 그것은 바로 모두가 행복한 세상, 다 같이 잘사는 세상을 내가 사랑하고 아끼는 가족, 지인, 학연 등 내가 아는 모든 사람들과 행복한 세상, 부자 되는 백만장자의 꿈을 같이 이루고 싶은 욕망이 절실하게 있어야 한다는 것이다.

과거에서의 부의 창출은 주로 부동산이었지만 이제는 플랫폼 마케팅 시대라는 것이다. 6년을 기점으로 세계 백만장자 직업군의 통계를 보면 알 수 있다. 전 세계 백만장자 직업군 순위 1위가 네트워크 마케팅 종사자 20%이고, 2위가 부동산 관련 종사자 18%이며, 3위가 금융 관련 종사자 10%의 통계자료를 보듯이 앞으로 새로운 백만장자의 탄생은 지속적으로 네트워크 마케팅 사업자들 중에서 새롭게 탄생할 것임이 틀림없다는 것이다.

이러한 통계자료는 현 시대에서 백만장자의 부의 변화는 네트워크 마케팅, 부동산, 주식, 펀드 등 초저금리 시대에서의 부의 창출의 변화를 말한다는 것을 알 수 있다. 또한 기존 우리가 알고 있는 산업에서의 판매방법을 보면 아래와 같은 전쟁이 시작되었고, 진행되고 있다.

세대	내용
1세대	제조 판매
2세대	다단계 마케팅 판매
3세대	소셜커머스 마케팅 판매
4세대	플랫폼 마케팅 판매

특히 「쇼핑 + 검색 + 게임」의 융합 시스템 시대라는 것이며, 전 세계 경제흐름은 많은 변화가 이루어질 것이고, 산업혁명의 변화에 따른 4차 산업혁명과 5차 산업혁명이 합쳐진 융복합 산업혁명이다. 즉, 앞으로 다가오는 6차 산업혁명 시대를 준비하는 시스템 개발을 연구하고 실현하는데 시대의 흐름은 빛의 속도보다 빠르게 진화하고 있다는 것을 알고 대처해야 한다는 것이다. 이러한 시장경제의 흐름에 있어 세계경제와 우리 경제의 현황분석 및 대안은 어떤 것이 있는지를 살펴보자. 세계경제의 현재 상황을 분석해보면 세계경제는 1990년대 무렵까지는 두 가지 변화로 인하여 장기호황의 시대를 열었다.

첫째, 두 가지 변화요인

① 고성장 ② 저물가 시대에서 경제호황을 가져왔다. 이 두 가지 변화는 신자유주의 정착과 중국경제의 산업화를 말할 수 있다. 원래는 이론상 고성장과 저물가는 양립할 수 없는 것이나 가능했던 것은 경쟁에 의해 생산효율이 높아짐으로써 고성장을 이루고 경쟁에 의한 가격파괴 현상으로 저물가를 이룰 수 있었기에 가능했다. 여기서 생산효율을 높이는 데 크게 기여한 것이다.

둘째, 중국경제의 산업화 경제흐름이다.

중국경제의 산업화는 전 세계 경제 발전에 지대한 영향을 가져왔으며, 이런 영향의 기간 동안 세계경제는 점점 안으로 곪아가고 있었던 것이다.

셋째, 세계경제의 침체로써 발전한 이유

저물가로 인한 은행의 금리인하, 금리인하로 인한 대출증가, 그리고 대출된 돈으로 주택경기를 비롯한 자산에 거품이 끼기 시작하였다. 결론적으로 1990년대의 호황으로부터 누린 경제의 달콤한 거품이 2008년도의 총체적인 세계경제의 금융위기로 나타난 것이다.

이 현상으로 자산가격이 하락 → 금융시장의 붕괴 → 금융기관의 도산으로 이어짐과 원인으로 보면 무질서한 금융질서로 볼 수 있다. 경제가 호황을 누리자 너도 나도 거품자산에 손을 대었고, 금융기관들 또한 돈을 빌려주고, 빌려준 기관에서는 채권을 발행하고, 또 그 채권을 산 기관이 그 채권을 담보로 또 채권을 발행하였고, 이것을 위한 보험까지 등장하였던 것이다. 이런 현상의 사례가 바로 미국의 서브모기지로 인한 금융몰락이다. (예) 1억짜리가 30억으로 거품을 껴안게 된 것이었다. 이때 1억짜리가 붕괴하면서 30억이 붕괴하는 결과를 부른 것이다. 부처님의 12연기법이 딱 들어맞는 것 같은 느낌이다.

따라서 1990년대 누렸던 호황경제였던 고성장 저물가로 인한 달콤한 꿈이 저성장 고물가의 불황경제로 전락하고 말았다. 여기서도 결정적인 영향을 미친 것이 중국이다. 그동안 세계경제의 물가상승을 완화시켜 오던 중국이 반대로 세계의 물가상승을 부추기며(임금상승, 노사관계) 투자 감소와 부동산 시장의 세계적 냉각현상이 지속되었고, 경제성장이 떨어졌음에도 불구하고 복지수준을 줄이지 못함으로써 국가부채가 쌓여 국가부도 위기까지로 상황에 이르게 된 것이다. 또한 자연스런 가정경제의 소비감소도 한 영향의 축을 이루었다.

대표적 예로 남유럽의 국가들, 특히 그리스를 말할 수 있으며, 또 하나의 위기요인으로 포르투갈, 이태리, 아일랜드, 그리스, 스페인 등 남유럽의 국가들의 신용평가 절하와 부도위기로 휘청거리면서 세계경제에 악영향을 미쳤고 미치고 있는 것이다. 이 국가들의 부채가 국가부도로 이어질 경우 세계 각국의 은행들은 줄줄이 부실화로 이어지고 붕괴될 수밖에 없는 위험에 처해진다. 여기서 밝힌 남유럽 국가들의 부실화 특징은 앞서 언급한 바와 같이 '고복지, 고부채'라는 것인데 이는 웬만한 OECD 국가들이 겪고 있는 아픔들인 것이다.

그런데 이 가운데서도 탄탄한 경제성장을 이룬 국가들은 멀쩡하지 않은가? **한마디로 '탄탄한 성장'만이 그 나라의 경제를 뒷받침할 수 있다는 것이다.** 여기서 남유럽의 아픔을 겪는 나라들 대부분이 성장률은 0% 또는 마이너스인데도 불구하고 고복지 정책을 유지시키려고 하니 결과적으로 부도위기에 직면할 수밖에 없게 된 것이다.

여기까지 세계경제가 1990년대의 '고성장 저물가'의 호황경제에서 2008년 '고물가 저성장'인 불황경제의 원인과 각국의 현황을 생각해 보았다.

우리나라 경제의 현황분석

지금 우리 경제의 가장 큰 문제는 국민소득의 감소와 고용 없는 성장을 의미하는 빈곤화 성장을 하고 있다는 것이다. 우리나라도 1990년대 이전까지는 빈곤화 성장은 아니었다. 오히려 양극화는 해소되는 방향으로 진행되었다. 그러나 이후부터 고성장을 이루면서 양극화가 점차 심화되는 빈곤한, 즉 빈곤형 성장을 하게 되었다.

빈곤형 성장의 이유

신자유주의의 특성과 관련이 있다. 경쟁력이 강한 대기업은 성장을 하지만 경쟁력이 약한 중소기업과 농업분야는 경쟁에서 밀려나 퇴출되고 붕괴하는 것이다. 통계청의 자료에 의하면 우리 경제에서 중소기업이 고용의 88%를 차지하고, 이중 자영업자가 고용의 34%를 차지하고 있는 것으로 조사 나타나고 있다.

한마디로 고용을 책임지고 있는 근간이 중소기업과 자영업이었는데 이 부분이 붕괴하니 고용 없는 대기업만의 성장을 하게 된 근본적 원인이었던 것이다. 즉 이것이 신자유주의의 특성인 대기업만의 성장이다.

중국경제의 성장도 영향을 미쳤다. 중국경제의 성장은 대기업에게는 도전의 기회가 되었지만 중소기업과 농업에는 붕괴를 가져왔다. 결국 성장의 열매는 대기업이 다 가져가게 된 것이다. **한마디로 부익부 빈익빈 현상이 나타난 이유인 것이다.**

국가정책으로 인한 빈곤형 성장의 이유 분석

앞서 밝힌 총체적인 현상과 아울러 우리 국가가 시행한 정책 또한 빈곤형 성장을 부추겨 왔는데 그 내용을 분석해보면 다음과 같다.

첫째, 경제구조가 대기업 위주로 짜여져 있다는 것이다. 이는 자본주의적인 수출의존적인 한국 산업화 과정이 가져온 것이다. 그리고 농업이 발전 과정에서 소외된 것이다. 외국과 같으면 농업이 해야 할 역할을 우리의 경우는 외국자본이 하였다.

둘째, 우리 경제가 철저하게 신자유주의적 경제정책을 쓴다는 것이다. 한마디로 상품시장, 투자시장, 외환시장 등 모두 개방되었다. 개방의 원인은 IMF가 원인 및 계기가 되었다.

셋째, 우리는 중국경제의 직접적인 영향권 안에 들어있다는 것이다. 머지않아 중국이 기침하면 우리는 몸살을 앓는 시대가 다가오고 있는 것이다. 따라서 이러한 문제를 해결할 수 있는 것은 정부의 역할인 것이다. 한마디로 정부의 영향과 역할이 없으면 양극화는 더욱 심해질 수밖에 없는 구조이다.

우리나라 경제에 대한 해결방안 고찰은 어떤 것이 있는가는 앞서 밝혔듯이 우리 경제는 정부의 역할이 없이는 양극화를 해결할 수가 없다는 것이다. 따라서 이 양극화 해소를 위한 해결방안을 고찰해보자. 두 가지로 정리해보았다.

첫째, 국내투자를 늘리는 것이다.
즉 90년대 이전과 같은 경우이다. 90년대 이전은 대기업이 성장할 경우 그 이익을 국내에 투자했다. 그래서 이 투자가 국내 일자리 창출과 국민소득 증가로 이어졌다. 이것은 한마디로 국민경제의 선순환이었다. 지금은 어떤가? 이 선순환이 더 이상 일어나지 않고 있는 것이 현실이다. 그 이유는 기업의 목적은 이윤창출이다. 대기업은 국내투자를 할 이유가 없어졌다. 중국에 투자할 경우 큰 이익을 맛보는 데 비해 국내에 투자할 경우 어떤가? 고임금, 높은 땅값, 높은 운송비 등으로 이익이 중국보다 적다. 한마디로 이익이 나지 않는 국내투자를 누가 하겠는가? 지금의 문제이기에 대기업들이 국내투자를 하지 않고 해외투자로 바꾸는 것이다. 따라서 정부는 대기업이 국내투자를 할 수 있도록 정책과 제도를 늘릴 수 있도록 해야 하는 것이다.

둘째, 분배구조의 개혁이다.

정부가 나서서 재분배 정책을 바꾸는 것이다. 소득분배는 생산과정에서 이루어지는 분배인 1차 분배와 재분배를 가리키는 2차 분배로 나누어진다. 그런데 1차 분배는 전 세계 어느 국가를 보더라도 불공평하기 마련이다. 이것을 공정하게 하기 위해 정부가 세금을 거두어 2차 분배를 하는 것이다. 이것만이 우리가 안고 있는 양극화 문제해결의 유일한 방법이다. 선진국 역시 이 방법을 쓰고 있다. 북유럽의 경우 1차 분배는 우리보다 더 불공평하다. 그러나 높은 세율을 바탕으로 강력한 재분배 정책을 채택하고 있다. 우리는 생존, 교육, 의료라는 국민의 기본적 수요를 재분배 정책을 통해서 해결해야 한다. 나머지는 시장에 맡겨야 한다. 우리 경제의 정상화를 위해 반드시 해야 하는 체제이며 지향할 점이다.

결론은 종합적인 대안은 있는가이다. 분배는 시장에 바탕을 두되 국민의 기본적 수요는 정부가 반드시 개입해야 한다. 여기에 들어가는 비용은 불공평한 1차 분배에서 이익을 보는 부유층에게 '특별복지세'에 의해 조달되는 재원이 20~30조원에 달해야 한다.

현재 정부에서 논의되고 있는 버핏세의 경우 기본방향은 옳으나 걷어봐야 1조원 정도밖에 조달할 수 없다는 데에 한계가 있다. 이는 대기업과 부유층의 희생에 바탕을 두고 있다. 하지만 이 희생은 꼭 필요하다고 본다. 세금을 더 낼 의향이 있다는 버핏 자본주의의 유지를 위해 부유층의 세율을 높이라고 주장한 빌 게이츠를 보라. 이것이 진정한 '노블레스 오블리쥬'인 것이다. 한편 국민도 정부도 함께 알아야 할 것은 지속적인 경제의 발전이 뒷받침되어야 한다는 것이다. 경제발전의 뒷받침 없이는 모든 것이 공염불이 되며, 현재 위기에 처한 남유럽을 답습할 수밖에 없는 위기에 처할 수 있다. 정부와 대기업은 수출을 통해 대외지향적인 정책을 펴야 하고, 세계를 지배하고 있는 신자유주의의 질서에 따라야 한다.

특히 경쟁력 있는 산업을 성장시키는 대기업 위주의 성장을 발전시키되 선순환할 수 있도록 대기업을 유도하여 고용증대와 국내경기 활성화에 더욱 강력한 정책을 펴야 할 것이다. 아울러 노동 유연성 또한 보장해야 한다. 우리 국민은 1차 분배의 불공평함을 인정해야 하고, CAN DO 정신의 재무장과 소외계층과의 소통을 통하여 대국민적 타협 또한 이루어야 한다. 나 하나쯤이야 하는 안이한 마음보다 나 하나만이라도라는 더욱 동참하겠다는 국민적 총의를 이루어 우리 경제의 문제를 해결해야 한다.

TIP | 성공할 사람들의 공통점

① 꼼꼼히 연구한다.
② 사전 준비를 한다.
③ '앞'을 내다보고 일한다.
④ 상황 판단이 치밀하다.
⑤ 유연성이 있다.
⑥ 약속을 지킨다.
⑦ 상대가 기대한 것 이상으로 신속하게 행동한다.

매일 행복해지는 9가지 방법

첫째, 실패한 일일수록 미련을 버린다.

실패한 과거를 잊지 못하면 그 불행은 과거로 끝나지 않고 더욱 어둡고 깊은 늪 속으로 빠져든다. 그러므로 새로운 출발을 위해서는 빨리 잊어버려라. 고민한다고 해서 달라질 것은 없다. 그러므로 무엇이든 자신이 할 수 있는 일부터 행동으로 옮기는 태도에서 어려운 일도 쉽게 해결할 수 있을 것이다.

둘째, 자신의 실수나 단점에 집착하지 않는다.

누구에게나 단점과 실수가 있는 법이다. 그것을 자신의 영원한 업보인양 짊어지고 사는 사람이 있다. 자신에게 부족한 점을 극복하는 노력과 함께 자신감을 가져라.

셋째, 최악의 순간보다는 최상의 모습을 상상한다.

실패를 먼저 생각하는 일은 성공하기 어렵다. 긍정적인 상상만으로도 자신감과 극복의 의지를 가질 수 있다.

넷째, 효과적인 기분 전환법을 알아둔다.

고민을 떨쳐버리는 가장 효과적인 방법은 일이나 취미에 몰두함으로써 마음의 평온을 유지하는 것이다.

다섯째, 스스로를 격려하고 칭찬한다.

잘못한 일을 자신이 했다고 하더라도 자책보다는 칭찬 요법이 더 효과적이다. 자기 장점을 정리해서 잘 보이는 곳에 부착하고 자기 최면을 거는 것이 바람직하다.

여섯째, 체념하고 포기하는 법을 배운다.

세상 모든 일은 내 뜻대로 되는 것이 아니다. 아무리 노력해도 되지 않는 일이 있다면 그대로 받아들이고 마음의 평온을 되찾는 것이 바람직하다.

일곱째, 주위 사람과 자신을 비교하지 않는다.

남과 똑같지 않은 나만의 장점에 대해 감사하고 자신을 가꾸는 일에 열중해보라.

여덟째, 막연한 계획이나 기대보다는 자신이 반드시 할 수 있는 명확한 한계를 정한다.

사람의 욕망은 끝이 없는데 그 끝없는 욕망만을 쫓다보면 자신을 잃어버리기 일쑤다. 그러므로 한계를 정하고 자기 만족감을 느끼는 것이 더 현명한 방법이다.

아홉째, 행복 프로그래밍(PROG)을 만든다.

무엇이든 잘 되는 것이라는 자기 암시법을 이용한 행복 프로그래밍은 당신을 정말 행복한 사람으로 만들어줄 것이다.

위의 9가지 매일 매일 행복해지는 방법을 몸에 숙지하고 지금부터 당신의 열정, 꿈, 목표를 향하여 행동하고 실천한다면 당신이 원하는 그 어떤 것도 가질 수 있다. 하나하나 차근차근 이루어 나아가기를 바란다.

경제학 이야기, 하나

경제학이란 무엇인가? 이번에는 경제학이 무엇인지에 대하여 알아보는 것은 어떨까? 경제학은 무엇을 배우는 학문인가에 대하여 알아보는 시간을 가져보자. 즉 경제학은 경제활동을 하는 중에 발생하는 경제문제를 해결하기 위한 학문이다. **여기서 이야기하는 경제활동이란?** 인간의 만족을 증대시키기 위하여 인간생활에 필요한 재화나 서비스(용역)를 대가를 지불하고 유상으로 조달하는 활동(돈이 거래되는 행위)을 말하는데 일반적으로 소비, 생산, 교환, 분배의 네 가지로 나누어진다.

경제활동을 정확히 이해하기 위해서는 경제활동을 직접 담당하는 경제주체와 경제활동의 대상인 경제객체가 있는데 경제주체는 가계, 기업, 정부, 해외로 이루어진다. 가계는 주로 소비활동을 담당하고, 기업은 생산활동을 담당하는 주체이고, 가계와 기업으로 구성된 경제를 민간경제라고 하는 것이다.

경제객체는 우리가 사용하는 모든 재화를 의미하고 대가를 지불하는가, 그렇지 않은가를 기준으로 자유재와 경제재로 나누어진다. **즉 자유재란 우리들이 필요로 하는 이상으로 존재하기 때문에 대가 없이 획득할 수 있는 재화를 말하며, 경제재란 돈을 지불해야만 획**

득할 수 있는 재화를 말한다. 그리고 이 경제재를 다시 형태가 있는가, 무형인가를 기준으로 재화와 서비스로 나누어볼 수 있다. 예를 들어 자유재에서 경제재로 바뀐 것이 우리가 먹는 생수이다. 그럼 지금 여러분이 잠자는 것도 경제활동일까? 아닐까? 잠자는 것도 경제활동이다. 일반적인 경제학의 팁을 드린다.

> **TIP | 가계와 기업의 정의**
>
> 가계란? 기업에 생산 요소를 제공하고, 그 대가인 소득을 통해 소비하는 경제주체를 이야기한다. 즉 가계는 기업이 생산한 재화와 서비스를 소비주체를 통하여 효용의 극대화를 추구하는 것을 말한다. 반면에 기업이란? 이윤추구를 목적으로 재화와 용역을 생산하는 조직적인 경제단위, 즉 영리를 목적으로 한 생산주체이며, 이윤을 극대화하는 조직을 기업이라 한다.
>
> 가계와 기업의 상호작용으로 인한 경제흐름의 발전을 우리는 사경제(민간경제)라고 한다. 국민들에게 후생을 극대화시키는 역할을 하는 것이 정부의 역할이며, 해외에서의 가계와 기업의 경제를 외국경제라 하며, 정부(국가)경제라고 하는 것이다. 이에 사경제와 국가경제를 합하여 국민경제라고 하며, 국민경제와 해외경제를 합하여 국제경제 또는 개방경제라고 하는 것이다. 사업을 하면서 이러한 경제에 대한 기본적인 지식을 가지고 멋진 사업에 유용하게 활용하면 성공할 것이다.

제2장.
우리의 현실과
N/W 마케팅

오늘날 우리의 현실

광복 후 지난 70년간(1945~2020)의 한국 사회의 변화를 보면 많은 분야에서 변화하였다. 전근대적 농경사회 → 급격한 산업화 및 공업화 → 정보화와 지식화로의 변화 순이다.

시대현황	국민 대다수가 가난	잘살아보세? 자본의 형성 및 축적	양극화, 저성장
시대 직업군	농부, 실업자	회사원, 전문직	선망 직업군 : 스포츠, 연예인 스타
시대정신	좌절, 한(恨)	희망, 노력, 절약	개인가치 중시 : "나는 소중하니까!" 명품, 힐링, 여행
시장의 변화	5일장, 전통시장	백화점, 슈퍼마켓	인터넷 쇼핑몰, 해외직구

서구의 약 250여 년간의 산업화 과정을 한국은 해방 후 70년 만에 산업화, 민주화, 정보화를 이루며 변화(진화)의 속도를 가속화하고 있다. **70년 만에 산업화, 정보화를 동시에 이룬 나라는 전 세계에서 유례가 없다는 것이다.** 하지만 잘사는 것 같지만 불안한 우리의 미래는 어떻게 달라질까?

Current(현재)	Interim(진행과정)	Future(미래)
양극화	~ing	?
저성장	~ing	?
고령화	~ing	?
저출산	~ing	?
청년실업, 명예퇴직	~ing	?
1인 가구의 증가	~ing	?

당신, 아니 우리의 미래는 어디로 가고 있는 것일까? 그 원인을 알아보자.

양극화 문제

(1) 소득 양극화의 원인

소득 양극화는 '중산층이 줄어들면서 소득분포가 양극단에 밀집되는 현상'을 의미한다.

① 저성장과 내수침체가 양극화의 주요인이다.

② 수출이나 내수 간 선순환 고리의 악화이다. 예전의 '수출증대

→ 투자와 고용의 증대 → 소비증가'의 선순환 구조가 붕괴, 즉 수출이 국내 부가가치 및 고용창출로 연결되지 않는 추세가 고착화되는 경향이다. 이는 전반적으로 부품이나 소재의 수입 의존도가 높은 IT산업 위주로 재편된 데에 기인한다.

③ 노동시장의 변화도 양극화 악화에 영향으로 노동 유연성 확보와 임금비용 절감을 위해서 비정규직 고용이 주요인이다. 중소기업은 취약한 경쟁력과 낮은 지불능력으로 인해 비정규직을 고용하고, 기업이나 금융권의 구조조정으로 인한 퇴직자들이 자영업에 과다 진입하여 자영업자 간 과다경쟁을 유발하는 것이다.

(2) 지나친 정치적 대립

지역에 기반을 둔 획일적 정당 구성을 말한다. 미래비전, 정책 등에 기인하지 않는 지나친 대결구조에 기인한 민생현안 해결의 지연 등의 문제점을 가져올 수 있다는 점이다.

(3) 세대 간 갈등의 부상

저출산 및 고령화 심화로 한국경제는 인구요인이 경제에 악영향을 끼치는 인구 오너스(Demographic onus, 무거운 짐) 시대에 직면하게 되며, 전체 인구 중 생산가능 인구의 비중이 감소하면서 근로세대의 부담이 확대될 것이다. 생산가능 인구(15~64세) 100명이 부양해야 하는 65세 이상 고령층 인구를 나타내는 노년부양비는 2000

년 10.1명에서 2010년 15.0명으로 증가하였고, 2020년에는 21.7명에 도달할 것으로 예상한다. 예를 들어 만성적인 적자를 기록하는 지하철 공사의 요금인상에 따른 65세 이상 노인의 무료승차 논쟁 중인 것처럼 세대 간 갈등의 부상은 더 심화될 것이다.

저성장 문제

(1) 장기화되는 세계경제 저성장 기조의 영향

① 세계경제는 2008년 금융위기 이후 2010년을 정점으로 하락세를 지속하고 있다.

② 세계의 공장 역할을 자처하던 중국도 성장률이 둔화된 상태가 지속된다는 점이다.

(2) 일찍이 경험하지 못한 새로운 경제질서 전개가 나타나는 현실

불황기는 통상 3~5년 정도 지속되다가 반등(U, V자형)하지만, 저성장기는 사이클이 실종(L자형)된 장기적인 침체가 지속될 것이며, 규모 부분에서는 과거 불황이 국지적 산업별로 나타난 부분적인 현상이었다면, 금번 저성장은 전 세계, 전 업종에 걸친 광범위한 현상으로 나타날 것이다. 그리고 구조 부분에서는 과거 불황기는 양적 위축이 강조되었던 반면, 저성장기에는 구조적 전환이 수반되면서 경쟁우위 원천의 변천이 될 것이다. 현재 우리나라에서 그나마 선방하고 있는 산업분야는 삼성의 휴대폰과 반도체, 현대 자동차, SK텔

레콤 정도로 나머지 기업과 산업 부분은 고군분투 중인 상태가 지속될 것으로 예상한다.

고령화 문제

(1) 한국은 급격한 출산율 저하와 기대수명 연장으로 고령화가 세계에서 가장 빠른 속도로 진행되고 있는 현실이다.

① 2020년 한국 출산율은 1.29명으로 OECD 국가 중 최저치(전 세계 223위)이며, 출산율 최저 TOP 10 국가 중 10위인 반면, 기대수명(82.7세, OECD 5위) 증가율은 18.4%로 주요국 중 최고 수준이다.

② 한국의 고령화는 타국에 비해 늦게 시작되었지만 급속도로 진행 중이다. **대부분 선진국이 고령사회에서 초고령사회로 진입하는 데 70년 이상 소요된 반면, 한국은 불과 26년이 걸릴 것으로 예상하고 있다.** (예) 전체 인구에서 65세 인구가 차지하는 비중이 7%, 14%, 20%에 이를 때 각각 고령화사회, 고령사회, 초고령사회로 지칭하는데, 한국은 2000년에 고령화사회, 2008년에 고령사회에 도달했고, 2026년에 초고령사회로 도달할 것으로 예상된다.

(2) 급격한 고령화는 노동시장에서 '노동력 부족', '생산성 저하', '세대 간 일자리 경합' 등을 통하여 우려가 된다.

① 고령화로 생산에 참여할 수 있는 노동력이 부족해지면서 한국경제의 잠재성장률이 지속적으로 하락할 것이 우려된다.
② 노동력 구성에 고령층이 증가하면 신지식이나 기술습득 속도가 저하되어 노동생산성이 하락한다.
③ 단기적으로 고용구조가 중·고령층 위주로 급격히 재편되면서 세대 간 일자리 경합문제가 발생한다는 것이다. (예) 기업의 경력자 위주의 채용 선호 vs 구직을 위한 청년층들의 높은 스펙을 쌓기 위한 고비용이 발생할 것이며, 고령화사회에 먼저 진입한 일본의 경우 전체 개인재산 1,200조엔 중 65세 이상 고령자 자산이 약 70%를 차지하나, 한국은 자녀를 대학 졸업시키고 나면 무일푼 또는 빚쟁이들이 늘어날 것이다.

저출산 문제점

우리나라의 저출산 유발 요인이 가져오는 현상

(1) 소득 요인 : 미래의 경제적 불안 증가

① 외환위기 이후 평생직장 개념이 붕괴되고 노동시장 불안정성 증가
② 급속한 고령화로 노후에 대한 불안감 증가
③ 경제적 문제에 기인한 이혼사유 급증 및 가족의 해체 및 출산율 저하
④ 전직 및 재취업의 기회 단절

(2) 자녀 요인 : 양육비용 증가 및 편익 감소
① 자녀에 대한 높은 교육비와 주거비용의 증가
② 노후 부양 등 자녀에게 얻을 수 있는 혜택에 대한 기대 감소 등

(3) 가치관 요인 : 개인 가치의 중시
① 개인의 자아실현과 삶의 질을 중시하는 경향이 확대됨에 따라 자녀에 대한 선호는 감소
② 독신을 선호하는 개인 비중이 증가하고 배우자를 만나는 것이 점점 어려워짐

(4) 사회·직장 요인 : 여성의 경제적 위상은 향상, 사회적 여건은 미흡
① 여성의 경제활동 참여율이 급속히 증가
② 보육시설은 꾸준히 증가하고 있지만 실질적으로 직장, 양육, 가사 등의 병행의 어려움 (예) 지나친 비약이나 인터넷상 "아이 낳아 잘 키우지 못하면 대기업 비정규직, 평생 노예 신분으로 전락한다."는 댓글 등의 난무하는 것이 현실이다.

청년실업 및 명예퇴직 문제

(1) 경제성장 둔화와 산업구조의 변화(수요측면)

① 저성장 경제구조로의 전환, 특히 외환위기를 겪은 이후 실업률 증가

② 전체적으로 일자리가 줄어드는 가운데 청년층 일자리는 더 크게 감소(경기침체시 기업의 신규채용 억제)가 늘어날 것이다.

③ 고용창출이 적은 IT나 첨단업종으로 산업구조가 고도화하면서 청년실업 심화 (예) 제조 중심의 산업화 시대 미국의 대표 기업인 GM은 한때 미국에서 40만명 이상을 고용한 반면, 오늘날 정보통신 시대의 총아인 페이스북과 애플의 미국 내 고용규모는 각각 2천명과 4만 3천명에 불과하다. 많은 고용을 창출하는 현대자동차 국내 생산라인을 경쟁력 상실로 만약 생산라인을 해외로 이전하면 종업원 거의 대부분이 실업자로 전락

④ 경력자 선호와 상시 구조조정 : 외환위기 이후 기업들은 시간과 비용이 많이 소요되는 신규 인력채용보다는 즉시 활용 가능한 경력직 인력을 수시로 선발할 것이다.

(2) 대졸자 양적 증가에 비해 질적 수준 미흡(공급측면)

① 대졸자의 급격한 증가 : 2017년 고교 졸업생보다 대학정원이 더 많아질 것이다.

② 학벌선호 인식의 확산 : 대학 졸업장 따기 경쟁(Sheepskin

Effect)이 높아진다.

③ 대졸자의 질적 수준이 기업요구에 미달하고 있고, 고급 인력 시장은 오히려 부족하다.

(3) 명예 & 조기퇴직 후 재취업 불가 및 프랜차이즈형 자영업의 증가

① 프랜차이즈 치킨집, 호프집, 편의점 등의 창업이 늘어난다. 즉, 레드 오션시장에서 각축하여 마지막 남은 중국 음식점들마저 표준화된 레시피와 고객응대 매뉴얼로 무장되어진 GS25 짜장 삼성점, CU 짬뽕 테헤란점 형태로 나타날 수도 있다는 것이다. (예) 대학 졸업장 따기 경쟁 : 양의 가죽을 가리키는 sheepskin은 과거 대학 졸업장을 양가죽으로 만들었던 데서 유래한 것이다.

1인 가구의 증가와 웰빙 · 힐링 열풍

(1) **1인 가구의 증가는 경제 · 문화 · 사회적 요인이 복합적으로 작용한 결과** : 소득 향상으로 경제 자립도가 증가하고, 초혼 연령이 높아지고 있으며, 관습보다는 개인의 성취와 가치를 중시하는 개인주의가 확산되면서 젊은 층 1인 가구가 증가한다. **한국의 1인 가구는 남성은 젊은 층 중심, 여성은 고령층 중심으로 구성되어 있으며, 연령이 높을수록 소득 및 지출이 감소하는 경향을 나타내고 있다는 것이다.**

(2) **부상하는 웰빙 · 힐링 열풍** : 웰빙과 힐링은 공통적으로 행복을 추구하는 개념이지만, 웰빙은 신체적 건강과 삶의 만족도 향상을, 힐링은 마음과 정신의 상처 치유를 강조한다. 최근의 힐링 열풍은 2010년 이후 경기부진이 장기화되고 사회가 각박해지면서 취업난 등 생존경쟁에 내몰린 젊은 층을 중심으로 공감, 위로, 치유에 대한 니즈가 급증했기 때문이다. 웰빙은 어느 정도 여유 있는 중산층이 주요 관심 소비층인 반면, 힐링은 전 소비층으로 맨탈 헬스케어(Mental Healthcare)를 위한 산업(명상, 요가, 스파, 해외여행 등)이 증가하고 있다. 한국 힐링 열풍의 네 가지 배경은 다음과 같다.

첫째, 경제적 어려움이 가중되면서 스트레스가 과다한 상태이다.

둘째, 생활 속 힐링이 이전보다 어려워지고 있다. 부연하면, 1인 가구의 확산, 고령화 진전 등으로 가족이나 친구로부터의 일상적인 배려와 위로를 받기가 점점 어려워지고 있기 때문이다.

셋째, 사회에 대한 부정적 인식과 비판론이 확산되고 있다. 즉 가진 자와 못 가진 자에 대한 인식이 확대되어지고, "개천에서 용(龍) 나오지 못한다."는 인식이 확산되어지고 있기 때문이다. (예) 최근의 대한항공 갑질 논란, 포스코 왕 상무, 전 조 부사장 사건 등

넷째, 정신과 신체의 실질적 치유 효과가 있는 힐링 상품에 대한 욕구가 커졌다.

평생 빚 갚아야 하는 '푸어족' 세상

현 시대의 푸어족 유형을 살펴보면 워킹푸어, 에드푸어, 베이비푸어, 쇼핑푸어, 하우스푸어, 실버푸어족 이외에도 새로운 족이 탄생하고 있는 시대에 우리가 살고 있다.

푸어족	내용
워킹푸어 (57.6%)	일을 해도 가난
실버푸어 (22.8%)	노후생활비 부족
하우스푸어 (11.9%)	무리한 대출로 집 마련 후 빈곤
쇼핑푸어 (9.3%)	과소비로 인한 빈곤
베이비푸어 (7.7%)	자녀출산, 양육비로 가난
에드퓨어 (7.7%)	과다한 교육비 지출
웨딩푸어 (5.6%)	신혼집, 비싼 결혼비용
메디푸어 (3.9%)	의료비 지출을 감당 못함
카푸어 (3.3%)	소득 대비 무리한 고급차 구매
기타 (16%)	

(출처 : 사람인[2013], 평생 빚 갚아야 하는 '푸어족' 세상에서 인용)

나는 어디에 해당이 되는가? 미래의 나는 백만장자? 가난한 자? 지금 당장 어떤 일이든지 생각난 것이 있다면 행동으로 옮기자. 당신은 성공할 수 있다.

우리의 현실

예전의 성공방식[개천에서 용(龍)이 나올 수 있었음]

명문대 ⇨ 일류직장·전문직 ⇨ 고용 및 소득안정

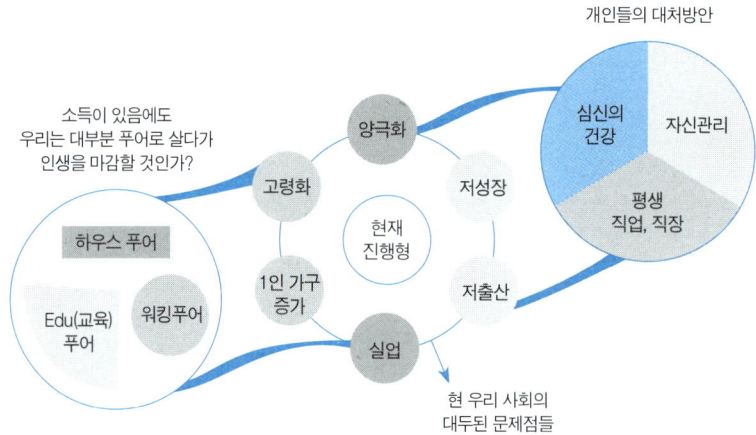

오늘날의 현실

상시 구조조정 및 명퇴

전문직 파산(의사, 변호사)

고비용 사회구조
[교육, 출산 및 양육, 결혼, 주거비용 등]

제반 푸어의 삶에서 벗어나는 방법

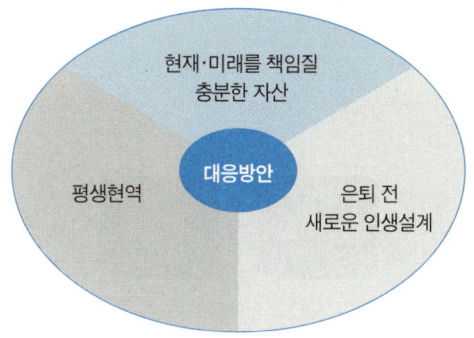

① 현재와 미래를 책임질 충분한 자산 : 대부분 사람들이 준비되어 있을까?
② 평생현역 : 사업체 오너 등 소수만이 가능
③ 은퇴 전 새로운 인생설계와 준비 : 대부분의 사람들에게 해당된다고 볼 수 있다.

[의의] 현재 미래를 책임질 충분한 자산이 구비되어도?
준비가 안 된 장수의 5대 비극
① 무사장수[無事長壽] : 할 일이 없으면서 오래 사는 것
② 무전장수[無錢長壽] : 돈이 없으면서 오래 사는 것
③ 무건장수[無健長壽] : 건강하지 않으면서 오래 사는 것
④ 무친장수[無親長壽] : 친구 없이 오래 사는 것
⑤ 무배장수[無配長壽] : 배우자 없이 오래 사는 것

충분한 돈이 준비되어도 건강해야 할 일이 있고, 자신을 아는 배우자가 있으며, 함께할 동료, 친구, 지인들이 있어야 한다.

세계 흐름 신조어 등장 현상

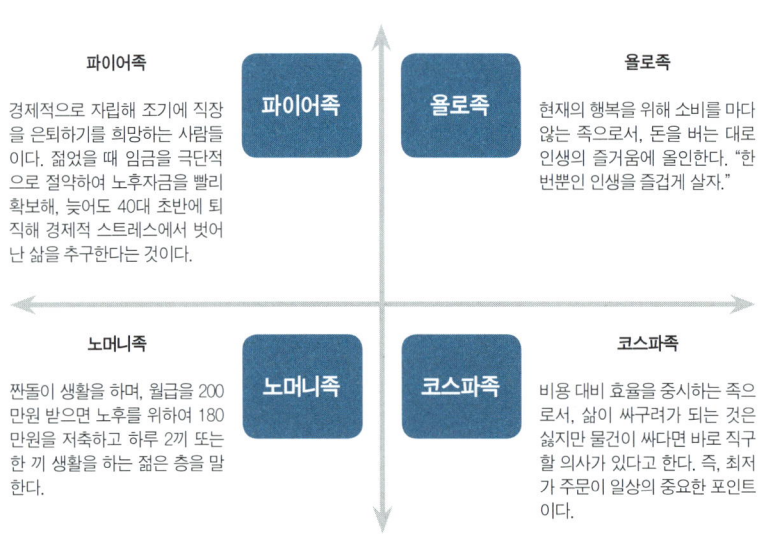

파이어족

경제적으로 자립해 조기에 직장을 은퇴하기를 희망하는 사람들이다. 젊었을 때 임금을 극단적으로 절약하여 노후자금을 빨리 확보해, 늦어도 40대 초반에 퇴직해 경제적 스트레스에서 벗어난 삶을 추구한다는 것이다.

욜로족

현재의 행복을 위해 소비를 마다 않는 족으로서, 돈을 버는 대로 인생의 즐거움에 올인한다. "한 번뿐인 인생을 즐겁게 살자."

노머니족

짠돌이 생활을 하며, 월급을 200만원 받으면 노후를 위하여 180만원을 저축하고 하루 2끼 또는 한 끼 생활을 하는 젊은 층을 말한다.

코스파족

비용 대비 효율을 중시하는 족으로서, 삶이 싸구려가 되는 것은 싫지만 물건이 싸다면 바로 직구할 의사가 있다고 한다. 즉, 최저가 주문이 일상의 중요한 포인트이다.

> 파이어족 & 욜로족의 공통점은 "나의 행복"을 위한다는 점이다.

기회비용

선택과 포기, 사마광과 염일방일

염일방일(拈一放一)은 하나를 얻기 위해 다른 하나를 포기해야 한다는 의미로, 경제학에서 말하는 기회비용(Opportunity Cost)의 의미를 지니고 있다. 친구와 만나 무엇을 먹을 것인가와 같은 사소한 선택에서부터 어떠한 직업을 가질 것이며, 누구와 결혼해 아이는 몇 명 낳을 것인지와 같은 중요한 결정에 이르기까지 인생이란 어쩌면 매순간이 끊임없는 선택의 연속일지도 모른다.

경제학은 이러한 선택의 기로에서 보다 합리적인 판단을 내려야 한다고 말하는 학문이다. 비용 대비 만족을 최대화할 수 있는 의사결정을 내려야 한다는 것이다. 이를 위해서는 선택으로 인해 포기해야 하는 대가가 얼마인지를 정확히 알아야 하고, 그 대가가 바로 기회비용이다. 즉, 기회비용은 어떤 하나를 선택할 때 포기하게 되는 대안 중 가장 가치가 큰 대안 또는 대안으로 인해 발생하는 비용의 총합을 말한다. 즉, 기회비용은 회계장부 등에서 눈으로 확인 가능한 가시적 의미와 명시적 비용과 가시적으로 나타나지는 않지만 암묵적 또는 비금전적으로 발생하는 묵시적 비용을 모두 합한 것이라고 할 수 있다.

중요한 것은 합리적 의사결정을 위해서는 묵시적 비용을 반드시 고려해야 한다는 점이다. 눈에 보이는 명시적 비용만을 고려하면 선택으로 인해 치러야 할 비용을 과소평가하게 되고, 결국은 잘못된 선택을 하게 되어 효용을 최대화하지 못하는 결과를 야기할 수 있기 때문이다. 묵시적 비용에 합리적 의사결정이 달려있다고 해도 과언이 아닌 셈이다. (출처 : 정원식, 역사 속 숨은 경제 이야기, 한국경제신문, 2017. 2. 17. 인용)

경제학 이야기, 둘

변화하는 시장경제 신조어, 혹시 당신도 4포 세대?

20~30대 청장년층의 팍팍한 삶을 반영하는 신조어가 하루가 멀다 하고 생겨나고 있다. 대부분 취업 구직난, 경제난이 만들어낸 말들이다. 신조어는 사회를 반영하는 거울이라는 점에서 쓴웃음을 짓게 만든다.

이십대 태반이 백수라는 '이태백', 취직할 나이가 됐는데도 직장을 구하지 않거나 직장에 다니면서도 부모에게 경제적으로 의존하는 청년층을 일컫는 '캥거루족'과 같은 신조어는 더 이상 낯설지 않다. 삼포 세대는 비싼 등록금을 내고 대학을 졸업해도 취업이 어려워 연애, 결혼, 출산을 포기한 2030세대를 일컫는 대표적인 신조어다. 요즘은 스펙 쌓기와 일자리 전쟁에 치여 인간관계까지 포기한 '4포 세대'라는 말까지 등장했다. 내 집 마련을 포기한 '5포 세대'라는 말도 나오고 있다.

국립국어원이 지난 2011년 7월부터 1년 동안 일간지와 인터넷 매체 등 139개 매체에서 사용한 신조어를 정리해 내놓은 '2012년 신어 기초자료' 보고서에도 흥미로운 말들이 많다. 민달팽이 세대는 젊은이들이 마땅히 살 곳을 찾기 어려운 현실을 빗대어 등장했다.

민달팽이는 껍데기집이 없는 달팽이로 이 모습이 취업 후에도 적은 수입으로 살 곳을 마련하기가 쉽지 않은 젊은이들을 일컫는 말이다.

낙타 세대라는 말도 있다. 대학 졸업 후 일자리를 구하는 것이 낙타가 바늘구멍을 통과하는 것만큼 어렵다는 의미에서 나온 말이다. 찰러리맨(Child + Salaryman)은 취업 후에도 부모에게 심적·물적으로 기대어 사는 청년을 뜻하는 신조어다. 경제적으로 자립했지만 독립하지 않고 부모와 함께 사는 신(新)캥거루족도 등장했다.

등록금 때문에 빚을 내고 취업이 안 돼 빚을 못 갚는 악순환에 빠져 20대부터 신용불량자가 된다고 해서 생겨난 '청년실신', 31살까지 취직을 못하면 취직길이 막힌다고 해서 생겨난 '31절'이라는 신조어도 등장했다.

이웃 나라 일본에서는 사토리(さとり, 득도) 세대라는 신조어가 등장했다. **사토리 세대는 득도한 것처럼 욕망을 억제하며 살아가는 일본 청년들을 뜻하는 말이다.** 이들은 자동차, 사치품 등에 관심이 없고 돈과 출세에도 욕심이 없다. 장기불황을 겪으면서 꿈이나 목표를 높게 잡는 것이 허황된 것임을 너무 일찍 깨달아버린 일본 사회의 씁쓸한 단면이다. (출처 : 아시아경제, 2013. 4. 13. 인용)

제3장.
우리나라 N/W 시장의 역사

네트워크 마케팅의 역사

1910	직접판매협회(DSA) 설립
1930	하버드대학 졸업논문을 통한 N/M 기초이론 성립
1941	뉴트리라이트 건강식품 회사가 본격 도입
1956	샤클리 화장품을 기점으로 번성
1958	에이본 화장품 시판 시작
1959	미국 암웨이사 설립
1975	미연방거래위원회가 암웨이를 법원에 기소
1979	암웨이가 승리
1982	선라이더사 설립(세계 최대 건강식품 회사로 성장)
1992	유통, 통신, 보험, 서비스 분야로의 확대

네트워킹 마케팅은 미 하버드 대학생의 졸업논문을 통하여 기초

이론을 성립했고, 던킨 교수의 세미나를 시발점으로 기업들이 본격적으로 상품 유통구조에 활용하기 시작하였다. 1941년 '뉴트리라이트'라는 건강식품 제조회사가 처음으로 사용했으며, 네트워크 마케팅에 뛰어들어 놀라운 성장을 거듭한 후 1956년 건강식품과 화장품을 파는 '샤클리'라는 회사가 번성하였고, 이후 1958년 에이본 화장품이 시판을 시작하여 세계 최대의 화장품 회사로 성장하게 되었다.

당시 뉴트리라이트의 디스트리뷰터로 일하던 '리처드 디보스'와 '제이 밴 엔델' 두 청년은 뉴트리라이트의 내부 불화를 계기로 1959년 자신들만의 네트워크 마케팅 회사인 '암웨이'를 설립하였다. 이후 60년대부터 피라미드 조직이 속출하여 사회적 물의를 일으키자, '미연방거래위원회'는 피라미드 방식의 기업을 적발 규제를 가하고, 1975년 '미연방거래위원회'에 의해 제소된 암웨이사는 4년간의 법적 투쟁 끝에 피라미드와는 다르다는 것을 사회적·법적으로 인정받게 되어 제2의 중흥을 맞게 되었다.

앞에서 이야기한 것과 같이 우리나라 시장의 유통구조에서 보듯이 우리나라는 일본, 미국의 시장경제 흐름을 바탕으로 미국에는 20년, 일본에는 10년의 차이가 있다고 언급을 하였다. 현재는 우리나라의 경제발전과 더불어, 아마도 10년 아니 5년 정도 앞당겨졌다고 판단한다. 우리나라 초등학교 교과서에서도 네트워크 마케팅에 관하여 이해할 수 있는 앞으로 더 나은 네트워크 시장 발전의 계기가 될 것이다.

　네트워크 마케팅의 원조나 역사는 누가 뭐라 해도 미국이라고 한다면 이의를 제기할 사람이 없을 것이다. 미국의 대통령 클린턴이 당선되어 연두교시에서 이야기를 한 것이 이슈화가 되었다. 여러분이 알고 있듯이 미국의 클린턴 대통령은 경제대통령이었다. 미국의 경기 침체기에 당선되어 미국경제를 살린 대통령이었으며, 그 클린턴 대통령이 연두교시에서 한 말을 보면 **"앞으로 미국 국민들에게 아메리칸 드림을 이룰 수 있고, 국민들을 부자로 만들어줄 수 있는 아주 효율적이면서 유효한 유통사업을 하는 여러분께 미국 정부는 세제혜택을 비롯한 각종 정책을 통해 전폭 지원하겠습니다."**라며 네트워크 마케팅 산업을 지원할 것을 연두교시를 통하여 약속하였다. 이러한 연두교시를 한 때가 언제인지 살펴보아야 한다. 오바마 대통령은 왜 그런 말을 하지 않았을까? 당시 시대가 어떤 시대였는지를 잘 살펴봐야 한다.

　클린턴 대통령이 집권하던 시절은 바로 네트워크 마케팅이 사업적으로 막 성장하는 시대였기에 대통령까지 나서서 적극적으로 네트워크 마케팅 사업을 장려한 것이다. 지금은 네트워크 마케팅 자체가 보편화되고, 네트워크 사업으로 인한 무에서 유를 창조한 백만장자들의 탄생이 보편화되어 버렸기 때문에 말하는 자체가 의미가 없어진 것이다.

지난번 당선된 미국의 막말의 대가, 자산의 재력가, 현재의 대통령 도널드 트럼프도 대통령 취임 전후 기자들의 질문에서 "백만장자 재력가인 당신이 무일푼이 된다면 무엇을 할 것인가?"의 질문에 도널드 트럼프는 "지금 당장 올바른 네트워크 회사를 찾아 네트워크 마케팅 사업으로 재기할 것이다."라고 하였다.

이렇듯 미국과 선진국은 올바른 네트워크 마케팅을 통하여 수많은 백만장자들의 탄생을 보아왔기 때문에 이런 말을 한 것이 아닌가 싶다. 이토록 시대적 네트워크 마케팅의 시장 유통이 빠르게 성장 발전하였다는 것이다. 네트워크 마케팅의 역사를 보면 미국은 80년대, 일본은 90년대, 우리나라는 2000년대에 네트워크 마케팅이 시작되어 현재에는 활성화가 되어온 것이 사실이다.

우리나라에서 네트워크 마케팅의 법제화가 된 것은 2002년 7월 1일부터이다. 방문판매 등에 관한 법률 제8259에서 규율 관장하고 있다. 대한민국에서 다단계 판매가 합법화된 것은 1995년이며, 1995년 이전에는 다단계 판매를 규율하는 법이 없었으며, 불법적인 피라미드 사기판매로 간주하였다. 또한 우리나라는 경제 고도성장을 통해 국민소득 1만달러를 통과하였던 1994년도 자유무역으로의 흐름으로 우루과이라운드(다자간 무역협상 및 교섭, 세계무역기구 WTO)에 서명을 하면서 국경 없는 무역시장에 뛰어들게 된 계기이다. 그 후 1997년도 법 개정과 1999년 법 개정, 2004년 1월 31일부터 발효

된 유통산업발전법에서 이를 신유통이라고 명시화되어 법률적으로 지원 육성하도록 법제화하여 지금의 시대에 이르게 된 것이다.

지금 우리는 국민소득 3만달러에서 4만달러를 향해 가는 시대에 살고 있다. 예전에 2천달러 시대의 아픈 상처를 이야기하면서 언제까지 머물러 있을 수는 없는 시대에 살고 있다. 오늘날 전 세계 각국이 자유무역협정 FTA의 체결로 우리 시장은 이미 우리만의 시장으로 머물 수가 없는 것이 현실이다. 우리도 지금 이 상황에서 다단계 판매를 넘어 네트워크 마케팅으로 고도성장을 꾀해야 할 시기임은 분명하다.

이제는 네트워크 마케팅 판매와 불법 피라미드 판매를 정확하게 이해하고, 관련된 지식을 쌓는 것이 필요하며, 현명한 지혜를 행동으로 옮겨 당신이 하고 있는 합법적인 네트워크 사업에 박차를 가하여 성공의 대열에 적극 동참해야 할 시기이며, 자신 있게 행동으로 보여주어야 할 때이다.

그럼 다단계 판매의 개념과 네트워크 판매의 개념을 알아보자. **다단계 판매란 전통적인 유통망인 도·소매단계를 거치지 않고 소비자들이 판매원이 되어 연쇄적인 소개로 시장을 넓혀가는 판매방식을 말한다.** 반면에 소비자로 하여금 소비 위주로 판매하여 추가 소득을 얻을 수 있게 독립된 사업자에게 소득의 기회를 제공하는 것이 네트워크 마케팅의 개념이다. 즉 하위 또는 다른 사업자에게 물건을 판매하는 것이 아닌 사업자에게 물건을 소개함으로 그 소개를 받은 사람 또는 사업자가 또 다른 누군가에게 소득의 기회를 제공하는 것이 네트워크 마케팅이다. 자 그럼, 우리가 생각하는 네트워크 마케팅의 비전에 대하여 우리와, 아니 당신은 어떻게 생각하고 알고 있는지를 보자.

공정거래위원회 자료에 의하면 2020년 상반기 자료에 2019년 다단계 판매업체 정보공개에 의하면 우리나라 네트워크 마케팅 시장의 2019년 총 매출은 약 5.5조~6조원으로 최근 10%~20%의 꾸준한 상승 성장세를 보이고 있다. 또한 회원등록 수도 약 900만 명으로 꾸준히 회원등록이 늘어나고 있는 추세이다. 그동안 네트워크 마케팅 사업을 통해서 성공한 사람들이 많이 배출되고 각 분야의 전문가들도 네트워크 사업에 많이 합류하고 있는 추세이다. 이렇듯 네트워크 마케팅 회사에 회원등록을 통하여 제품이나 서비스를 이용하고 있는 것이 현실이다. 앞으로 오는 10년이 우리나라 네트워크 마케팅 시장이 가장 크게 성장하는 시기가 될 것임은 틀림이 없다.

그것은 과거에 비해 네트워크 마케팅에 대한 국민들의 인식이 긍정적이고, 제품과 서비스에 대한 인식이 개선되어 결국 네트워크 마케팅에 대한 편견이 사라질 것이고, 이 네트워크 사업이 일반화되기 때문일 것이다. **네트워크 마케팅 사업이 일반화가 된다는 것은**

사업의 기회가 축소되거나 소멸된다는 의미로 보아야 할 것이다. 즉 대부분의 사람들이 앞으로 네트워크 사업을 하고 있다는 뜻이며, 일반화가 시작된 후 사업을 시작하는 사업자들에게는 생활비 정도의 수입은 가능할지 모르지만 자유로운 미래를 위한 수단이 될 가능성이나 백만장자의 꿈이 현실로 오기에는 희박하다는 것이다.

앞에서도 이야기하였듯이 미국의 대통령 부동산업계의 신화 도널드 트럼프와 세계적인 백만장자이자 투자가인 로버트 기요사키가 함께 저술하여 세계적인 관심을 모으고 있는 그들의 공동저서「부자」에서 "부자가 될 것인가? 계속 가난하게 살 것인가? 부자가 될 수 있는 마지막 기회를 잡아라!"고 외치고 있다는 것을 왜 소리치는지를 우리는, 아니 당신은 이제 알아야 할 것이다. 그들은 입을 모아 큰 소리로 말한다. 부자가 되는 지름길은 네트워크 마케팅이고, 당신과 우리에게 부자가 되기 위하여 네트워크 마케팅 사업을 해야 한다고 말이다.

대한민국에서 네트워크 마케팅은 많은 어려움 속에서도 성장해 왔고, 이제 급성장하는 시기가 도래했다고 확신한다. 그리고 그 기회를 잡는 사람들은, 지금 당신이 하고 있는 네트워크 사업은, 지금 이 순간 이 시장에서 확신을 가지고 몸담고 있는 이들이 바로 당신이라면 당신이 주인공이 될 것이다. 즉 당신은 지금 네트워크 지각변동을 예고하고 성공할 수 있는 소리를 외쳐라. **바로 지금이 소비**

자가 돈을 버는 시대라고! "네트워크 비즈니스 마케팅 사업을 지금 당장 시작하라."

[정의] 제1조. 이 법은 방문판매, 전화권유판매, 다단계 판매, 후원방문판매, 계속거래 및 사업권유거래 등에 의한 재화 또는 용역의 공정한 거래에 관한 사항을 규정함으로써 소비자의 권익을 보호하고 시장의 신뢰도를 높여 국민경제의 건전한 발전에 이바지함을 목적으로 한다.

구분		주어(주체)	동사 (목적, 대상)	목적어(행위)
1호	방문판매	방문판매원 판매자(원)	재화, 용역, 상품, 거래, 서비스	판매
5호	다단계 판매	다단계 판매원 판매자(원)	재화, 용역, 상품, 거래, 서비스	하위 판매
11호	네트워크 사업권유거래	사업자 사장님 IBO(소비자)	재화, 용역, 상품, 거래, 서비스	정보제공 소득

경제학 이야기, 셋

과거에 비해 여성들이 소주를 좋아하게 된 이유도 경제와 관련된다. 우리나라에서 20세기만 해도 알코올 도수가 25도 소주가 주종을 이루었고, 맥주는 소주보다 가격이 훨씬 비쌌다. 그러나 한국 술시장의 매출이 매우 크다는 것을 안 유럽이 알코올 도수가 낮은 맥주에 비해 세금이 낮은 것은 세계적 기준을 위반하는 불공정 행위라고 국제무역기구(WHO)에 제소하여 한국이 패소하였다. 판정의 결과 2000년에 소주의 세율이 35%에서 75%로 높아져 소주 회사들은 높은 세금을 부담하게 되었다.

당연히 소주 회사들은 절세를 위해 알코올 도수를 낮추려는 노력을 하게 되었고, 소주의 맛이 부드러워지자 여성들도 소주를 쉽게 마시게 되었다. 소주 회사로 봐서는 세금도 적게 내고 판매량도 늘었으니 전화위복이 된 셈이다. 그 덕택에 필자 같은 주당들은 약해진 도수를 높이려고 '싱겁다'는 명목 하에 폭탄주(소주 + 맥주)로 주종을 바꾸게 되는 핑계가 하나 더 늘어난 셈이고, 가능하면 빨간 소주를 찾는다.

이것이 경제학에서의 조세와 자원분배의 효율성이라고 한다. 조세와 소득분배의 공평성의 문제이기도 한다. 이렇듯 우리의 사업도 또한 주변의 환경이나 경제의 환경에 의해서 달라짐을 알고 상황에 잘 맞는 꿈과 희망을 어떻게 펼쳐 사업에서 성공할 것인지 노력해야 한다는 것이다. 소주의 알코올 도수가 낮아져 여성들이 소주를 좋아 하듯이 여러분의 사업에서 긍정의 에너지를 끌어올려야 한다.

제4장.
변화하는 N/W 시장의 역사와 흐름

　새로운 시대, 경제와 사회의 급변하는 시대에 우리는 당신은 어떻게 맞이할 것인가? 이제는 우리가 살아온 삶의 시간의 흐름을 되돌아보고 준비를 해야 한다. **그동안 우리가 시대적 변화의 속도를 보면 과거에 비하여 향후 속도는 더욱더 빠르게 변화하고 있다.** 빠르게 진행되는 변화의 속도에 얼마나 빨리 적응을 잘하는가가 성공의 주요한 요소이다. 이제부터 변화를 미리 예측하고, 그 변화를 준비하는 당신이 성공하는 세상에 대하여 알아보자.

　1920년대 미국의 하버드 대학교 경영대학의 던킨 교수는 다단계 판매가 많은 변화와 발전을 통하여 앞으로 네트워크 마케팅으로 진화를 할 것이라고 처음 정립하여 발표하였다. 우리나라도 네트워크 마케팅 사업에 관한 인지도가 긍정적이든 부정적이든 매우 높게 나타나고 있는 것은 사실이다. 하지만 합법적이고 합리적인 네트워크 마케팅과 불법적이고 비합리적인 피라미드 사기에 대한 구분을 제대로 파악하지 못하고 있는 사람들이 많이 있다.

우리나라에서 네트워크 마케팅에 대한 부정적인 이미지가 강한 것은 무엇일까? **그것은 아마도 우리나라 네트워크 마케팅 초기에 '양의 탈을 쓴 늑대', 즉 불법적인 피라미드 사기를 하는 회사에 처음으로 도입되었기 때문이라고 본다.** 우리나라 80년대 초반 40%~85%가 본인들의 이익만을 위하여 소위 '돈 넣고 돈 먹기' 식의 피라미드 사기판매를 시작으로 80년대 후반 일본계 회사와 연계된 조직에 의한 엄청난 피해사례를 계기로 다단계 네트워크 마케팅에 대한 부정적인 이미지를 심어놓은 역할을 하고, 그 외에도 많은 피라미드 회사들이 많은 사람들에게 피해를 주면서 더욱더 부정적인 인식이 가중되었던 것이다.

당신이 알고 있는 유통의 흐름을 보면 네트워크 마케팅 또한 유통의 한 분야이다. 유통이란 상품이나 서비스가 생산자에서 소비자에게 전달되는 과정이라 정의한다. 우리가 알고 있는 유통의 역사를 알아보자. 시장경제 원리의 출발점을 시작으로 물물교환의 시대를 거쳐서 기업화, 산업화, 자본화가 되는 발전의 과정을 거쳐서 다양한 유통방식이 생겨나게 된 것이다. 현재 우리나라에서 진행되고 있는 많은 유통방식들 중에서 우리나라 독창적으로 생겨난 유통방식은 거의 없다. 지금 현재 유통의 주가 되고 있는 할인마트, 백화점, 슈퍼마켓, 프랜차이즈점(체인점), TV홈쇼핑, 모바일쇼핑, 인터넷쇼핑 등은 우리나라에서 독창적으로 생겨난 것들이 아니라 우리나라보다 앞선 선진국의 유통방식을 따르고 있는 것이 사실이다. 그럼 세계 최고의 경제대국은 어디일까? 아마 미국이라고 답을 한다면 여기에 이견을 가지는 사람은 없을 것이다.

세계2차대전에서 패한 일본의 경제모델은 미국의 경제모델을 도입하여 경제발전을 이루어왔고, 우리나라 경제발전의 모델은 일본과 미국의 모델로 발전해온 것이 사실이다. **결론적으로 보면 일본은 미국을, 우리나라는 미국과 일본의 경제모델을 닮아가는 발전의 현실이라고 봐도 과언은 아닌 것이다.**

현실의 유통흐름을 보면 1950년대 미국은 슈퍼마켓이 발전할 때 일본과 한국은 그냥 구멍가게, 동네가게의 시대였으며, 1960년대 미국은 백화점과 프랜차이즈점(체인점)으로 발전할 때 일본은 슈퍼마켓을 경제발전에 도입하였고, 우리나라는 그때까지 동네가게에 머물러 있었던 것이다. 또한 1970년대 미국은 백화점에서 창고형 할인마트로 발전할 때 일본은 백화점으로 발전하는 시대에, 우리나라는 슈퍼마켓이 도입되는 시기였다.

그리고 1980년대 창고형에서 홈쇼핑 다단계 네트워크 시장으로 발전하면서 일본은 미국의 70년대 창고형 할인마트로 업그레이드

하고, 우리나라는 이제서 백화점 시장이 발전하게 된다. 또한 1990년대와 2000년대 미국은 인터넷쇼핑 네트워크 마케팅 첨단유통의 변화를 도약할 때 일본은 80년대의 미국의 유통과정인 홈쇼핑 다단계 네트워크로 발전하였고, 우리나라는 백화점 유통에 진입한다. 이러한 시장유통의 발전과정을 보면 일본은 미국에 10년 유통이 뒤쳐 있으며, 우리나라는 미국에 20년, 일본에 10년이나 시장유통이 뒤쳐 있다는 것으로 유통의 흐름을 설명할 수 있다.

이렇듯 1970년대 유통의 흐름을 미래학자 엘빈 토플러는 「미래의 충격」이나 「제3의 물결」과 같은 저서를 통하여 기술혁명을 통한 컴퓨터가 보급되면서 정보화 시대는 프로슈머의 시대가 될 것이라고 예견하였다. **여기서 이야기하는 프로슈머는 생산자와 소비자의 합성어로써, 제2의 물결사회(산업사회)의 가장 큰 특징 중 하나인 생산자와 소비자 간의 엄격한 문화가 해체되고, 소비자의 역할이 커진다는 의미로 정확하게 적중하였다.** 또한 엘빈 토플러는 2006년 발간한 저서 「부의 미래」에서 앞으로 프로슈밍(prosuming, 개인 또는 집단들이 스스로 생산하면서 소비하는 행위)가 혁명적 부의 중심에 존재한다고 밝힌 바 있다. 이 프로슈밍의 경제는 상상을 초월하고, 가장 긴요한 것들이 프로슈머에 의하여 생산될 것이라고 하였다. 또한 미래의 경제는 프로슈머 경제 없이는 단 하루, 아니 10분도 존립이 불가능할 정도이니 '부의 미래'를 제대로 예측하려면 프로슈머들의 활동을 잘 살펴야 한다고 강조한다. 즉 그 프로슈머의 중심에는 지금 여러분과 우리가 하고 있는 네트워크 마케팅이 있는 것이다.

소비가 수입이 되는 기이한 현상!

기존의 유통은 소비자의 소비는 말 그대로 소비였다. 예를 들어 100만원 상당의 노트북 컴퓨터를 가까운 마트에서 선착순 100명에게 3만원에 판다고 광고를 했다고 해보자. 그러면 많은 사람들이 서로 구입하려고 할 것이고, 먼저 간 10명만이 3만원을 주고 구입하게 되었다면? 그렇게 해서 3만원을 주고 노트북을 구입한 사람들은 돈을 번 것인가? 결코 그러치가 아니하다. 그 사람은 97만원이라는 돈을 번 것이 아니라 호주머니에서 3만원이 나갔을 뿐 아니라 결론적으로 집에 아직 좀 더 사용해도 될 만한 컴퓨터가 있는데도 불구하고 싸게 살 수 있다는 이유로 지출하지 않아도 되는 돈을 쓴 것이다.

그런 현상을 두고 로버트 기요시키는 자신의 저서 「부자 아빠 가난한 아빠」에서 가난한 사람은 앞의 예처럼 돈을 번다는 생각에 돈을 쓰고 다닌다고 했다. 그렇게 쓴 돈은 바로 유통업자들 손으로 돈이 들어간다는 것이다. 흔히 마트나 백화점 할인창구를 통해 업자들이 '원 플러스 원', '투 플러스 원', '바겐세일' 등의 이벤트를 할 때 자기들의 돈을 쓰는 것이 아니라 결국 허리띠를 졸라매는 것은 납품업자들이라는 것이다. 납품업자들에게 '원 플러스 원'과 같은 이벤트를 종용하고, 유통업자들은 전단광고를 통해서 매출을 올리는 하나의 유통방법이라는 것이다.

결국 돈을 쓰는 것은 여러분, 바로 소비자라는 것이다. 그래서 유통에서 유통공급자 쪽을 생산자, **즉 '프로듀서(Producer)'라고 하고, 소비하는 소비자를 '컨슈머(Consumer)'라고 하는 것이다.** 일반적인 상식에서는 프로듀서가 아무리 바겐세일을 한다고 해도 거래가 이루어진다면 돈은 결국 컨슈머(소비자) 지갑에서 빠져나간다는 것이다. 결국 생산자(유통공급자)는 돈을 벌게 되어 있고, 아무리 싸게 구입하더라도 소비자는 돈을 쓰게 되는 것이다. **'프로듀서(Producer)'와 '컨슈머(Consumer)'를 '프로슈머(Prosumer)', 즉 생산자이면서 동시에 소비자를 말하는 것이다.**

이러한 현상은 엘빈 토플러의 눈에 생산자와 소비자 간의 관계에서 이상한 현상을 포착하게 된다. 엘빈 토플러는 네트워크 마케팅이라는 시스템을 보니 소비자가 프로듀서로 유통에 참여하더라는 것이다. 그동안 소비자가 소비를 하면 지출로 끝나지만 소비자가 직접 유통에 참여하면서 유통을 통한 소득을 가져가는 생산자가 되어버리는 것이다. **즉 소비를 통해 자기 지갑에서 빠져나간 돈이 다시 일정한 룰(보상플랜)에 따라서 본인에게로 되돌아오더라는 것이다. 이러한 것을 '현명한 소비자'라고 하는 것이다.** 전체 매출을 근거로 돈이 캐시백(cash back)이 되어 소비자의 주머니로 돈이 들어오는 기이한 현상이 발생하는 것, 바로 이런 소비를 하는 소비자를 엘빈 토플러는 현명한 소비자라고 이야기한다. 또한 「부의 미래」에서는 혁명적인 변화가 발생하여 강력하면서도 역사적으로 전례 없는 새로운 부의 창출 시스템이 창조되고 있다고 강조한다.

시대의 경제흐름에서 분명한 것은 다단계나 네트워크 마케팅도 경제시대 흐름에 걸맞는 경제수준이 되어야 정착할 수 있다는 점을 명심해야 할 것이다. 특히 우리나라는 80년대 초 다단계, 네트워크 마케팅이 88년 올림픽을 기점으로 경제수준이 맞지 않는 시기에 미리 들어와 변종이 되기 시작하여 결국 섣불리 들어온 다단계 판매 사업이 오늘날 유통발전에 큰 걸림돌이 되었다고 볼 수 있다. 특히 1993년도가 다단계 시장의 피해가 극에 달한 해였다. 이때 다단계 판매를 빙자한 불법 피라미드 사기 판매업자들을 단속한 결과 당시에 2천여 개가 넘었다. 결국 건전한 다단계 판매의 씨앗이 뿌려져야 할 1993년도에 변종된 다단계 판매는 잘못된 꼴이 되어버린 것이다. 우리나라는 앞에서 일본이나 미국의 시장흐름에서 90년대에 들어와야 할 다단계 판매가 10년여 앞당겨 들어왔으니 결국 사기꾼들 손에 걸려든 것이 아닌가 한다.

또한 우리나라 대한민국에는 대단한 문화가 있다. **그 대단한 문화는 '정'의 문화이다.** 우리나라만의 '정'의 문화, 이 문화에 기가 막히게 맞아 들어가는 유통방식 중의 하나가 다단계 판매였던 것이다. 흔히 사업자는 지인이나 친구들에게 사업설명 대신 이유는 묻지 말고 "너 나 믿니?", "너 나 믿으면 내 말 들어봐." 이런 식으로 접근하여 사업을 진행하고, 어떤 것이 유통이 되는가는 불문하고 일단 네가 하니까 나도 한 번 해볼게 하는 이런 정서가 결합되어 결국 불법적이고 조잡한 물건들이 유통되면서 피라미드 판매로 완전히 악용된 것이다.

우리 속담에 "자라 보고 놀란 가슴 솥뚜껑 보고 놀란다."라는 말이 있듯이 아직도 우리나라 국민들, 지금 당신의 머릿속에는, 1993년 당시 50대 이상의 사람들은 피라미드로 인한 사업의 실종사건, 사기사건 등이 머릿속에 각인되어 있는 것이다. 그래서 지금도 가족, 친지, 친구 또는 지인들에게 "내가 네트워크 마케팅 사업을 하는데 시간 좀 내줄 수 있습니까?"라고 하면 상대방은 십중팔구 거부감을 나타내는 것이 현실이다. 이것은 우리의 아픈 역사가 있었기 때문이다. 우리는 이러한 현상을 충분히 이해해야 한다는 것이다. 그러나 현재의 시대흐름은 2000년대를 기점으로 유통업계는 네트워크 마케팅을 무시할 수 없는 시대에 있다는 것이다. **거부한다고 해서 거부되는 것이 아니라 네트워크 마케팅이 하나의 거대한 물결로 우리에게 밀려오고 있기 때문이다.**

우리도 이제는 네트워크 마케팅을 통해서 세계시장으로 나아가야 한다는 것이다. 하지만 지금도 아픈 과거가 우리의 발목을 잡고 있는 것이 사실이다. 피라미드 사기판매로 지금도 오해를 받고 있는 것이 안타까운 것이다. 하지만 유통이 왜곡되고 잘못 전달되었다고 해서 변화하는 네트워크 마케팅의 흐름을 막을 수가 없듯이 지금

물결이 우리의 의지와 상관없이 밀려들어오는 것이 현실이며, 지금은 유통의 모든 산업을 거의 장악하는 시대가 되었으며, 현 시대는 더욱더 빠르게 유통자본이 대단한 힘을 발휘하고 있는 것이다. 어떤 이유에서든 그 변화의 힘과 엄청난 기회를 놓치는 일이 없도록 각자의 위치에서 활발한 사업을 한다면 **머지않아 당신과 우리의 변화하는 네트워크 마케팅 시대에서 당신이 꿈꾸는 백만장자의 대열에 한 발자국 다가서는 지금 이 순간이 될 것이다.**

미래의 경제와 사회의 변화

빠르게 변화하는 경제와 사회적 변화에서 분명한 것은 네트워크 비즈니스 사업이 필히 연결된다는 것이다. 즉 학력이 높고 수익이 높은 사람이 타겟이 되며, 성공하지 못한 사람(하류층)과 성공한 사람(상류층)으로 나누어질 것이고, 모방형 경제에서 창조형의 경제로 바뀌어가는 미래의 경제와 사회의 변화를 맞이할 것이다.

최근 10년의 경제사의 변화를 보면 지식이 많은 사람과, 지식이 적은 사람의 소득 격차가 벌어지고 있으며, IQ에 따라 소득의 격차가 벌어지고 있다. 초년의 성공자가 대거 등장하고 있다. (MIT대학 박사논문 중에서) 또한 지식은 새로울수록 가치가 있으며, 경제적인 피크타임 나이를 기준으로 45세에서 50세의 성공자가 많이 탄생하였다면 미래의 성공자의 나이가 35세에서 44세로 바뀌고 있다는 사실을 직시해야 할 것이다. **이러한 미래의 경제흐름에서 백만장자 탄생의 변화는 저자가 주장하는 것이 아니라 미국의 통계적인 데이터임을 이야기하는 것이다.**

미국 경제시장의 경우 미국의 20대 중 60%가 재산을 갖기 시작했다는 것이다. 20대의 경제적 흐름은 약 평균 5만달러, 약 6천만원 정도 쓰고 남은 돈을 갖고 있다는 것이다. 그럼 20대의 젊은이들 중

누가, 어떤 20대가 백만장자로 탄생하는 것인가에 대해서는 미국의 20대 중에서 지식이 높은 아이들이 경제적 부를 만들고 있다는 것이다. 결국 미래의 경제의 부를 축척하는 것은 경험보다 지식이 세계 경제의 패러다임으로 부의 흐름을 바꾸어갈 것이고, 변화한다는 것에는 틀림이 없다. 이에 우리는 지금부터 경험보다 더 많은 지식을 쌓기 위한 노력을 해야 한다.

경제학 이야기, 넷

외환시장에 대하여 요즘 중국에서 위안화 평가절하로 아시아를 비롯한 전 세계가 들썩이는 이유에 대하여 알아보면 환율의 개념은 서로 다른 통화간의 비율을 말한다. 즉 달러 대비 원화 환율이란 1$를 구입하기 위해 필요한 우리나라의 원화의 금액을 이야기하는 것이다. 자국의 통화의 절하는 가치하락을 의미하고, 자국 통화의 절상은 가치상승으로 환율이 상승하는 것을 말한다.

외환 환율로 머니를 버는 것도 있다. FX 펀드라는 것이 있는데 예를 들어 설명하면, 서울에서 원화와 달러간 환율이 1$ = 1,010원이고, 뉴욕에서 엔화와 달러간 환율이 1$ = 101엔이라고 한다면 100엔 = 1,000원(1,010/101 = 10)으로 산출된다. 그런데 도쿄에서 고시된 원화와 엔화간의 교차율이 100엔 = 1,020원이라면 삼각차익 거래가 발생한다. 그래서 은행 딜러는 서울에서 1,010원을 투입하여 1달러를 매입한 후 1달러로 뉴욕시장에서 101엔으로 도쿄에서 원화 1,030.2원(101×10.2 = 1,030.2)으로 교환하면 1,010원을 투입하여 약 20.2원의 이익을 얻는 것이다.

이런 식의 각 국가기관에서는 금융의 환율에 민감하게 움직이고 있는 것이다. 이것을 외환시장이라고 한다. 여러분이 어떤 일을 하더라도 세계적으로 글로벌화 되어가는 네트워크 마케팅 사업에서 하나의 경제학적인 외환시장이 무엇인지도 알고 계신다면 도움이 되지 않을까 한다.

제5장.
N/W 사업의 3무법칙 &
미래지향적인가?

"당신은 왜 네트워크 비즈니스 사업을 하는가?" 이런 질문을 한다면 당신의 대답은? 거의 대다수 사업자들은 백만장자, 즉 부자가 되기 위하여 한다고 외칠 것이다. 또한 재래시장과 백화점 중에서 어디에서 쇼핑을 하고 싶은가 질문하면 모두가 백화점을 이야기하고, 구멍가게와 프랜차이즈점 어느 곳에서 사업을 할 것인가 질문하면 모두가 프랜차이즈점을 대다수 이야기한다. 왜 그럴까? 그것은 현 시대 세계경제 유통흐름의 현상일 것이다.

즉 혁신적인 유통방식의 차이점이 아닐까? **네트워크 비즈니스 마케팅의 특징 중 장점은 누구나 진입장벽의 부담이 없다.** 누구나 백만장자의 부푼 꿈을 가지고 목표에 도전한다면 반드시 그 꿈은 이루어질 것이다. 네트워크 비즈니스의 장점은 첫 번째가 무자본, 두 번째가 무점포, 세 번째가 무재고이다. 네트워크 비즈니스 진입은 자본 없이, 점포 없이, 재고 없이 사람과 사람을 유통할 수 있는 정보를 주는 사업이다. 경우에 따라서 특별한 진입방법도 있다.

네트워크 비즈니스란 유통을 말하며, 유통방식은 올바른 소비자 시스템을 말한다. 나와 같은 올바른 소비자가 부자가 되고 싶은 친구 또는 파트너 2명을 찾는 게임이라는 것이다. 당신에게 아래와 같이 두 가지 제안의 권한을 주는 것이다.

첫째, 소비의 권한
둘째, 유통하는 사업자를 찾는 권한

즉 이러한 두 가지 권한을 가지고 많이 전달하는 것이 당신의 사업에 날개를 달아줄 것이며, 글로벌화의 기초가 되는 것이다. 네트워크 비즈니스 마케팅이란 네트워크 사업은 물건을 파는 것이 아니라 내가 아는 정보를 전달해주는 것이 목적이다. **내가 아는 정보를 가지고 친구, 가족 등 주변에 아는 사람들에게 소득의 기회를 주는 것이다.** 즉 당신의 아는 지식과 정보를 가지고 가이드 역할과 정보를 주고 스크랩을 짜는 것이다. 즉 나와 같은 준비된 사업자를 만들고, 소비자의 프로슈머를 만들어가는 것이다. 「미래의 충격」(엘빈 토플러)에서는 미래의 쇼크로 인해 대기업들이 무너지는 상황 속에서 미래를 준비하라는 것이다.

N/W 사업은
미래지향적인 가능성이 있는가?

당신이 네트워크 비즈니스를 부업으로, 아니면 전업으로 시작한다면 어떤 비즈니스 사업을 선택할 것인가에 대하여 고민해야 할 것이다. 그리고 네트워크 비즈니스를 선택한다면 첫째 회사, 둘째 제품, 셋째 보상플랜, 넷째 비전을 선택해야 한다.

첫째, 회사는 선택의 기본적인 사항이며, 그만큼 선택의 중요성이 크다는 것을 모르는 사람들은 없을 것이다. 당신이 선택한 회사가 어느 날 갑자기 문을 닫아버린다면 당신과 당신의 파트너들과의 신뢰가 없어지면서 다음 회사를 선택하고 리더를 한다고 해도 당신을 신뢰하지 않을 것이다.

둘째, **제품 선택의 경우는 희소성이 있어야 한다.** 요즈음 네트워크 회사별 제품의 품질이나 기능성은 거의 비슷하다. 다만 같은 제품으로써 희소성이 있는 제품을 취급한다면 당신의 사업은 금상첨화가 될 것이다.

셋째, 보상플랜의 경우 합법적인 네트워크 회사들은 거의 비슷한 보상 마케팅 플랜으로 거의 평준화가 되어 있기에 크게 따져볼 이유는 없다. **다만 신규 창업의 회사인 경우 기존 회사보다 좀 더 강력한 보상플랜을 시도한다.**

넷째, 회사의 비전은 창업자의 마인드의 글로벌화라고 할 수 있고, 안정적인 재무구조와 제품생산 미디어 시스템 DNA가 다른 회사의 비전을 선택하는 것이 네트워커의 기본적인 사항이다.

현 시대의 네트워크 회사들의 글로벌화의 총력전으로 대한민국의 토종 네트워크 회사뿐만 아니라 선진국의 네트워크 회사들은 새로운 제품 및 신규 아이템 출시, 신기술, 천연제품 등 첨단제품들이 홍수처럼 개발되어 **자국의 제품을 해외로의 수출 도약형으로 발전**

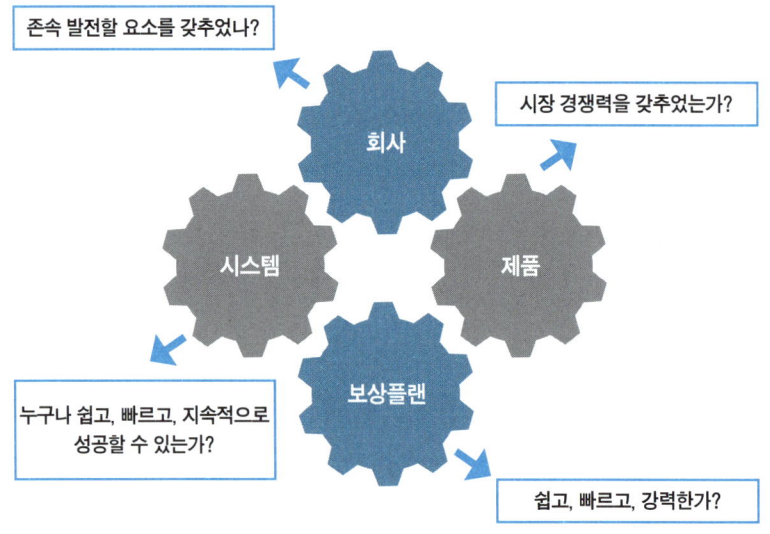

네트워크 비즈니스 회사 선택기준

시키고 있으며, 각 나라는 아시아의 경제대국 중국으로의 진출에 혈안들이다. 중국은 전 세계에서 인구 수가 최고로 많은 약 15억 명에 달하고, 그만큼 경제시장이 큰 나라로 전 세계 네트워크 회사뿐만 아니라 대기업들은 중국 시장 진출에 노력하고 있는 것이다. 특히 중국도 반사회자본주의 국가로서 암웨이를 비롯하여 세계굴지의 네트워크 회사들이 이미 진출하여 많은 매출을 올리고 있는 것이 현실이다.

얼마나 성장할 것인가?

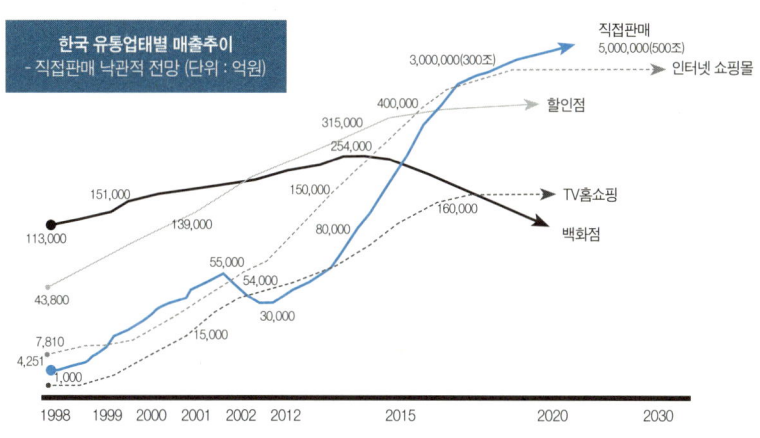

미래유통 : NWN + M - 커머스 + 통신 + 금융
2002년도 순위 : 할인점 - 백화점 - 직접판매 - 인터넷쇼핑몰 - TV홈쇼핑
2010년도 순위 : 할인점 - 백화점 - 인터넷쇼핑몰 - 직접판매 - TV홈쇼핑
2015년도 순위 : 인터넷쇼핑몰 - 직접판매 - 할인점 - TV홈쇼핑 - 백화점
2020년도 순위 : 직접판매 - 인터넷쇼핑몰 - 할인점 - TV홈쇼핑 - 백화점

앞으로 국내의 네트워크 회사가 중국 시장으로의 진출을 지속적으로 도전할 것이고, 도전에 성공할 경우 엄청난 시장성의 발전에 큰 변화를 가져올 것이며, 당신은 어느 날 부의 가치 백만장자로서 희망 가득찬 날을 맞이할 것이다.

새천년의 사회적인 병폐 3가지

첫째, 청년 실업의 문제

고성장의 사회에서 저성장의 사회로 나타나는 현상으로 실업자가 3배 이상 많아지며, 20% 실업률로 앞으로도 계속될 것이며, 부모의 마음은 상하며 홀로 뛰어야 하는 청년들에게 N/W 마케팅이 많이 소개되고 권장되어야 한다.

둘째, 중장년의 장기 실업자의 문제

40~50대 약 30%의 실업자, 소위 사오정(45세가 정년이다.) 실업자 38%, 장기 실업자인 6개월 후에도 취업을 못하는 사람, 즉 실업이 직업인 사람이 늘어날 것이고, 심각한 실업이 직업인 사람과 같이 이런 사람들을 섭외하여 N/W 마케팅을 소개하며 사업가로의 변신을 시켜주어야 한다.

셋째, 노년의 경제활동 문제

세계경제의 발달로 수명의 장수화에 따른 경제력의 필요성과 정신력과 건강이 나아지고 있기 때문에 소일거리를 찾는다. 현 시대 노인들의 희망사항은 단돈 10만원이 있었으면 좋겠다는 설문조사 결과도 있다. 현 시대에서 자립능력이 있다고 생각하는 사람은 4%밖에 안 된다는 조사이다. 현 시대의 노인들의 정신연령이 청년의 수준이며, 노인들의 몸(건강)을 보면 청년으로, 즉 청년의 노인들이라는 것이 현실이다. 이러한 분들은 인간관계에 벽이 없으며, 그동안의 경험을 바탕으로 사람 관리를 잘한다는 것이다. 이런 분들을 현 시대 경제, 즉 N/W 마케팅에 적극적으로 동참시키는 것이 바람직하다.

위의 1, 2, 3항의 세 가지 사회적 문제점을 향후에는 적극적으로 활용하여 사회의 병폐를 사전 방지하고, 보다 밝은 경제를 이루며, 21세기 미래의 경제를 책임질 N/W 사업이 세계적으로 백만장자를 배출하는 데 엄청난 기여를 할 것이다. **N/W 비즈니스 사업가들은 이러한 앞으로의 미래지향적인 경제의 흐름을 사전 정보화하여 빠른 시간 내에 나의 것으로 소화해낼 수 있는 나의 성공과 나의 월드로 만들어가는 것이 최선이다.**

경제시장에서
1+1을 금지하는 이유

시장경제의 흐름에서 변화하는 경제시장에서 '1+1' 금지를 하는 경제흐름을 이야기한다. 편의점이나 마트에 가면 1개를 사면 1개는 덤으로 주는 '원 플러스 원(1+1)' 상품을 흔히 접한다. 미국에서는 이를 'Buy one, Get one free'라고 한다. 전혀 구매욕구가 없던 상품이라도 '1+1' 할인행사 앞에서는 어느새 마음이 흔들리기 시작한다.

'1+1'의 강렬한 유혹에 못 이겨 충동 구매한 상품 중 상당수는 처치 곤란으로 남기 일쑤다. 무엇보다 식품류는 냉장고에 자리만 차지하고 있다가 상해서 버리는 경우가 종종 생긴다. **한 개 가격에 두 개를 샀으니 얼핏 이익 같지만 불요불급한 물건을 사들이면 개인은 물론이고 사회적으로도 낭비가 된다.** 최근 프랑스 정부에서 '1+1' 마케팅에 규제의 칼을 겨눈 까닭이다.

그 계기는 이른 바 '뉴텔라 폭동'에서 촉발됐다. 뉴텔라는 버터처럼 빵에 발라먹는 초코 헤이즐넛 잼의 유명상표이다. 달콤하고 중독성이 강해 '악마의 잼'으로 불린다. 얼마 전 프랑스의 대형 슈퍼마켓 체인 앵테르마르셰에서 이 제품에 대해 기존 가격(4.50유로)의 70%를 깎아주는 특별할인 판매를 실시했다. 그 소식에 흥분한 소비자들이 전국 매장에 구름떼처럼 들이닥쳤다. 한 병이라도 더 사기 위한 쟁탈전 와중에 머리끄덩이를 잡히는 것은 물론이고, 주먹다짐과 몸싸움이 벌어졌다. 재무부는 화들짝 놀라며 공정거래법 위배 여부를 따지겠다고 나섰고, 농업식품부는 '1+1' 금지카드를 꺼내들었다.

지난달 31일 프랑스 정부가 제출한 법안에는 식료품의 경우 최대 34% 이상 할인판매를 할 수 없도록 하는 규정이 담겼다. **50%가 할인되는 '1+1'을 원천적으로 봉쇄한 것이다.** 가격할인 경쟁에서 농가수입도 보호하고, 음식물 쓰레기를 줄이는 데도 도움이 될 것이란 판단에서다. 지난해 '대세 방송인'으로 등극한 김모 연예인은 어리석은 소비를 꾸짖을 때 '스튜핏'을, 올바른 소비에 대해서는 '그뤠잇'을 외치며 합리적 소비습관을 강조하는 새 트랜드를 만들어냈다. 쓸모와 상관없이 '1+1'이니까 '안 사면 손해'란 생각이 든다면 그의 어록 중 하나를 떠올려봐도 좋겠다. "안 사면 100% 할인!" (출처 : 동아일보, 2018. 2. 2. 인용)

경제학 이야기, 다섯

경제학에서 소비자의 선택의 경제를 이야기한다. 총 효용과 한계효용의 경제에서 효용극대화의 원리, 소비자의 잉여 등을 이야기한다. '작심삼일의 효용'이란 말이 있다. 영어로 1월(January)은 '야누스의 달'이다. 두 얼굴을 가진 야누스(Janus)처럼 지난해의 잘잘못을 돌아보고 새로운 각오로 한해를 시작한다는 뜻이 담겼다. 문제는 단단히 마음먹어도 며칠 못 가서 결심이 흐트러진다는 것이다. 한 리서치 업체가 직장인 1,300여 명에게 새해 계획 실천 여부를 물었더니 40.7%가 한 달을 못 채웠다고 대답했을 정도다. 하루 만에 포기한 경우도 9.3%나 됐고, 평균은 11일이었다.

미국 스크랜턴대 연구결과에서도 새해 결심의 목표 달성률은 8%에 불과했다. 영국 정치가 체스터필드는 하도 답답하니까 '새해 초는 악의 없는 거짓말이 용인되는 시즌'이라고 한탄했다. 그나마 위안이 되는 건 결심을 실천하지 못하는 게 의지박약 탓만은 아니라는 거다. **미국 심리전문가 조나 레허는 작심삼일은 의지력의 문제가 아니라 뇌의 인지능력 한계 때문이라고 주장했다.** 뇌가 한 번에 다룰 수 있는 정보량에 한계가 있어 새해 결심처럼 복잡한 정보를 계속 관리할 수 없다는 얘기다.

그렇다면 새해 결심은 하는 게 좋을까? 안 하는 게 좋을까? 괜히 뭔가 시작했다가 자신에게 실망하느니 차라리 안 하는 게 나을 것도 같지만, 게임이론 분석으로 노벨 경제학상을 탄 토머스 셸링의 생각은 다르다. 비록 실패해도 결심을 어겼을 때의 '심리적 비용'이 커짐으로써 실천에 한 걸음 다가간다고 했다. 싸움이 붙은 두 나라 중 퇴로를 끊고 배수진을 친 쪽이 유리한 것과 비슷한 이치다. 프랑스 시인 폴 발레리는 이를 "생각하는 대로 살지 않으면 사는 대로 생각하게 된다."고 간단하게 요약했다. 작심삼일도 나름대로 효용이 있는 셈이다. 그 성공사례가 한국인 첫 메이저리그의 박찬호이다. "저는 작심삼일과 라이벌이었어요. 못해도 사흘은 견뎌냈죠. 그러면 다시 날짜가 늘었고 마침내 목표를 이룰 수 있었습니다." 성군으로 꼽히는 중국 상나라 탕왕이 청동 세숫대야에 "구일신 일일신 우일신(苟日新 日日新 又日新, 정말 새로워지려면 하루하루를 새롭게 하라.)"이란 글귀를 새겨놓았던 것도 같은 맥락이다.

금연, 금주, 규칙적 운동까지 저마다 의욕적으로 새해를 시작했겠지만 벌써 느슨해진 이들이 한둘이 아닐 게다. **그렇다고 결심을 포기하면 자신만 손해다.** 사람이란 원래 결심을 실천하기 어렵게 생겨먹었다는 걸 인정하고, 거듭 새로운 각오를 다지다보면 조금씩 나아질 테니까. 물러터진 성격이라도 걱정할 건 없다. 사흘마다 새로 작심을 하면 될 게 아닌가. (출처 : 한국경제신문, 2013. 1. 2. 인용)

제6장.
100조의 꿈
N/W 비즈니스 경제

6차 산업혁명을 선점하라

4차 산업혁명을 기반으로 다가오는 5차 산업혁명, 6차 산업혁명, 즉 4차 산업과 5차 산업의 융복합인 6차 산업혁명을 미리 준비하는 자! 당신은 성공할 것이다. 이에 6차 산업혁명을 선점하기 위한 당신의 기본준비는 바로 자신의 마인드를 리모델링해야 한다는 것이다.

고정관념을 깨고 지식 콤플렉스를 깨어내고, 대한민국에서 네트워크 비즈니스 크기를 얼마만큼 보는가에 따라서 이제부터 당신의 운명은 바뀔 것이다. **4차 산업혁명의 변화로 6차 산업혁명은 뷰티와 헬스, 바이오 등에서 대한민국의 신성장동력을 가져올 것이며,**

다가오는 한국 사회의 최고의 꿈이자 백조의 꿈인 백만장자의 꿈! 당신이 그토록 간절히 원하는 부의 경제를 가져다줄 것이다. 엄청난 부를 창조한다는 것이며, 이것이 앞으로 다가오는 6차 산업혁명 시대를 선점하는 기회가 될 것임을 명심하라.

현재의 메가트랜드경제 시대가 무너지고 마이크로트랜드경제 시대, 1인 기업가 시대가 다가온다는 것이다. 그것도 빛의 속도로 다가온다는 것이다. 이러한 신경제 패러다임에서 나는, 아니 지금 당신이 준비하고 이미 시작한 네트워크 비즈니스 경제에서 이미 성공자로서 선점한다면 분명 당신은 당신의 그룹과 팀과 함께 대한민국의 신사업 N/W 사업이 신성장동력으로 성공할 것이라고 필자는 확신한다.

세계경제 구조의 흐름

세계경제 구조의 흐름

산업자본주의 → 금융산업자본주의 → 정보산업자본주의 → 생명자본주의, 금융산업자본주의가 파생 균열되어 가는 세계경제를 바로 잡을 수가 없다는 것이다. 앞으로 세계경제의 흐름이나 결과를 본다면 자본이 구축되는 경제가 무너지고 있다는 것이다.

향후 생명자본주의 중심시대가 도래될 것이고, 100세 시대에서 뷰티 & 헬스케어, 바이오 위주의 경제로 바뀌면서 4차 산업혁명을 토대로 5차 산업혁명이 융복합된 뷰티 & 헬스케어, 바이오의 시장이 다가온다는 것이다. 그럼 뷰티 & 헬스케어, 바이오는 몇 차 산업인가? 6차 산업이라고 한다. 6차 산업을 선점해야 하는 이유는 기성세대와 다음세대가 새로운 신성장동력의 시대를 분명히 가져올 것이며 여기에서 부를 창조하기 때문이다.

산업구조의 역사

UN은 7차 산업까지 분류하였다. 산업혁명이란 말의 유래는 18세기 중엽 영국에서 경제학자 아놀드 토인비가 시작하였다.

산업	내용
1차 산업	농업과 수공업 위주의 경제(1760~1830년)
2차 산업	제조, 가공, 자동차, 전화, 석유자원(1870년)
3차 산업	물류, 유통, 반도체, 컴퓨터혁명, 디지털혁명(1960년)
4차 산업혁명	정보통신, IT, 사이버공간, 빅데이터, 지능로봇, 제조업과 정보통신기술(ICT) 융합, 사물인터넷
5차 산업혁명	문화 콘텐츠, 게임사업, 창업문화
6차 산업혁명	생명산업, 바이오 환경산업, 천연물질산업
7차 산업혁명	사회공헌 사업

6차 산업혁명 선점 이유

전 세계의 산업규모에 대하여 2016년 국회 발표자료를 보면 다음과 같다.

산업시장	규모
전 세계 6차 산업시장	8,000조 시장
자동차 시장 (2차 산업시장)	1,800조 시장(2만 5천 가지의 부품산업의 꽃이라는 자동차 시장에서 한국은 자동차 생산 세계 5위)
IT 산업시장 (4차 산업혁명)	3,800조 시장 (구글, 알리바바, 카카오, 네이버 등)
뷰티 & 헬스케어 산업시장	6차 산업과 6차 산업혁명은 4차, 5차, 6차 산업의 융복합산업이며 전 세계 8,000조 시장

이런 세계시장에서 우리는 앞으로 6차 산업시장을 어떻게 펼쳐 갈 것인가에 대하여 고민해야 할 것이다. 특히 6차 산업은 전 세계

선진국들의 시장경쟁 체제의 각축장으로 변할 것이다. 그래서 우리는 지금부터 차근차근 발 빠른 시장을 선점해야 한다는 것이다.

우리의 미래를 어디에 걸 것인가? 당신이라면 하향산업에 투자할 것인가? 뜨는 산업에 투자할 것인가? 아마도 뜨는 산업에 투자하려고 누구나 할 것이다. 즉 성공확률이 높은 곳에 투자하려는 것이 심리이듯이 말이다. 그럼 왜 5차 산업이 아닌 6차 산업을 이야기하느냐는 질문을 한다면 5차 산업의 문화 콘텐츠와 게임 산업은 대기업의 콘텐츠 산업으로 우리 같은 일반인이 투자할 수 없기 때문이다. 이러한 정보를 미리 알고 미래를 내다보는 지혜로 앞으로 다가오는 미래를 미리 준비한다면 당신을 미래의 부를 창출하는 주인공으로 만들어줄 것이다.

6차 산업 선점의 지름길의 준비

첫째, 천연제품이어야 하며, 특히 화장품은 천연과 기능성이어야 한다.

둘째, 뷰티 & 헬스케어의 완벽한 제품 조화가 이루어져야 한다.

셋째, 이 지구상에서 독점의 제품이어야 하고, 경쟁자가 없는 희소성의 제품이면 금상첨화이다.

넷째, 전 세계 글로벌화를 할 수 있는 회사, 적어도 세계 40개국 이상 진출 목표의 비전이 있어야 한다.

다섯째, 일반 네트워크 회사들과 DNA가 달라야 한다는 것이다.

여섯째, 부의 공동체를 만드는 회사의 가치, 제품의 가치, 나눔 정신, 창업자 보너스, 보상플랜, 창업자 마인드가 중요하다.

이러한 준비를 갖춘 회사를 찾아야 한다는 것이다. 이러한 회사를 찾아 당신의 꿈과 목표를 향하여 열정을 불태울 때 당신은 먼 훗날 자신에게 박수를 보낼 수 있을 것이며, 백만장자의 대열에 우뚝 서있을 것이다. 후회하지 않는 삶! 당신의 미래! 지금 당장 행동으로 옮겨라.

플랫폼 경제란?

플랫폼(Platform)이란 여러 사용자 또는 조직 간에 관계를 형성하고 비즈니스적인 거래를 형성할 수 있는 정보 시스템 환경이다. 자신의 시스템을 개방하여 개인이나 기업 할 것 없이 모두가 참여하여 원하는 일을 자유롭게 할 수 있도록 환경을 구축하여 플랫폼 참여자들 모두에게 새로운 가치와 혜택을 제공해줄 수 있는 시스템을 이야기하는 것이다.

플랫폼 경제는 4차, 5차, 6차 산업의 융복합의 경제를 이야기하며, 앞으로 미래의 경제를 이끌어갈 경제를 말하는 것이다. 다시 말하면 4차 산업혁명의 핵심인 IT를 융복합시켜 사업을 하는 시스템의 실체를 찾아가는 것을 말한다. 실체를 누가 찾아가는가는 바로 여러분이 찾아야 한다는 것이다. 이때 플랫폼 경제를 세부적으로 나누어보면 다음과 같다.

첫째, 엔지니어 플랫폼(구글, 네이버, 카카오, 알리바바, 샤오미, SNS 등)이다.

둘째, 소셜 플랫폼은 4차, 5차, 6차 산업의 융복합이다. (4차 산업을 기반으로 사용) + (5차 산업의 문화콘텐츠 창업) + (6차 산업의 천연 바이오)의 핵심이다.

셋째, 새로운 부자를 만들어가는 1인 기업가 창업 플랫폼 사업으로 구분한다.

즉 여러분의 지금 네트워크 비즈니스 사업이 바로 플랫폼 사업이며, 당신이 지금 열정적으로 추진하는 N/W 비즈니스 사업이라는 것이다.

접속의 경제 : 네트워크 접속자와 비접속자, 그들의 운명?

당신과 나는 지금 어디에 접속되어 있는가에 따라 부를 가져온다는 것이다. 우리는 지금 플랫폼 경제에 살고 있으며, 우리는 이미 4차 산업을 마음대로 사용하고 있고, 6차 산업의 천연물질을 가지고 부를 만들어가고 있다. **어디에 접속하는가? 접속하지 않는가?** 이에 따라서 운명이 갈리는 시대에 살고 있으며, 접속자와 비접속자의 차이점은 앞으로 현격한 차이를 가져온다는 것이다. 즉 부자 아니면 가난뱅이의 차이점으로 구분이 확실하게 된다는 것이다.

1인 기업시대

　1인 기업시대에 당신만의 친환경 웰빙, 웰리스, 웰다잉 등 아름다움을 창업하라. 창업을 하는 데 있어 접속을 하는데 무엇을 가지고 할 것인가를 고민하라. 6차 산업의 꽃인 아름다움과 건강사업을 창업하신 분들이 맞는다면 암을 겪어보고, 이가 아파본 사람 등이 아픔을 알 수 있듯이 우리는 끊임없이 성찰해야 한다.

　1인 기업가는 집을 팔아서 하는 것이 아니고 아름다움을 창조하고, 친환경 천연의 웰빙과 해피니스 사업을 해야 한다는 것이다. 소셜 포지션 + 사회성 + 존중 받고 건강해질 수밖에 없고 부자가 되는 것이며, 경쟁자가 없다는 것을 알아야 한다는 것이다. 우리는, 아니 당신은 경쟁자가 없는데도 오리처럼 자신들을 생각한다는 것이다. 악어는 알을 낳는가? 새끼를 낳는가? 악어는 암놈과 수놈을 마음대로 결정한다. (32.5도 + 2도 = 수놈, 32.5도 - 1.5도 = 암놈) 악어는 암수의 비율을 잘 맞춘다. 당신의 네트워크 사업에서 암놈과 수놈은 누가 결정하는가? 리더가 한다. 이제부터 리더로 거듭나시기를 바란다.

부의 공동체 100조 시장

100조의 꿈, 부의 공동체를 지금부터 당장 구축하라!

전 세계 자동차 시장 = 1,800조

전 세계 IT 시장 = 3,800조

전 세계 아름다움, 건강 창업시장 = 8,000조

우리는 8,000조 시장의 소박한 꿈으로 한국 시장 100조만 가져오자. 과욕인가? 현행법으로 35조의 돈이 우리의 통장으로 들어온다는 것이다. 세계 246개 나라 중 대한민국이 사업하기 제일 좋은 나라 4위라는 통계자료가 있다. **1인 기업가로 창업하신 여러분에게 8,000조 시장에서 100조는 소박한 꿈이다.** 1년에 35조 보상플랜이 무리한 욕심인가? 2020년부터 운명이 바뀐다는 것이다. 투자은행 맥킨지그룹(2017년 발표)에 의하면 대한민국이 경제도약을 하는 해인 2020년~2022년에 대박이 난다고 하였으며, 이런 시대를 맞이하는 준비를 해야 한다는 것이다. (현재 코로나19로 인해 2020년도 경제지수가 하락하고 있지만) 당신의 보상플랜 수당이 많을수록 당신은 국가에 세금을 많이 내고, 경제를 살리고, 일자리를 창출하는 아름다운 사업이 바로 당신이 창업한 네트워크 사업이라는 것을 알아차려야 한다. 미래에 우리 제품이 전 세계를 독점하고, 우리가 사절단이 된다는 것이며, **지금 네트워크 사업은 0.0001%밖에 안 되기 때문에**

더욱더 결단하고 시작하고 준비해야 한다는 것이다.

신대륙 당신의 회사 네트워크 비즈니스 도전

이제 준비가 되었다면? 그리고 꿈과 목표가 있다면 뷰티 & 헬스케어, 바이오 사업에 도전하라! 2020년 시점으로 신대륙에 도전하면 전 세계적으로 글로벌화될 것이고, 당신의 네트워크 비즈니스 사업은 이제부터 신대륙으로 가는 범선, 즉 커다란 배를 우리는 타고 세계를 여행할 것이다. 무엇을 위하여? 7차 산업을 위해서! "사회공헌 사업이다." 백만장자 나눔의 정신, 전 세계 다 같이 잘살고 행복한 나라를 만들기 위하여 **"가자! 세계로 미래로!"**

성공자로서 최고의 리더가 되기 위한 나의 자세

나는 최고의 리더로서 남을 먼저 생각하고, 감사하고, 봉사하며, 희생을 기꺼이 감수한다. 언제나 솔선수범하여 모든 일에 앞장서는 정직하고 모범적인 사람이며, 나의 인생은 행복해지고, 성공자가 되고, 위대한 승리자가 될 것이다. 언제나 긍정적인 사고와 적극적인 행동으로 인해 정열적인 사람이 되고, 언제나 도덕적인 기질을 갖고 있다. 실패에 두려워하지 않는 투철한 나의 신념은 내면세계에 자리 잡고 있는 나의 무한한 가능성과 잠재력을 불러 일으켜 나에게 사자와 같은 용기와 개미와 같은 끈기를 갖게 했다. 불의를 보고 참지 않으며, 정의를 위해 모든 것을 바치고, 의리를 생명과 같이 지키며, 신의를 저버리지 않는다. 불굴의 투지와 불타는 나의 신념은 약자를 위해 혼신의 힘을 다하여 사랑하며, 매일 매일 피나는 노력으로 최선의 힘을 다 바치고, 땀 흘려 내가 원하는 행복과 인생을 기쁨과 인간다운 멋진 삶을 쟁취하기 위해 나의 모든 정열과 끈기로 결단코 성공하고야 말겠다는 무서운 집념을 바탕으로 위대한 승리자가 될 것이다.

원하는 것이면 무엇이든 가질 수 있고, 어디든지 갈 수 있으며, 나의 가족과 즐거운 시간을 갖게 될 것이다. 이것을 원하는 다른 사람들을 성공시켜 주려는 리더 정신이 투철한 사람이기 때문에 나는 인생의 위대한 승리자이다. 사람들은 나를 좋아하게 되고 따르며 부러워하게 될 것이고 존경하게 될 것이다. 내 꿈은 반드시 이루어지고, 나는 이 모든 축복과 혜택을 누릴 만한 자격이 있고, 가치가 있는 인간이며, 위대한 승리자요, 진정한 자유인이다. - 정상에서 만납시다.

당신이 리더라면 매일 아니 자신의 머릿속에서 언제든지 술술 외칠 수 있는 준비가 되어 있어야 한다. 최고의 리더가 되기 위한 나의 자세를 매일 외치면서 자신을 스스로 높여 자신감을 높이며, **나와 같은 리더자와 같이 성공할 수 있는 파트너를 만드는 데 적극적으로 활용한다면 앞으로 한 달, 아니 6개월 안에 당신은 엄청난 속**

도로 변해 있을 것이고, 아마도 성공자의 대열에 우뚝 서있을 것이다.

성공한 사람들은 일반적인 시간과 룰에서 성공을 이룬 것이 아니라 남들보다 더 피나는 노력과 열정, 포기할 줄 모르는 도전정신에 의하여 성공한 것임을 우리, 아니 당신은 알고 있어야 한다. 이에 성공한 사람의 15시간 경영을 보면 당신이라는 경영자가 당신 자신에게 부과하는 시간은 하루 24시간이다. 당신은 회사의 종업원으로서는 9시간만 일하면 되지만, 자기 인생의 경영자로서는 나머지 15시간까지도 경영할 수 있어야 한다.

- 니시무라 아키라의 《새로운 시간의 발견 퇴근 후 3시간》 중에서

이것은 바로 일하는 시간의 경영도 중요하지만 일 이후의 시간은 더 잘 경영해야 한다는 것이다. 일에서 벗어난 취미, 친구, 여가활동, 명함이 필요 없는 사람들과의 만남, 자기 삶의 행복과 성공지수를 한 뼘씩 더 높여줄 것이다.

당신이 리더라면 가슴에 담아두어야 할
15가지 메시지를 실행으로 옮겨라

(1) 남자는 여자의 생일을 기억하되 나이는 기억하지 말고, 여자는 남자의 용기는 기억하되 실수는 기억하지 말아야 한다.

(2) 내가 남한테 주는 것은 언젠가 내게 다시 돌아온다. 그러나, 내가 남한테 던지는 것은 내게 다시 돌아오지 않는다.

(3) 남편의 사랑이 클수록 아내의 소망은 작아지고, 아내의 사랑이 클수록 남편의 번뇌는 작아진다.

(4) 먹이가 있는 곳엔 틀림없이 적이 있다. 영광이 있는 곳엔 틀림없이 상처가 있다.

(5) 달릴 준비를 하는 마라톤 선수가 옷을 벗어던지듯 무슨 일을 시작할 때는 잡념을 벗어던져야 한다.

(6) 두 도둑이 죽어 저승에 갔다. 한 도둑은 남의 재물을 훔쳐 지옥엘 갔고, 한 도둑은 남의 슬픔을 훔쳐 천당에 갔다.

(7) 남을 좋은 쪽으로 이끄는 사람은 사다리와 같다. 자신의 두 발은 땅에 있지만 머리는 벌써 높은 곳에 있다.

(8) 행복의 모습은 불행한 사람의 눈에만 보이고, 죽음의 모습은 병든 사람의 눈에만 보인다.

(9) 웃음소리가 나는 집엔 행복이 와서 들여다보고, 고함소리가 나는 집엔 불행이 와서 들여다본다.

(10) 황금의 빛이 마음에 어두운 그림자를 만들고, 애욕의 불이 마음에 검은 그을음을 만든다.

(11) 어떤 이는 가난과 싸우고, 어떤 이는 재물과 싸운다. 가난과 싸워 이기는 사람은 많으나 재물과 싸워 이기는 사람은 적다.

(12) 느낌 없는 책은 읽으나 마나, 깨달음 없는 종교는 믿으나 마

나, 진실 없는 친구는 사귀나 마나, 자기희생 없는 사랑은 하나 마나.

(13) 마음이 원래부터 없는 이는 바보이고, 가진 마음을 버리는 이는 성인이다. 비뚤어진 마음을 바로잡는 이는 똑똑한 사람이고, 비뚤어진 마음을 그대로 간직하고 있는 이는 어리석은 사람이다.

(14) 누구나 다 성인이 될 수 있다. 그런데도 성인이 되는 사람은 아무도 없다. 자신의 것을 버리지 않기 때문이다.

(15) 돈으로 결혼하는 사람은 낮이 즐겁고, 육체로 결혼한 사람은 밤이 즐겁다. 그러나 마음으로 결혼한 사람은 밤낮이 즐겁다.

사업에 임하는 우리의 자세

첫째, 서로 필요충분조건에 의해 존재하기에 마음자세는 당당하게 한다.

둘째, 외적인 아름다움과 내적인 자신감을 표출하라. (머리끝부터 발끝까지)

① 머리는 항상 잘 빗어 넘기며, 무스나 젤로 또는 스프레이로 마무리하는 습관을 가진다.
② 얼굴은 까칠해 보이는 것보다 약간의 로션이나 스킨을 쓴다.
   (이때 여성의 경우 화장은 필수 - 진하지 않게)
③ 항상 웃는 얼굴로 (이때 너무 소리 내서 웃지 말고, 미소 띤 얼굴)
④ 여름은 여름 와이셔츠로, 겨울엔 양복으로, 항상 넥타이를 매는 습관
⑤ 바지는 양복바지나, 기지바지 또는 면바지도 괜찮다.
⑥ 양말은 바지 색깔과 동일하면 좋다.
⑦ 신발도 가능하면 구두(또는 단화)로써 굽 부분이 특히 깨끗하도록 한다.

셋째, 손에는 필기할 수 있는 도구를 항상 지닌다.

넷째, 상대가 이야기할 때는 자세히 듣고 1, 2, 3의 매너법을 쓴다.

다섯째, 이야기할 때는 항상 오픈 마인드를 하면서 대화에 임한다.
① 대화에 임할 땐 처음부터 본론으로 들어가지 말라.
② 머리 숙이고 허리도 15도 정도 숙이면서 인사하고, 명함을 상대에게 준다.
③ 상대의 연락처는 이때가 아니면 받을 수 없으므로 반드시 명함이나 연락처를 이때 받는다.
④ 주위를 돌아보며 대화를 이끈다. (F.O.R.M)
⑤ 짧은 시간에 끝내야 할 때도 있지만 상대가 이야기를 하고 싶어 하면 들어주고, 항상 바쁜 사람으로 인식되도록 부지런히 받아 적고 나온다.
⑥ 주위에 다른 사람이 혹시 있으면 그 사람을 왕따 만들지 말고, 서로 통성명을 하면서 함께 이야기하는 것도 좋다. (대인관계를 높이는 좋은 방법)

여섯째, 대화가 끝난 후 마무리가 무엇보다 중요하다.
① 대화가 끝날 무렵엔 다음의 약속시간과 장소를 정하는 것을 잊지 않는다.
② 정중히 인사하고 가볍게 돌아서 나온다.

일곱째, 오더를 받지 못했다면 최후로 만난 후 2~3일 후에 꼭 다시 만난다.

여덟째, 질문이 오고 갈 때는 아는 대로만 답하며, 아는 척하지 말고 솔직한 답을 주고, 잘 모르는 것은 다음에 꼭 답변해준다.

아홉째, 사무실에 돌아와서는 상황을 다시 한 번 상기하면서 상사에게 이야기하고, 카운셀링을 받는다.

열번째, 오더를 딴다. 발주가 떨어지면 가뿐하게 축하주 한 잔 할 줄 아는 사업가가 된다.

성공을 앞당기는 9가지 습관

【사고 → 행동 → 습관 → 인격 → 운명】

사고(思考)가 바뀌면 행동(行動)이 바뀌고,
행동(行動)이 바뀌면 습관(習慣)이 바뀌고,
습관(習慣)이 바뀌면 인격(人格)이 바뀌고,
인격(人格)이 바뀌면 운명(運命)이 바뀐다.

① 목표를 적어두었다가 이것을 매일 검토한다!
② 남의 말에 귀담아 들어라!
③ 결과보다 행동의 중요성을 인정하라!

④ 긍정적이고 격려하는 말만 하라!

⑤ 약속은 반드시 지켜라!

⑥ 통화 시간을 제한하라!

⑦ 하루 세 번 이상 "안 됩니다."라고 말하라!

⑧ 한 번에 한 가지만 하라!

⑨ 긍정적인 자기 암시를 반복적으로 하라!

경제학 이야기, 여섯

희소성의 원칙에 대하여 알아보자

인간의 욕구는 많은데 자원이 부족하기 때문에 희소성이 발생한다. 즉 사고 싶은 물건을 양껏 사지 못하는 것, 또는 가지고 싶은 물건은 많은데 그것을 살 돈이 부족한 것, 팔면 많은 돈을 벌 수 있다는 확신이 있음에도 불구하고 만들고 싶은 만큼 생산할 수 없다는 것 등의 경제문제가 아닐까 싶다. 나아가 배우고 싶은 것은 많은데 모두 다 배울 수는 없다는 사실이나 학생들이 수강신청한 모든 과목을 A학점을 받고 싶지만 성적표는 그렇지 않다는 것도 우리가 생각하는 경제문제에서 크게 벗어나지 않는다는 것도 알게 된다. 이 문제들의 공통점은 무엇인가?

모든 경제문제는 인간의 욕망은 무한한 데 비하여 그 욕망을 충족시켜 줄 수 있는 자원은 상대적으로 부족하기 때문에 발생하며, 이것을 '희소성의 원칙(Principle of scarcity)'이라고 한다. 여기서 희소하다는 것은 절대적인 양의 부족이 아니라 항상 욕망과 상대적인 의미에서 부족하다는 뜻이다. 이럴 때 손오공의 재주가 있다면 얼마나 좋을까? 만약 재주가 있다면 희소성을 벗어날 수 있듯이 말이다.

그럼 '희소성의 원칙'을 벗어나려면 어떻게 해야 할까? 필자가 보기에는 아마도 욕망을 줄이든지, 자원을 더 많이 가지든지 해야 할 것이다. 하지만 요즈음 TV, 휴대폰 또는 인터넷 등을 통해서 세계 곳곳의 일들을 다 알면서 오히려 사람들의 욕망은 점점 더 커져가고, 반면에 너무 많은 사람들이 지구 위에 살기에 경쟁은 더 치열해지고, 나에게 주어진 자원은 제한되는 것이 현실일 것이라는 점이다. 앞으로 우리는 점점 더 많은 선택을 해야 하는 시대에 살게 될 것이다. **지금부터 여러분은 미리미리 미래를 생각하는 시간을 가져야 한다. 그리고 그때마다 과연 나는 어떻게 선택을 해야 하는지 생각해보시기 바란다.**

제7장.
4차 산업혁명 시대
미래전망

　4차 산업혁명이란 인공지능 기술 및 사물인터넷, 빅데이터 등 정보통신기술(ICT)과의 융합을 통해 생산성이 급격히 향상되고 제품과 서비스가 지능화되면서 경제, 사회 전반에 혁신적인 변화가 나타나는 것을 의미하는 것이다. 4차 산업혁명은 다양한 제품, 서비스가 네트워크와 연결되는 초연결성과 사물이 지능화되는 초초지능성이 특징이며, 인공지능기술과 정보통신기술이 3D 프린팅, 무인운송수단(드론), 로봇공학, 나노기술 등 여러 분야의 혁신적인 기술들과 융합함으로써 더 넓은 범위에 더 빠른 속도로 변화를 초래할 것으로 전망되는 산업이다. 또한 세계경제포럼인 2016년 1월 열린 다보스포럼에서 **4차 산업혁명을 '디지털혁명에 기반을 두어 물리적 공간, 디지털적 공간 및 생물학적 공간의 경계가 희석되는 기술융합의 시대'로 정의하였다.**

4차 산업혁명의 역사 & 4차 산업혁명이란?

기존 산업	미래 산업
- 유형경제 - 자원 중심 - 생산과 소비 분리 - 효유류 중심 - 점진적 혁신 - 소유경제	- 무형경제 - 데이터 중심 - 생산과 소비 연계 - 혁신 중심 - 파괴적 혁신 - 공유경제

파괴적 혁신의 변화로써 우버택시, 전 세계 숙박시설을 공유하는 에어비앤비 같은 새로운 서비스를 말하는 것이다. 앞으로 새로운 산업의 미래가 지속적으로 나타난다는 것이다.

산업구조의 역사

산업구조의 역사는 유엔에서 7차 산업까지 분류를 하였다. 산업구조나 산업혁명이란 말의 유래는 영국에서 경제학자 '아놀드 토임비'가 18세기 중엽 시작하였다. 1차 산업혁명은 18세기 중엽에서 19세기 초반 농경, 산업혁명, 증기기관의 기계혁명 등 영국을 중심으로 확산하여 전개되었으며, 2차 산업혁명은 전기혁명, 컨베이어 시스템 등장, 석유자원, 전화, TV, 커뮤니케이션 기술을 발명한 미국이 2차 산업혁명을 주도하였다.

3차 산업혁명은 컴퓨터와 인터넷 기반의 지식정보혁명이 1980년대 시작하였다. 반도체와 메인프레임 컴퓨팅(1990년대), PC(1970년대와 1980년대), 인터넷(1990년대) 발달을 주도한 3차 산업혁명을 '컴퓨터혁명' 혹은 '디지털혁명'이라고 한다. 한편 4차 산업혁명은 정보기술 기능에 더하여 정보 빅데이터, IOT, 클라우드, CPS, 인공지능(AI), 지능로봇, 드론, 블록체인 등 지금까지 산업혁명이 물리적 공간과 사이버 공간으로 나뉘어 발전했다면, 4차 산업혁명은 두 공간의 시스템이 결합해 불연속성을 극복한 미래를 말한다. 이외에 5차 산업혁명은 문화콘텐츠 산업, 게임콘텐츠 산업, 창업 문화를 말하며, 6차 산업혁명은 생명산업, 바이오 환경산업, 천연물질 산업 등을 말하며, **7차 산업혁명은 사회공헌과 나눔의 산업을 말한다.**

4차 산업혁명을 주도하는
미래 산업전망

(1) 현재 우리가 알고 있는 현실의 시스템, 즉 모든 것이 바뀐다.

① 챗봇 : 챗봇이란 채팅과 로봇의 합성어를 말한다. 즉 인공기술과 소비자들의 메시지를 기반으로 운영되는 자동 대화 서비스를 뜻하는 것이다. 다시 말하면 메신저를 통해서 메시지를 보내면 인공지능 로봇이 메시지를 인식하여 자동적으로 해당 질문에 맞는 대답을 해주거나 응대해줄 수 있는 응답프로그램을 말하는 것이다. 즉 사람처럼 일을 처리해주는 컴퓨터 프로그램, 뉴스미디어 미국의 CNN, 일기예보, 꽃배달 서비스, 주문배달, 마이크로소프트사 2016년부터 도입 시행하고 현재 활성화되고 있다.

② 계단을 오를 수 있는 휠체어 : 일본의 도요타 자동차와 미국의 데카가 공동 개발하여 활용하고 있으며, 장애인들의 생활에 많은 도움이 되고 있으며, 대중화가 기대되는 휠체어이다.

③ 드론(무인비행기) : **'드론'은 낮게 웅웅거리는 소리를 뜻하는 단어로 벌이 날아다니며 웅웅대는 소리에 착안해 붙여진 이름이다.** 드론은 처음에는 군사용으로 탄생하였지만 현재는 고공영상, 사진촬영, 배달, 기상정보 수집, 농약살포 등 다양한 분야에서 활용되고 있으며, 전 세계에서 활성화가 완료되어

많은 분야에서의 변화를 가져올 것이다.

④ 3D 프린터(팅) : 3D 프린팅은 프린터로 평면으로 된 문자나 그림을 인쇄하는 것이 아니라 입체도형을 찍어내는 것을 말한다. 종이를 인쇄하듯 3차원 공간 안에 실제 사물을 인쇄하는 3D 기술은 의료, 생활용품, 자동차 부품 등 많은 물건을 만들어낼 수 있으며, 사람의 아이디어를 즉시 형태화하고 바이오 3D 프린터를 개발하여 신약개발, 재생의료 등에 활용하고 있다.

⑤ 스마트폰 화상진단 : 벤처기업 알름이 개발하였다. 화상진단 장치용 프로그램, MRI 화상 등을 처리하며, 2016년 일본에서는 보험처리를 하고 있다.

(2) 자동운전 교통이 바뀐다.
① 자동운전 소프트웨어
② 주행 중 전력공급
③ 정체상황에 대한 자동판단, 인공지능 네비게이션 등 개발
④ 3D 계측
⑤ 미래의 항공기 개발, 시스루 항공기, 2050년까지 기체가 투명하고 승객이 하늘을 볼 수 있는 항공기, 유럽의 에어버스 연구, 난기류 사고를 줄이는 기체기술 개발
⑥ 재사용 로켓
⑦ 초소형 로켓

(3) 목조시대 주거가 바뀐다.

① 목조 초고층 빌딩(10층 건물 건축, 오스트리아 포테 첫 건축)

② CLT 공법(집성목재, 섬유 방향이 서로 다르도록 나무판을 겹쳐 접착하여 강도를 높인 것, 지구 환경문제 해결)

③ 목질 하이브리드 빌딩(내화성 강화)

④ 내화 목재

⑤ 셀로로우스 나노 섬유(목재펄프 이용, 철의 5배 강도)

⑥ ZEH 주택(단열재, 일반 제품의 5배 이상)

(4) 의료가 바뀐다.

① 면역 체크 포인트 저해약(자가 활용, DNA 활용치료)

② 게놈편집(유전자를 일부 바꾸어 질환을 치료나 예방에 연결, [예] 맞춤형 아기 탄생)

③ 재생의료(세포나 조직을 이용하여 상처나 질병, 노화, 자가 재생)

④ 장기의 3D 프린팅

⑤ 동물을 이용한 대체 장기 생성

⑥ 스마트 치료실

⑦ 차세대 수술지원 로봇(내시경을 로봇이 서있으면 검사)

⑧ 마이크로 니들(주사가 필요 없다. 피부에 붙이는 것으로 약제를 체내에 침투)

(5) 산업이 바뀐다.

① 농업용 드론(일본에서 2016년부터 시행)

② 핀테크(가상통화 시대가 온다.)

③ 비중앙집권화 트랜드

④ 블록체인 시대

⑤ 대량맞춤 생산 시대

⑥ 서비스 로봇 상용화 시대

⑦ AI를 이용한 부동산 감정평가 및 변호사 시대

⑧ 스마트 스타디움

⑨ 쉐어링 서비스(관광투어 에어비앤비 호텔)

4차 산업혁명의 변화하는 경제, 사회에 전반적인 혁신적인 변화를 가져올 것임에는 틀림이 없다. 우리 인간은 변화하는 경제, 사회 등 다양한 분야에서도 끊임없이 변화하고 적응하는 우리 인간만의 특징이 있으며, 앞으로 어떠한 변화가 올지라도 그 욕구 또한 변화하려고 노력할 것이다.

4차 산업혁명 시대에서의 인간의 욕구변화

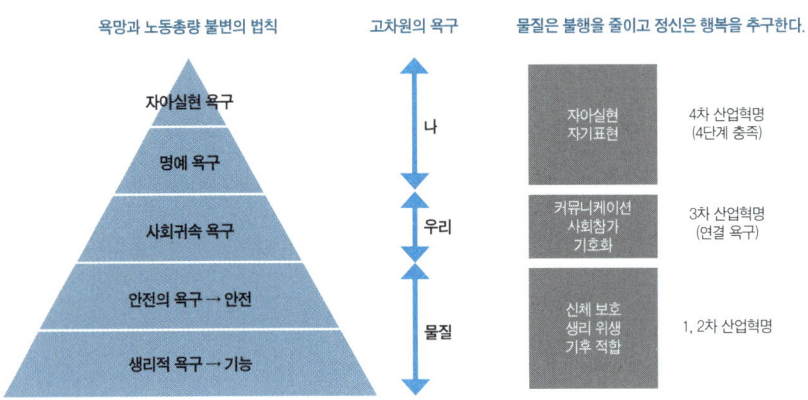

위의 형태로 변화할 것으로 생각해본다. 예를 들어보자. 여성들이 꿈꾸는 것은 나만의 코디를 꿈꾼다는 것이다. 하지만 왜 못하는가? 비싸니까 못하는 것이다. 만약 당신이 10원의 전속 코디를 쓴다면 얼마나 좋을까? 높은 가격으로 나만의 코디를 하지 못하는 것이 앞으로 가능해진다는 것이다. 인공지능(AI)이 공부를 해서 맞추어 준다는 것이다. **즉 대중화 시스템으로 발전한다는 것이다.** 여기에 사람도 개입되어야 한다는 것이며, 나를 위한 맞춤 미디어를 원한다. 야구, 축구, 연예 등 내가 원하는 것을 해달라면 다 되는 세상이 조만간 다가온다는 것이다.

미래 산업혁명의 일자리

자기를 표현하는 데에는 페이스북, 카톡, 트위터 등의 SNS가 있다. 작은 물건이라도 나를 표현하는 시대라는 것이다. 현 시대에서 새로운 4차 산업혁명은 행복을 추구하는 것이다. **행복 추구는 자기표현 욕구를 만족하는 것이 일자리를 만들어준다는 것이며, 즉 개인의 자기표현 욕망이 주도하며, 개인의 자아실현 욕망이 일자리의 원천이라는 것이다.** 초생산성, 업무시간의 단축, 여가시간 증가 속에서 새로운 욕망은 무엇인가를 생각해야 한다. 생산성 증가에 따른 일자리와 증가 수요, 일자리에서 인공지능 로봇의 활용은 자기표현 수요 증가를, 생산성 증가는 소비 정체성을 이야기하는 것이다. 미래의 일자리는 인공지능 등 O2O의 융합기술, 일자리 10% 이하로 예상될 것이며, 신규 일자리 원천이 될 수 있을 것이다.

이에 미래의 일자리 변화는 소비의 경험이 개인화되며, 다양한 서비스가 나타나고, 일자리가 30만개에서 1,000만개 이상 늘어난다는 것이고, 개인의 일자리를 만들어주는 세상이 펼쳐진다는 것이다. 놀면서 일하는 일자리가 늘어난다는 것이며, 분업화된 일에 대하여 흥미와 관심이 재미없어지고 선호하지 않을 것이다. 결국 생산과 소비가 분리되어 반복되는 일은 로봇이 할 것이고, 반복되지 않는 일은 사람이 하게 되는 시대가 온다는 것이다.

이것이 바로 디지털 DIY(Do It Yourself) 시대이다

DIY는 전문업자나 업체에 맡기지 않고 스스로 직접 공간을 보다 쾌적하게 만들고 수리하는 개념을 말한다. 즉 "네 자신을 직접 만들어!"라는 "Do It Yourself!"의 준말을 말한다. 앞으로 미래의 산업혁명은 집단지능의 형태에서 개인화를 가져올 것이고, 1차 산업의 저효율자가 생산, 서비스 소비 미분리된 2차, 3차 산업혁명의 고효율 산업화, 생산 소비 분리를 거쳐서 4차 산업혁명의 고효율, 소셜 맞춤 등은 계획경제의 실패와 시장경제의 실패로 가져올 것이다.

그러면서 빈부의 격차는 산업혁명 이후 증가할 것이다. 내 것은 내가 만들어 쓴다는 시장경제에서 저효율의 경제시대를 맞이한다는 것이다. 만약 그런데 내 옷을 만드는 데 10분이면 만든다면 고효율이라고 하는 것이다. 미래에는 3D 컴퓨터, 인공지능, 오픈소스, HW, 기술인공지능, VR, 음악, 미술, 문학도우미, 에너지, Big Economy와 기업가, 사회, 프리랜서의 초연결 경제가 도래할 것이고, 2022년 미국 직업의 43%가 미래의 일자리가 변한다고 예측한다는 자료를 발표하고 있다. 결론은 미래는 개인시장이 확대되고 과거로 돌아가고 있다는 것이다.

4차 경제혁명의 과제들

초생산혁명의 관건은 기술보다 제도개혁, 1차 분배 일자리혁명은 기업가 정신으로, 2차 분배 거버넌스(Governance, 지배권, 통치)[2]는 숙의 직접민주제라고 주장하며 미래는 블록체인으로 초신뢰사회를 구축할 것이라는 것이다.

4차 산업혁명의 준비

미래의 새로운 경제의 패러다임의 시대에서 기업의 경영환경 변화는 무엇인가? 시장을 분석하는 기술은 어떤 것이 될까? 지식발전이 사회와 시장에 미치는 것은 무엇인가? 시장이 변화하는 것, 소비의 변화는 무엇인가? 인간은 사회적 교류 정보가 들어오면 어떻게 진화하려고 하는가? 사회적 변화, 인간의 행동 변화, 초연결사회의 변화는? 사물끼리도 연결되는 것은 무엇인가? 본인 자신의 자발적 선택? 대중적인 생각에서 개별적 생각의 선택은? 이러한 사항들을 관심 있게 관찰하여 산업혁명을 준비하는 자가 미래의 산업을 주도해 나갈 것이다.

결국 미래의 글로벌 시장 변화는 온라인 마켓 영향력 증가, 핸드폰의 신뢰도 증가, 네비게이션의 신뢰도 증가, 물건 구매시 사용하는 IT(핸드폰) 의존도 증가로 인하여 소비자의 평가를 보고 가치

---

[2] 거버넌스(Governance) : 질서를 만드는 사람들의 협치를 의미하며, 해당 분야의 여러 업무를 관리하기 위해 정치, 사회, 행정적 권한을 행사하는 국정관리 체제를 의미한다.

를 매긴다는 것이며, 특히 SNS의 글과 소비에 영향을 미친다는 것이다.

4차 산업혁명은?

4차 산업혁명 전망으로 인한 시대 교육과 일자리는 4차 산업혁명 영향에서 가장 큰 이슈로 등장 거론되고 있는 것이 사실이다. **4차 산업혁명은 인간의 창의력을 향상시키고, 이로 인한 결과물 양산과 지능화된 하드웨어적, 소프트웨어적 시스템을 고도화하는 데 집중화될 것이라고 예상된다.** 또한 정보를 생산하고 생산된 정보의 수요 및 이를 축척하고 관리하며, 피드백으로 또다시 활용하는 주체는 스마트 시스템이 될 것이라 예상된다. 또한 4차 산업혁명의 진화는 아래와 같은 변화로 이어질 것이다.

① 인간 진화 혁명
② 집단 기능의 개인화
③ 착한 소비화
④ 선순환의 철학
⑤ 융합상생
⑥ 기업 + 사회 + 개인의 선순환 구조

결론적으로 사회와 기업과 개인의 선순환과 사회는 투명한 초생명사회로 발전하며, 기업은 부가가치 순환으로 전환하고, 개인은 기업가 정신으로 가치창출과 혁신분배의 가치분배를 하는 사회로 변화할 것이다.

혁신보장 + 성과보장		가치창출	혁신분배 선순환	가치분배		사회안전망 + 동반성장
역사와 비전 : 국가 공유가치						

(선순환의 사회)

AI인공지능 시대의 '로봇세'

소득의 양극화, 과학문명의 발전으로 시장경제의 변화 등 앞으로의 미래경제를 이야기한다.

로봇과 인간 노동의 종말
'로봇세'는 고난도 비(非)반복적인 일자리까지 대체할 것으로 예측되는 지능형 로봇에게 세금을 물리자는 아이디어에서 등장했다. 학계와 언론의 관심이 커서 구글에서 로봇세는 1,640만개의 한글 문서가, 영어(Robot Tax)로는 7,430만개의 문서가 검색된다. 무엇이 그렇게 두렵고 불확실한 것일까?

로봇세가 등장한 이유는 자동화의 수준이 예전처럼 인간의 일부 노동을 대체하는 정도가 아니라는 점 때문이다. 로봇이 복잡한 상황과 맥락을 이해하고, 고도의 의사결정까지 수행하는 사례들이 나오자 많은 사람이 일자리를 잃을 것으로 예측된다. 특히 노동력이 생산수단의 전부인 사람들에게는 직격탄이 될 것이다. **로봇 때문에 고용 불안이 심각해질 것이니 로봇을 고용해 돈을 번 업주가 세금을 내고, 걷어서 실업자에게 생계비 또는 기본소득을 지원하자는 것이 로봇세를 제기하는 기본적인 이유다.** 최근 한국 정부가 자본 세제 혜택을 줄이겠다고 발표했는데, 외국 언론에서는 이를 로봇세의 시작이라고 해석했다. 예를 든 로봇세는 로봇을 생산설비나 자본으로 간주하는 것인데 이전과 다를 바가 없다. 여전히 사람이 세금을 낸다.

그러나 로봇세가 일으키는 사회구조적 변화를 살펴보면 로봇은 단순한 자본이 아니라 '지능형 자본'이라는 점이 매우 다른 현상이다. 이미 유럽의회는 로봇에게 '전자인간'이라는 법적 지위를 부여해 로봇이 세금을 낼 수 있는 발판을 마련했다. 로봇세를 걷자는 주장에 대해 일각에서는 기술혁신을 저해할 수 있다는 이유로 반대하기도 한다. 하지만 한낱 기계에 인격의 뉘앙스를 담았다는 점이 큰 변화다.

이렇게 되면 우리는 노동의 미래뿐 아니라 교육과 사회정책의 미래까지 포괄하는 변화를 논의해야 한다. 당장 교육현장에서는 로봇과 협업하는 방법을 가르쳐야 한다. 직장인들은 어떤 일을 로봇에게 맡기고, 자신은 어떤 일에 더 집중해야 할지 결정해야 한다. 로봇에게 잘못된 지시라도 한다면 그건 로봇에게 혼날 일이다.

좀 더 먼 미래를 예측해본다면 로봇은 지능형 자본을 넘어서 사람과 같은 인격체로 대접받을 것이다. 사람처럼 생각하고 느끼고 행동할 것이다. 이때 로봇은 과거 영국 국민이 선거의 자유, 청원권,

발언의 자유 등을 규정한 권리장전을 만들었듯 '로봇 권리장전'을 만들 것이다. 로봇은 사람보다 뛰어난 능력을 발휘할 것이고, 사람과 동등하게 세금을 내는 것에 반발할지 모른다. 로봇이 대부분의 일을 할 때 인간은 일주일에 다만 몇 시간이라도 '노동할 수 있는 권리'를 주장하거나, 역으로 인간의 과다한 노동이 엄격하게 금지될지도 모른다. **이미 로봇세를 통해 인간이 생계비를 받는 마당에 일정 수준 이상의 일을 하게 되면 부의 분배에서 불평등을 초래한다.**

이즈음 로봇세 부과에서 새로운 복병은 기계화된 사람일 가능성이 있다. 로봇이 사람을 닮아가는 속도만큼 사람도 생존력을 높이기 위해 로봇을 닮아갈 것이다. '트랜스 휴먼' 또는 사이보그는 인간의 신체 일부분을 기계로 대체해 지적·심리적·육체적으로 강화된 사람이다. 이렇게 되면 노동과 자본의 경계가 희미해진다. 어디까지 기계화된 존재를 로봇으로 불러야 할지 그 기준이 모호해지는 것이다.

더 먼 미래에 인류의 존재는 로봇에게 정치적인 문제가 된다. 로봇은 그들에게 필요한 인간을 로봇공동체의 구성원으로 받아들이거나 이방인으로 내쫓을 것이다. 그 기준은 로봇이 '어떤 삶'을 원하는지에 달려있다.

로봇세를 두고 벌어지는 논란은 노동의 종말에서 인간 주도 세상의 종말로 확대되고 있어서 혼란스럽다. 당장 걱정해야 할 것은 지능형 로봇의 사용에 어느 정도의 세금을 매겨야 인간의 일자리도 잃지 않으면서 기술 진보를 가로막지 않을지 면밀히 그 효과를 측정해야 한다. 로봇세를 도입한다면 부과기준을 대체하는 사람의 수 대비로 할지, 대체하는 사람의 임금 대비일지, 일하는 시간 대비일지 정해야 한다. 또 기술혁신에 따른 일터의 변화를 분석할 때 작업장이나 직무와 변화만 보지 말고, 노동자의 정신적·육체적 변화도 분석해 건강의 관점에서 포괄적인 정책이 나와야 한다.

새로운 시대에 맞는 근로자들의 역량개발을 위해 고용주들도 자금을 출연해 다양한 노동자 역량 개발 프로그램이 전국적으로 등장하도록 도와야 한다. 그러자면 산업별 기업가 단테가 활성화돼야 한다. 결국 로봇세가 일으킨 논란은 다음의 질문으로 귀결된다. "과학기술의 발전은 누구에게 이익이고, 그 혜택은 누구를 위해 어떻게 써야 하는가?"이다. (출처 : 중앙일보, 2018. 11. 21. 인용)

경제학 이야기, 일곱

　선택의 경제학이 무엇인가에 대하여 생각해보자. 경제문제는 '희소성의 원칙' 때문에 발생한다고 앞장에서 이야기한 바 있다. 이러한 경제문제를 해결하기 위해서는 합리적인 선택이 필요하다. 그럼 합리적인 선택이란 어떤 것일까? **경제학에서는 어떤 선택으로부터 얻을 수 있는 편익(benefit)과 그것을 선택하기 위해 지불해야 하는 비용(cost)을 비교해서 순편익(순편익 = 편익 - 비용)을 극대화하는 방법을 찾는 것이다.** 그래서 한계수입(한계편익)이 한계비용보다 크면 선택하고, 반대가 되면 선택하지 않는 것이 합리적인 선택이 되는 것이다. 예를 들어서 대학에 입학할 것인가? 아니면 프로야구나 프로골프에 입문할 것인가? 만약 당신이라면 어떤 선택을 했을까? 실제 이승엽이나 골프황제 타이거우즈는 대학합격을 포기하고 야구와 골프에 진출한 사례이다.

　만약 당신이 길을 가다가 10만원이 있다면 주워야 할까? 세계적인 기업 마이크로소프트(MS)사의 회장인 빌 게이츠가 길을 걷다가 10만원이 떨어져 있는 것을 발견하였다고 가정하자. 이 경우 보통 사람이라면 당연히 줍는 것이 현명한 선택이지만, 그러나 빌 게이츠의 경우는 줍지 않고 그냥 지나가는 것이 더 현명한 선택이다. 왜냐하면 그가 벌어들이는 돈을 초 단위로 계산해보면 1초에 14만원 정도인데 그가 걸음을 멈추고 돈을 줍는 데는 1초 이상 걸릴 것이기 때문이다. **당신이 어느 분야에서 어떤 사업을 하던지 현명한 선택을 하여 여러분의 꿈과 희망, 목표를 달성하는 데 있어 잘 활용하시면 꼭 성공할 것이다.**

제8장.
가상화폐
(Electronic Money)

가상화폐란 돈의 가치 기능을 전자정보로 전환하여 정보통신망을 통해 거래하는 전자화폐를 말한다. 전자금융거래법 제2조 15항에 따르면 이전 가능한 금전적 가치가 전자적 방법으로 저장되어 발행된 증표, 그 증표에 관한 정보가 전자화폐다. 전자화폐는 정부가 발행하고 보증하는 화폐의 유통방식의 하나이지만 가상화폐는 특정한 국가가 발행하는 법정화폐가 아니다.

가상화폐는 근대 자본주의 성립 이후 국가의 중앙은행을 통한 화폐의 독점 발행과 관리라는 기본 정책에 배치된다. 가상화폐는 근대적 개념의 화폐 시스템을 부정하며, 발행 주체가 없다는 특성을 가진다. 가상화폐의 유일한 주체는 거래하는 당사자들이다. 따라서 거래 당사자들이 많아지면 화폐로써 인정받을 수 있지만 조용히 사라질 수도 있다. 또한 발행 주체가 없기 때문에 누구라도 만들어 유통시킬 수 있다. **대표적인 가상화폐로는 비트코인이 있다.**

자기 조직화 신뢰의 기술과 신뢰 구축방안(IT기술)

문화구축 오랜 시간 소요 북유럽과 남유럽의 차이(저신뢰) 문화 없이 일류국가 불가능	신뢰 기술 짧은 시간 구축 가능 투명하고 반복되는 사회를 만드는 기술 과거의 기록을 모두가 공유
모든 블록(Block)이 과거를 보유한 전체의 자기 조직화	블록(Block) + 체인(Chain) 신뢰를 만드는 기술 공유

정보를 모두가 모두를 갖고 있다는 것, 투명성과 신뢰 집중의 의사를 결정한다. 비트코인, 핀테크, 가상화폐가 등장하며 신뢰사회에서는 화폐가치가 상승하지만 저신뢰사회에서는 금의 가치가 상승하는 것이 경제시장의 원리이다. 앞으로 미래의 경제시장의 안정 및 투명성, 비밀보장 등이 블록체인의 신뢰를 만들어간다는 것이다.

비트코인(Bit-coin)이란?

발행 관리 주체 없이 온라인상에서만 존재하는 화폐를 말한다. 비트코인의 거래 가격이 한때는 최고가 1,147$(2013. 12. 4.)를 기록하였으며, 현재 대한민국의 화폐가치를 보면 1천만원에서 1천 3백만원선에서 거래 중이다. 이러한 가상화폐, 즉 누구도 가치를 보증하지 않는 비트코인이 높은 가격에도 거래되는 이유는 무엇일까? 최근 핀테크 시대 새로운 결제수단 가상화폐 신결제수단 전자화폐 등장의 배경이며 가상화폐는 전자화폐를 말한다.

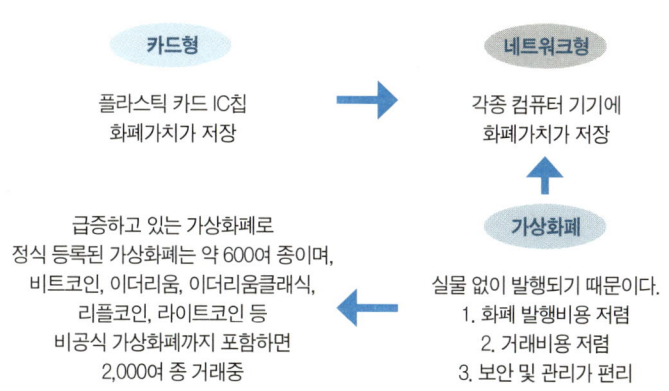

현재 가장 앞서고 있는 가상화폐, 비트코인

비트코인의 거래는 매년 증가하고 있으며, 2009년 발행 이후 통화가치 거래건수는 매년 증가 추세이다. 총 시장가치 약 200억$(2019년 가상한다면) 전후가 될 것이며, 증가하고 있다는 것이다. 왜 증가할까? 희소성이지 않을까 생각한다. 또한 비트코인은 전 세계 10만여 개 이상의 가맹점을 보유하고 있으며, 결제가 가능하기 때문이다.

가상화폐는 P2P 네트워크 기반의 비집중화된 가상화폐 '컴퓨터 간 동등한 수평적 연결망'으로 일본의 사토시 나카모토(프로그래머)가 개발한 것으로 추측하고는 있으나 실존 여부는 확인되지 않는다는 점이다.

안정적 투자자산 비트코인

낮은 수수료	익명성
- 국가별 거래시 환전 불필요 - 금융회사의 중개 없이 전 세계 어디든 개인 간 직접 거래 가능 - 최저 수수료 0.0005비트코인, 약 25원의 수수료	- 보유자의 개인정보는 기록되지 않음 - 거래 내용 추적 불가, 익명 거래 가능 - 익명성이 사용자 확산에 크게 기여

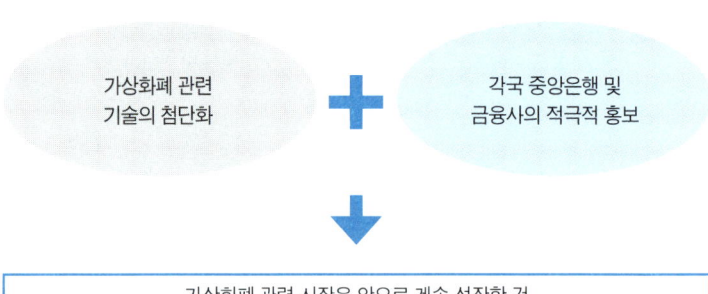

가상화폐가 만들어낼 비즈니스 기회

전 세계 공통 거래수단이 되다

정통적 화폐	가상화폐(비트코인)
중앙은행 금융회사 관리	개인 간 네트워크에 의존
중앙정부의 개입시 존립 기반에 위협 비트코인은 지불 및 통화가치 수단으로써 영향력을 확대 추세	

① 미국, 영국, 중국, 일본 등 주요국에서 비트코인을 기축통화로 하는 거래소를 운영 중이다.
② 우리나라는 2013년 코빗, 빗섬, 코인원 등의 국제거래소를 운영하고 있으며, 지속적으로 늘어날 전망이다.
③ 거래 규모는 기하급수적으로 증가할 것이다.
④ 전자지갑(비트페이)을 이용해 전 세계 시장에서 자유로운 거래가 가능하게 될 것이다.
⑤ 공통거래 수단으로 사용될 것이다.

글로벌 은행 가상화폐 기반 시스템 개발 연합체 구성
① 글로벌 22개 은행들은 블록체인 기술을 활용하여 공동시스템 구축을 위한 연합체를 구성
② R3(미국 가상화폐 기업)와 제휴(골드만삭스, 모건스텐리 등)
③ 2015년 10월부터 워킹그룹 가동
④ 향후 1~2년 내 가상화폐 기반의 거래시스템 출시 예정

R3		은행연합체
시스템 설계 및 기술개발	+	자사 API에 테스트, 사용자 인터페이스 디자인
	=	

해외송금 수수료 1/10 절감계획
중장기적 적용분야 확대를 통해 가상화폐 기반의 표준화
금융거래 서비스 개발 목표

블록체인(Block Chain)의 개념

Block은 공간을 의미하는 것이며, Chain은 공간끼리 연결시키는 것을 이야기한다. 우리가 일상적으로 예를 들어 돈을 이체를 한 모든 거래내역을 기록한 것을 여러 사람들에게 흩어서 분산시키고 난 뒤에 그것을 저당하고 관리하는 것을 블록체인이라고 하는 것이다. 다시 말하면 블록체인은 데이터 분산처리 기술, 즉 네트워크에 참여하는 모든 사용자가 모든 거래내역 등의 데이터를 분산, 저장하는 기술을 자칭하는 말이다.

좀 더 세부적으로 말하면 '블록'은 개인과 개인의 거래(P2P)의 데이터가 기록되는 장부를 말하며, 이런 블록들을 형성한 후 시간의 흐름에 따라 순차적으로 연결된 '사슬(체인)'의 구조를 말하는 것으로 아래와 같은 구조를 말하는 것이다.

사람 - 사람 소유자 간 거래	암호화 블록지정	블록 간 연결	분산저장, 모두가 공유

모든 사용자가 거래내역을 보유하고 있어 거래내역을 확인할 때는 모든 사용자가 보유한 장부를 대조하고 확인해야 한다. 이 때문에 블록체인은 '공공 거래장부' 또는 '분산 거래장부'로도 불리기도 하는 것이다. 여러분은 화폐(돈)가 어디서 왔는지 알고 있는가? 블록

체인 시스템에서 돈(화폐)은? 블록체인 기반에서 돈에 대하여 다 알고 있다는 것이다. 그 돈이 뇌물인지 정당화된 돈인지를 알게 하고, 투명한 사회로 가는 지름길이 될 것이다.

현재의 금융거래를 블록체인 관리 시스템으로 전환하게 되면 블록체인 기술의 투명성, 익명성, 보안성의 원리의 '분산된 신뢰 자기조직화 기술'로 임의로 변경할 수 없는 분산 컴퓨팅 기반의 위조가 방지되며, 부정부패가 없는 투명한 세상을 만들어줄 것이다.

블록체인의 기술로 미래탄생 전망

지폐나 동전과 달리 물리적인 형태가 없는 온라인 가상화폐의 현실화를 가져올 것이며, 신뢰가 제일 필요한 것이 돈이듯 돈에 대하여 신뢰도를 가져올 것이다. 또한 공공보안, 출생기록, 투표, 모든 계약서, 블록체인 직접 & 비밀 투표 가능 및 활용할 것이며, 스마트 직접 민주제 가능과 현재 모든 집단 의사결정 플랫폼 구축단계, 기타 등 국가 구조가 달라진다. 현재 블록체인 직접투표는 미국, 스페인에서 실행되고 있다. 융합 민주주의가 탄생하였으며, 앞으로 여러 분야에서 많은 것들이 달라질 것이다. 특히 에너지, 음악산업, 부동산중개, 공급망관리(SCM) 등 혁신적인 큰 변화를 가져다줄 것이다.

블록체인 기술로 디지털화 가능으로 변화

| O2O와 인공지능 | 초생산 경제자산 | 초생명 경제 - 사회 교환 | 초신뢰 사회자산 | 블록체인 싱크탱크 |

① 인공지능과 블록체인이 4차 산업혁명의 승자라고 다보스 포럼에서 발표하였다.
② 4차 산업혁명의 진행 예측(다보스 포럼)의 발표는 아래와 같이 변화한다는 것이다.

2022년	IOT / AI / DATA 기술혁명	초생산혁명
2023년	블록체인과 정부혁명	초신뢰혁명
2025년	공유경제와 분배혁명	소비혁명

전 세계 중앙은행의 비트코인 기술 활용

세계 각국의 중앙은행은 비트코인 기술을 활용한 시스템 개발에 착수하였다. '전 세계 각 30개 중앙은행들 간 이커런시민트'와 가상화폐 기술도입에 관한 협의가 진행 중이며, 아일랜드 가상화폐 기업 월드리스트, 유럽은행 감독청에서는 '블록체인'은 비용을 획기적으로 낮추면서도 금융거래 서비스의 질을 향상시킬 것이라고 하였다. **비트코인의 핵심기술로 네트워크 내의 모든 참여자가 공동으로 거래정보를 검증, 기록, 보관하고 있다.** 또한 싱가포르 통화청이 블록체인 기술개발을 진행하고 있으며, 은행 원장 관리 시스템에 비트코인의 분산원장 기술 적용방안을 모색 중, 은행이나 사업체 등에서 거래내역을 적은 원장을 분산하는 기술에 블록체인을 도입하고 있다.

블록체인과 가상화폐의 미래
① 기존 비트코인 외에 이더리움의 활용성이 높을 것
② JP MORGAN, MICROSOFT, ING, 도요타와 같은 다국적 기업 시스템 도입 가중
③ 자금세탁 방지, 회계관리 투명성, 공급망관리(SCM), 인텔, 뱅크 오브 아메리카(BOA), HSBC 등 플랫폼 개발 및 발전할 것
④ 골드만삭스, 모건스탠리 등 자신들만의 블록체인 프로젝트 진행
⑤ 자체적인 금융 생태계 구축 가능
⑥ 일반기업, 국가행정 모든 분야에서 다양하게 활용
⑦ 블록체인을 활용한 다양한 형태의 플랫폼 등장

경제학 이야기, 여덟

"블록체인, 세계 무역에서 1조 달러 가치 창출할 것!"

블록체인과 같은 분산원장 기술이 향후 10년 동안 세계 무역에서 1조 달러 이상의 가치를 창출할 것이라는 보고서가 나왔다. 13일 (현지시간) 블록체인 전문매체 코인텔레그래프 등 외신에 따르면 글로벌 컨설팅업체 베인앤컴퍼니는 세계경제포럼(WEF)과의 공동 보고서를 통해 이같이 주장했다. 세계 무역금융에서의 분산원장 기술 전망을 평가한 이 보고서는 분산원장 기술을 비롯한 새로운 기술 혁신이 무역과 관련 금융에 있어 비용을 절감하는 동시에 업무를 보다 쉽고 간편하게 만들어줄 것으로 기대했다. **블록체인이 세계 무역에서 획기적인 발전을 이끌 수 있다는 얘기다.**

베인앤컴퍼니와 WEF는 또 분산원장 기술이 현재의 무역금융 적자를 1조 5,000억 달러 가까이 줄일 수 있을 것으로 내다봤다. "분산원장 기술이 무역의 장벽을 제거하면서 1조 1,000억 달러의 새로운 교역량이 발생하고, 기존 거래 중에서 9,000억 달러가 더 나은 서비스와 낮은 수수료를 찾아 분산원장 기술을 적용할 것이다."라고 보고서는 예상했다. **실제로 세계 무역에서 블록체인 기술의 도입은 이미 가시화됐다.** IBM이 세계 최대 해운회사인 머스크와 손잡고 만든 대규모 물류 블록체인 프로젝트 '트레이드렌즈'는 지난달 총 94

개의 회사가 참여하기로 했다고 발표했다. 여기에는 전 세계의 항만 운영사, 물류회사, 세관당국 등이 이름을 올렸다.

트레이드렌즈는 블록체인 기술을 통해 실시간으로 선박 도착시간, 세관 통과, 송장, 선하증권 등 물류 운송 정보에 접근할 수 있도록 해 효율적인 업무 진행을 가능하게 한다. 이를 통해 화물 운송 절차를 단순화하고 무역 거래의 투명성을 제고할 수 있다. IBM과 머스크의 블록체인 프로젝트는 미국 관세국경보호청, 네덜란드 관세청 등에서 시범적으로 운영된 바 있으며, 올해 말 완전한 상용화가 가능할 것으로 전망된다. (출처 : 아시아경제, 2018. 9. 14. 인용)

제9장.
4차 산업혁명의 원동력,
차세대 N/W 5G

LTE 시대가 온 지도 얼마 되지 않아 벌써 5G라는 이야기들을 하고 있는 시대에 우리는 살고 있다. **본격적으로 다가오는 5G 시대 세상은 어떻게 변할까?** G란 Generation의 앞 글자 G를 붙여서 이동통신 기술을 1세대에서 5세대까지 숫자가 큰 G일수록 좀 더 고도화되고 발전된 기술을 말하는 것으로, 결론부터 이야기한다면 5G 시대는 산업의 패러다임(paradigm)을 바꾼다. 빠른 속도의 통신의 변화가 사회 산업발전에 빠르게 변화한다는 것이다. "5G는 미래 산업의 석유다."라고 표현하고 있다. 미국 라스베가스 IT전시회 "CES 2017" 20세기 폭스의 최고기술책임자 하노바세는 "5G는 미래의 석유가 될 것이다."라고 선언하였다. **5G란 5세대 이동통신의 약자를 말하는 것이다.**

미래의 생활에서 할리우드 영화, 인공지능, 사물인터넷 등 최첨단 기술을 우리 삶에 전달하는 동력원이 된다는 것이다. 미국 반도체 기업 퀄컴의 스티브 몰렌코프 최고경영자는 "5G 상용화로 2035년까지 약 12조 달러(약 1경 3,600조원)의 경제 유발 효과(누적)가 생길 것이다."라고 말했으며, 2020년 ICT 트랜드 중에서 가장 중요한 위치 인공지능을 비롯한 스마트 시티, 자율주행차, VR/AR 등 앞으로 다가올 새로운 ICT 기술들의 기반 인프라가 구축될 것이다.

이동통신(무선통신)의 역사

이동통신의 역사

1G(1세대 이동통신)	1984년	14.4Kbps	음성통화만 가능(아날로그)
2G(2세대 이동통신)	1996년	14.4Kbps	음성, 문자 가능(디지털)
3G(3세대 이동통신)	2006년	14.4Kbps	멀티미디어 문자, 음성, 영상통화, 스마트폰 등장(데이터 시대)
4G(4세대 이동통신)	2011년	75Mpbs~1Gbps	데이터 서비스, 실시간 동영상, 스마트폰 확산, LTE 기술(무선 데이터 시대), LTE 최고속도 초당 1GB 영화 1편을 5.6초에 다운로드의 속도
5G(5세대 이동통신)	2020년	20Gbps 이상	사물인터넷, 자율주행차, 게임 시장, 인공지능 로봇, 스마트 가전, 빅데이터, 의료, 에너지 등(4차 산업혁명의 핵심 인프라)

4G와 5G의 비교

	4G	5G
최고 전송속도	500Mbps(영화 다운로드 50초)	20Gbps(2GB 영화 다운로드 0.8초)
지연속도	30ms~50ms	1ms 이하(100km/h 주행 상황 중에서 돌발 상황시 2.8cm 이내 대응)
연결성	모바일폰 중심의 상용자 기능 구현	다양한 사물이 연결(반경 1km 내 100만 개 동시 접속)
보안	다양한 앱/서비스가 동일한 N/W를 경유	이용자 및 서비스별로 보안 강화된 전용망 제공

4G & 5G 데이터 속도 비교

① 통신 속도 : LTE보다 20배~40배 빠르다.

② 주파수 : 4G 대비 100배 넓은 주파수(4G가 1차선 도로라면 5G는 100차선 고속도로)

③ 초고속 영화 다운로드 속도 : 기존의 50초보다 빠른 0.8초

④ 데이터 처리능력 : 통신기지국 반경 1km에 100만 개의 기지국들이 동시에 접속 데이터를 주고받을 수 있다.

⑤ 자율주행 자동차 : 5G에서만 가능

⑥ 원격 진료 : 5G에서만 가능

⑦ 5G의 지연시간 : 1ms(밀리세컨드), 즉 1,000분의 1초 (예) 현재 자율주행 자동차 정지신호 4G에서는 100분의 1초, 즉 시속 100km 달렸다면 차가 정지할 때까지 30cm를 움직이기 때문에 안전 장담이 어렵다. 하지만 5G에서는 이론적으로 1~3cm 이내 차를 세울 수 있다.

4차 산업혁명의 핵심 5G

	ICT 융합을 통한 제4차 산업혁명						
	의료	에너지	제조	커머스	교통	언론	금융
미래성장 동력 창출	스마트 헬스 케어	스마트 에너지	스마트 팩토리	O2O	무인 자동차	퀘이 로봇	핀테크 로봇 어드바이져

5G가 만드는 미래 서비스와 새로운 사업의 기회

5G로 구현할 수 있는 서비스는 실시간 지능형 모니터링 서비스이다. 자율주행차, 원격의료, 원격로봇, AI 비서, 머신러닝, 지능형 로봇, 실시간 영상보안, 실시간 재난감식, 실시간 재난대응, 스마트홈, 스마트시티, 대규모 관재, 실시간 실감형 미디어 서비스, VR, AR, MR, VR 생중계, 인공지능, 사물인터넷, 차세대 미디어, UHD 홀로그램 공연, 3D 영상 등이 미래의 서비스와 사업 기회의 변수가 될 것이다.

미래를 바꾸는 ICT(정보통신기술) 트랜드 변화

① ICT로 도시 속 삶을 바꾸는 스마트 시티 & 스마트에너지 시티로 탈바꿈

② 이동수단에서 편의성을 제공하는 공간으로 스마트카, 전기차, 수소전기차, 자율주행

③ 차세대 금융의 핵심 블록체인 기술

④ ICT를 통한 농업 생산성 향상, 스마트 농업

⑤ 온몸으로 느끼는 엔터테인먼트, 실감형 미디어

⑥ 4차 산업혁명 시대의 미래 먹거리 양자기술(세상에서 제일 작은 물질의 최소 단위)

⑦ AI First 시대를 여는 인공지능 비서, AI 어시스턴트

⑧ 세상의 모든 것을 복제하다. 디지털 트윈(사물인터넷을 통한 유지보수 서비스)

⑨ 오프라인을 위한 온라인 O4O

⑩ 차세대 네트워크 5G(4차 산업의 원동력)

스마트폰의 등장과 정보통신기술의 발달로 타 산업 간의 융합을 통해 기존과는 다른 세상을 만들고, 비즈니스 환경 또한 바뀌게 될 것이며, 과학기술에 초점이 맞추어졌던 것에서 소비자의 요구와 관심에 집중하게 할 것이다.

스마트폰 등장으로 달라진 10가지

스마트폰이 우리 곁으로 다가오면서 생활 풍속도가 엄청나게 달라졌다. 출근길 지하철 속 풍경도 마찬가지다. 신문이나 책을 보던 사람들은 이제 모두 스마트폰을 들여다보고 있다. 스마트폰이 전화라는 생각은 이미 없어진 지 오래다. **스마트폰은 이젠 다양한 기능이 탑재된 다목적 미니 컴퓨터다.** 우리는 스마트폰으로 음악을 듣고, 식사를 주문하며, 택시를 부르고, 소셜 미디어를 통해 소통한다.

(1) 손전등

야간 캠핑을 하거나 어두운 곳에서 물건을 찾을 때 한 손에 꼭 쥐고 사용하던 손전등이 조금씩 자취를 감추고 있다. 많은 스마트폰에는 손전등 앱이 기본으로 깔려있기 때문이다. 게다가 앱 스토어에도 다양한 손전등 앱이 나와 있다. 예기치 못하게 어두운 상황이 닥쳤을 때 스마트폰 손전등을 유용하게 사용할 수 있다.

(2) 시계, 알람시계, 스톱워치, 타이머, 만보기

시간을 재는 다양한 장치들도 스마트폰 등장과 함께 쓸모 없게 돼버렸다. 물론 기계식 시계를 액세서리로 착용하는 수요도 꾸준할 것이고, 손목시계를 웨어러블 장치로 전환하려는 노력도 한창 진행 중이다. 하지만 손목시계, 알람시계 등의 장치를 찾는 수요자가 줄어든 것은 사실이다.

(3) 지도, GPS 장치

여행 갈 때마다 쫙 펴서 보던 종이 지도도 구글 지도의 등장과 함께 자취를 감췄다. 스마트폰이 나오기 전에도 많은 사람들은 컴퓨터에서 구글 지도를 인쇄해 사용했다. 스마트폰 등장과 함께 실시간으로 내 위치를 확인하며, 원하는 장소를 찾아갈 수 있게 되었다. 또, 차량용 GPS 장치들도 이제는 구식이 되었다.

(4) 현금, 카드

모바일 결제가 상용화됨에 따라 향후 현금이나 카드 사용도 감소될 것으로 보인다. 하지만 보안문제 등의 걸림돌도 있다.

(5) 오디오 레코더

아직도 전문적으로 녹음을 해야 할 때는 오디오 레코더가 사용되긴 한다. 하지만 음질과 상관없이 어떤 사람이 어떤 말을 하는지 녹음하는 용도로 사용하려면 스마트폰을 사용하면 된다. 스마트폰에 내장된 녹음 기능을 사용해도 팟캐스트를 만드는 등의 충분히 높은 품질로 녹음할 수 있다.

(6) 거울

휴대전화의 전면 카메라는 셀카 촬영뿐 아니라 거울로도 사용할 수 있다. 소극적으로는 스마트폰 화면을 끄고 반사되는 화면에서 얼굴을 비춰볼 수도, 거울 앱을 설치해 선명하게 볼 수도 있다.

(7) 종이티켓

점점 더 많은 영화관, 공연장소 등에서 전자티켓을 상용화하고 있다. 전자티켓의 가장 불편한 점은 전자티켓의 바코드를 인식할 때 스마트폰의 화면 밝기를 조절해야 하는 것이다. 하지만 전자티켓은 티켓을 따로 챙기지 않아 표를 분실하는 것을 막아줘 매우 편리하다.

(8) 디지털 카메라, 비디오 카메라

스마트폰 카메라는 날로 진화하고 있다. 최근에 출시된 스마트폰 카메라로 촬영한 사진과 동영상은 디지털 카메라나 비디오 카메라와 비교해 선명함에 있어 뒤쳐지지 않는다. 올해 초 아이폰5S로 촬영한 인디 영화가 선댄스 영화제에 출품되기도 했다.

(9) 아이팟, CD 플레이어, 라디오

아이폰이 등장하면서 애플 아이팟은 매출이 크게 감소되었다. 또, 음악 스트리밍 서비스 이용이 대중화되면서 기존의 음악 CD와 CD 플레이어는 사라지게 되었다. 라디오를 듣고 싶다면, 스마트폰에서 라디오 앱을 설치해 다양한 라디오 방송을 선택해 들을 수 있다.

(10) **장거리 전화요금, 문자 요금**

데이터를 기반으로 실행되는 많은 문자 앱의 등장으로 더 이상 우리는 문자메시지 발송요금을 따로 낼 필요가 없어졌다. 마찬가지로 와이파이 통화 기능은 기존 장거리 전화를 대체하고 있다.

경제학 이야기, 아홉

여러분이 알고 있는 시장이란? 어떤 것을 시장이라고 생각하고 있는가? 이번에는 시장의 정의와 역할에 대해서 알아보는 시간이다. **우리가 흔히 일상생활에서 시장(market)이라 할 때 구매자와 판매자가 모여서 매매가 이루어지는 장소를 이야기한다.** 그러나 경제학에서 의미하는 시장은 동대문시장이나 자갈치시장, 노량진 수산시장과 같은 구체적인 장소가 아니라 가격이 정해지는 '추상적인 조직체'를 뜻한다. 즉 '얼어붙은 증권시장'이나 출렁이는 외환시장, 부동산시장, 선물시장이라는 표현에서 보듯이 시장은 '판매자와 구매자가 서로 합의 아래 물건을 사고파는 상황'을 말한다. 따라서 판매자와 구매자가 존재하여 재화의 종류, 가격대금의 지급조건 등 서로의 약속에 따라 정하고 매매가 이루어진다면 현실적으로 존재하는 공간을 필요로 하는 것은 아니다. **그럼 시장의 역할이란 어떤 것일까?**

첫째, 자본주의 경제체계의 핵심을 이루는 시장 기구는 자원을 가장 효율적으로 배분하는 기능을 수행한다. 예를 들어 우리 사회에 사과가 10개 있고, 그것을 소비할 사람이 20명이라면 사과를 어떻게 나누는 것이 바람직한가? 사과를 반으로 나누려는 생각, 아니면 선착순으로 할 것인가, 배고픔 정도로 나누려는 생각 등등 모두가 합리적인 방법은 아니다. 하지만 시장에서는 상품을 파는 사람은 가장 비싼 값에 사려는 사람(그 상품을 가장 원하는 사람)에게 팔려고 하고, 상품을 사는 사람은 가장 싸게 파는 사람에게 사려고 한다. 이러한 과정을 거쳐 한정된 상품을 가장 원하는 소비자 순서대로 살 수 있게 되고, 생산자의 경우는 가장 값싸게 공급할 수 있는 생산자부터 시장에서 상품을 팔게 된다. 이처럼 가격은 희소한 자원을 적재적소에 배분할 수 있게 하며, 생산활동과 소비활동의 신호나 유인을 마련하는 지표 또는 신호전달 기능을 한다. **이에 경제학자 스미스(A. smith)는 이러한 가격의 기능을 가리켜 '보이지 않는 손(invisible hand)'이라고 하였다.** 이 말은 여러분들도 많이 들어본 말일 것이다.

둘째, 시장기구는 분업과 전문화를 촉진시킨다.

셋째, 시장기구는 거래비용(transaction cost)를 절감시키는 효과를 가져온다.

잠시 여러분이 잘 알고 계신 대형 할인점 쇼핑카트와 자원배분에 대하여 생각을 넓혀보자. 여러분은 일반적으로 전통적으로 재래시장에서는 장바구니를 가지고 다니며 물건을 구매한다. 초창기의 대형 할인점들은 경쟁력을 높이고자 쇼핑카트를 도입하여 구매자들의 불편을 덜어주었으나 얼마 되지 않아 할인점에 쇼핑카트가 거의 사라져 버렸다. 여러분도 혹시 기억하는가? 그 이유는 쇼핑객들이 쇼핑카트를 밀고 자기들의 집까지 가는 일이 다반사로 일어나 다음 손님들이 불편을 겪게 되자 이런 사정을 알고 할인점에서는 카트 사용 댓가로 카트 구멍에 100원 동전을 넣어 사용하게 하고, 그 동전을 찾으려면 카트를 제자리에 갖다놓게 하는 방법을 이용하게 된 것이다. 결국 할인점들은 실제 돈을 받지는 않지만 100원짜리 동전이라는 시장원리로 자원을 적재적소에 활용하게 된 것이다. 이렇듯 여러분의 사업에 경제원리를 잘 활용하는 지혜로 성공하시기를 바란다.

제10장.
나는 왜 일을 하는가?
& 설득의 법칙

당신만의 WHY를 찾아라!

"당신은 지금 그 일을 왜 하는가?"
"아침에 자리에서 왜 일어나는가?"
"그리고 그게 대체 왜 중요한가?"
"자신에게 질문을 해본 적이 있는가?"

지금 이 순간부터 아침마다 오늘이 왜 중요한지, 매일 매일이 왜 중요한지 분명히 알면서 잠을 깨는 것은 삶의 가장 큰 기쁨 중 하나가 될 것이다. '왜'를 찾는 것은 바로 그런 의미다. 다시 가슴 뛰는 아침을 맞고 싶은 당신에게 골든 서클을 실제 일과 삶에 적용하고 싶다면, 누구나 자신만의 '왜'를 가져보자. 비전은 크게 소리 내어 말할 때에만 실천할 수 있다. 혼자서만 간직한다면 그것은 한낱 상상에 불과하다. **'왜(why)'로 시작하면 결과가 다르다.** 당신의 일, 조직, 회사를 바꿀 단 하나의 질문을 나의 것으로 만들어라. 당신의 사업은 무엇을 어떻게 왜 하는가?

① 사업을 하는 500가지 이유 (예) 건강, 가족, 일, 성과, 선택, 나눔을 위하여 나는 사업을 한다.
② 성공해야 되는 이유 100가지
③ 회사 선택 이유 100가지 (예) 장점, 경영분석, 경영권, 매출, 글로벌 창업, 스토리, 나만의 스토리를 만들어라.
④ 제품 선택 이유 100가지 (예) 뷰티, 헬스 제품을 선택한 이유
⑤ 보상플랜 선택 이유 100가지 (예) 뷰티, 헬스 다른 회사와의 다른 이유
⑥ 성장할 수밖에 없는 이유 100가지 (신뢰성)

나에게 완벽한 회사를 찾으려고 애쓸 게 아니라, 서로에게 완벽한 회사를 만들려고 노력해야 한다. 나는 '왜' 어떻게 발견할 것인가? 당신의 인생을 특별하게 만들 한 문장, '왜'를 발견하면 열정이 생기게 될 것이다. "지금의 고생은 긴 성공에 이르기 위해 반드시 건너야 할 짧은 징검다리다."라는 말이 있다. 특히 네트워크 비즈니스 사업에서는 절실히 필요한 '왜'이다.

아울러 네트워크 비즈니스는 함께하는 사람들의 모임단체이다. 나와 같이 성공하고자 하는 사람들의 모임이다. 특히 여기서 이야기하는 팀이란? 함께 일하는 사람들이 아니다. **팀이란 서로를 신뢰하는 사람들이라는 것을 명심하라.** 팀이란 한 무리의 사람들이 얼마나 놀라운 일을 해낼 수 있느냐는 그들이 팀으로 얼마나 잘 뭉칠 수 있는가에 달려있다. 팀이 성공하려면 우선 '어떻게'를 정의하라. 다시 말하면 어떻게는 '왜'를 알고 난 다음에 할 일이다. '어떻게'를 가지고 '왜'를 실천하라는 것이다. '왜'는 나의 목적, 대의 또는 신념으로써 내가 하는 모든 일의 추진력이며, **'어떻게'**는 우리가 자연스러운 최고의 모습이 되어 '왜' 실천할 때 취하는 행동이고, **'무엇을'**은 '왜'가 구체적으로 구현된 것으로써 우리가 매일 실제로 하는 일이다. 리더가 할 수 있는 가장 큰 기여는 다른 사람들을 리더로 만드는 것이다. 어떤 운동이 영향력을 가지려면 리더뿐만 아니라 참가자들 모두 그 운동의 주인이 되어야 한다는 것이다.

Why

사업을 하는 500가지 이유
성공해야 되는 100가지 이유
회사 선택의 이유 100가지

제품 선택의 이유 100가지
보상플랜 선택의 이유 100가지
상장할 수밖에 없는 이유 100가지

SUCCESS

우리는 당신은 어떤 모습으로 살고 싶은가?

대부분 우리는 돈벼락을 꿈꾸며,
"신이시여! 제게 돈벼락을 내리소서." 하고 기도하지 않는가?

Of the Money, By the Money, For the Money.
돈의, 돈에 의한, 돈을 위한 삶을 위하여.

우리 인생 삶의 여정에서 살아갈 날은 백년도 채 안 되는데 늘상 천년의 근심을 품고 있구나. 낮은 짧고 괴로운 밤은 길기만 하니 어찌 촛불 들고 노닐지 않을 소냐.

In Nomine Patris et Filis et Sopiritus Santi Amen.
성부와 성자와 성령의 이름으로 아멘.

'꿈' 내가 꾸고 있는 꿈이 있다면 쉬지 않는 열정을 꿈을 향해 노력하고 이루도록 간절한 마음으로 도전하고 도전하라. 그러면 이루어질 것이다.

설득의 법칙을 알면 성공이 보인다

3 WHY 설득법

상대방을 설득한다는 것은 참 어렵다. 상대를 설득하기 전에 나에게 묻는다. 나에게 질문을 던져 나를 설득할 수 있다면 상대를 설득하는 것은 식은 죽 먹기와 같다. 나를 설득하던지 상대를 설득하는 데 있어 나만의 설득 3가지 공식 ① 왜 필요한가? ② 왜 이것인가? ③ 왜 지금인가? 하는 것을 명심하라.

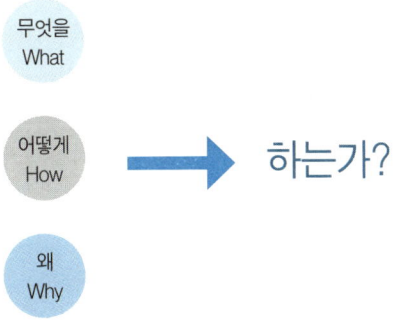

첫째 Why, 왜 필요한가?

니즈(needs), 즉 욕구가 있어야 한다는 것! 물음을 누구에게? 나에게, 상대에게 하는 것이 아니라 자신에게 하라. 가장 설득하기 어려운 상대는 누구인가? '나'를 설득하면 모든 사람을 설득할 수 있다.

둘째 Why, 왜 이것인가?

시스템 여행지 목적을 주는 것과 같다. 왜 이것을 해야 하는지에 대한 설득으로 '이것'에 따라서 설득과 강요로 나누어지며, 설득의 필수요소인 필요! 필요하면 하지 말라고 해도 한다.

셋째 Why, 왜 지금인가?

지금 당장 왜 해야 하는지 이유! 왜 지금인가 중요한 이유를 정확하게 말해야 한다. 예를 들면, 홈쇼핑 단골 멘트 "오늘이 마지막 기회입니다.", "마지막 기회!", 항상 붙는 멘트 "이 조건, 이 사은품, 이 구성!" 정말 더 좋은 조건은 없다. 매일 특별 방송으로 소비자에게 다시는 기회가 없음을 강조하여 구매하도록 유도하는 방법이다. 이유가 있어야 한다는 것이다.

생각이 바뀌는 화법

자주 본다. 신뢰성을 주어야 한다. 나한테 있는 것은 중요하고 너한테 없는 것은 중요하지 않다는 생각을 버리고, 자신의 마음을 열고 믿음을 주고 바로 행동하며, 상대의 눈을 보고 마음을 열게 하고 마음을 움직이게 한다. 이것이 생각을 바뀌게 하는 방법이다. 지금부터 나의 것으로 만들어 활용해보면 알 수 있을 것이다.

5분의 철학

5분의 철학

① 아침에 일어나려고 생각했던 시간보다 5분 먼저 일어나고

② 출근하는 직장에 다른 사람보다 5분 먼저 도착하며

③ 착수하려고 마음먹은 일은 5분 먼저 시작하라.

④ 각종 회합과 약속장소에는 5분 먼저 나가고

⑤ 상사나 직장에서 지시했던 모든 업무는 그 지시 받은 마감시간보다 5분 먼저 달성하여 보고하고

⑥ 실수했을 때는 5분 먼저 고백하고

⑦ 윗사람에게 건의할 일이 있을 때에는 잘 생각해보고 5분 늦게 건의할 일이다.

⑧ 또한 누가 내 귀에 거슬리는 말을 하더라도 즉각적인 반응보다는 5분간만 생각하고 그때 가서 말하라.

⑨ 목표를 세울 일이 있을 때는 5분 빨리 세우도록 하며

⑩ 남의 장점은 다른 사람보다 5분 먼저 칭찬하고

⑪ 장거리를 자동차로 달릴 때에는 5분 늦게 달리도록 하고

⑫ 남의 집을 방문할 때는 용무를 마치고 예정된 시간보다 5분 먼저 일어나고

⑬ 다른 사람의 실수나 잘못을 보았을 때에는 남보다 5분 빨리 잊어버리며

⑭ 실패한 일이나 기분 나쁜 일이 생겼을 때는 5분 빨리 잊어버리고

⑮ 무슨 일이 잘 안 되거나 어려울 때는 즉시 포기하지 말고 5분 늦게 포기할 일이다.

⑯ 시간을 제압하는 사람이 운명을 제압한다는 사실을 명심하여, 내가 차고 있는 시계의 바늘을 5분 빨리 돌려놓으며

⑰ 잠자리에 들 때 예정된 시간보다 5분 늦게 취침한다.

스티브 코비 박사의 7가지 성공습관 비결

"현재 우리의 모습은 과거 우리가 했던 생각의 결과이다."

생각은 물질이 되어 나타난다. - 붓다(BC 563~483)

자신의 삶을 주도하라.	인생의 코스를 스스로 선택하라.
끝을 생각하며 시작하라.	자신이 어디로 향하고 있는지 알기 위해서는 전반적인 인생 목표를 포함해 최종 목표를 정해야 한다.
소중한 것을 먼저 하라.	긴급함이 아닌 중요성을 기반으로 우선순위를 정한다.
윈-윈을 생각하라.	쌍방이 도움이 되는 해결책을 추구하라.
먼저 이해하고 다음에 이해시켜라.	타인의 말을 먼저 경청하고 열린 자세를 가져야 한다. 이로써 상대도 같은 태도를 가질 수 있기 때문이며, 상호 존중할 수 있는 환경을 조성할 수 있기 때문이다.
시너지를 내라.	혼자서 할 수 없는 목표를 이루기 위해 팀을 활용하라.
끊임없이 쇄신하라.	장기적으로 성공하기 위해 기도나 명상, 독서 등을 통한 마음과 영혼을 건강하게 유지하라.

리더가 할 수 있는 가장 큰 기여는
다른 사람들을 리더로 만든 것이다.
변화 속에 반드시 기회가 숨어있다.

- 빌 게이츠(Bill Gates)

당신을 왜 사장님이라고 부르는가?

네트워크 비즈니스 마케팅 사업의 부의 공동체를 만들어가는 사람들의 공통점은 모두가 당신을 파트너를 사장님이라고 부르는 이유, 왜 사장님이라고 하는가? **바로 당신은 당신만의 네트워크 비즈니스 사업을 창업(시작)하였기 때문에, 즉 1인 기업가이기 때문이다.** 여러분, 아니 당신은 IT 산업의 4차 산업혁명을 창업하고 다가오는 5차, 6차, 7차 산업혁명의 시대를 향하여 끈임없이 노력하고, 앞으로 21세기 N/W 비즈니스 사업을 통하여 부의 미래를 창업하시고, 주도하시는 사장님들이라고 확신하기에 1인 기업가 사장님들이라고 하는 것이다.

21세기 산업구도를 보면 1차 산업혁명은 농업, 2차 산업혁명은 기계, 3차 산업혁명은 유통, 4차 산업혁명은 IT, 5차 산업혁명은 환경문화 콘텐츠, 게임문화 콘텐츠, 6차 산업혁명은 친환경, 바이오, 천연제품, 7차 산업혁명을 사회공헌사업, 나눔의 사회라고 유엔에서 보고 발표를 하였듯이 여러분들은 이미 4차 산업혁명을 IT 산업의 혜택을 사용하면서 앞으로 다가오는 6차 산업혁명을 선점할 때 당신은 백만장자의 대열에 있을 것이다.

이에 6차 산업혁명의 선두주자는 바로 당신이 하고 있는 비즈니스 사업, 즉 네트워크 사업은 당신을 행복하게 해줄 것이고, 더불어 당신의 건강 웰빙 사업으로 연결될 것이다. 또한 네트워크 비즈니스 사업의 꽃은 바로 당신의 파트너이다. 당신이 스폰서라면 존경받고 파트너는 사랑받는 사업으로 돈독한 파트너십으로 거듭날 것이다.

당신의 비즈니스 사업은 결국 4차 산업혁명을 주도하고 부자가 되는 6차 산업혁명의 기선제압의 사업이 될 것이고, 다른 사람들로부터 파트너들로부터 존경받고 건강한 부자로서 당신의 경쟁자가 없다는 것을 알아야 한다는 것이다. 이것이 여러분은 오리가 아니라 백조라는 것이며, 다른 어떠한 비즈니스보다 여러분이 지금 하고 계시는 네트워크 비즈니스의 사업, 즉 DNA가 다르다는 것이다. 이제는 4차 산업혁명 시대에서 5차, 6차 산업으로 가는 플랫폼 네트워크 사업이라는 것이며, 당신이 네트워크 시장의 선두주자라고 확신한다. 그래서 당신은, 아니 여러분은 1인 기업시대에서 사업을 창업하신 사장님들의 사업이며, 사장님들이 주인이라는 것이다.

전 세계 시장 규모를 보면 전 세계 뷰티시장 4,000조, 전 세계 건강시장 4,000조, 전 세계 자동차시장 1,800조, 전 세계 IT시장 3,800조, 즉 전 세계 뷰티시장 + 건강시장 = 8,000조 시장! 여러분은 약 8,000조 시장에서의 사장님들이라는 것이다. 8,000조 시장에서 한국의 시장은 100조 보상플랜, 우리나라 법은 35% 규정, 100조의 35%인 35조 보상플랜 수당을 여러분에게 나누는 것이다. 즉 35조의 부가 여러분의 통장으로 여러분이 노력한 만큼 부를 창출한다면 다가오는 미래, 가슴 뛰는 삶, 행복한 고민이자 평생직업이 네트워크 사업이라는 것을 명심하라. 여러분, 아니 당신은 지금부터 미래를 준비해야 한다는 것이다.

경제학 이야기, 열

이번에는 수요의 원리와 시장의 작동원리에 대해서 알아보는 시간이다. 여러분이 궁금하게 생각하는, 흔히 이야기하는 수요와 공급의 이론은 어떻게 발달하였을까 하는 문제이다. 시장에서 가장 핵심적인 기능은 가격을 결정하고 자원을 분배하는 기능이다. 그렇다면 가격은 어떻게 결정되는 것일까? 한 번 알아보자. 일반적으로 가격이 수요와 공급의 상호작용에 의해 결정된다는 것은 현재에는 보편적으로 받아들이는 상식이지만 사실 이러한 인식이 시작된 것은 약 100년도 되지 않았다. '보이지 않는 손' 아담 스미스는 노동가치설(상품에 투하된 노동량이 그 상품의 가치를 결정한다는 설)을 이야기하고, 사회주의 창시자 마르크스는 잉여가치설(모든 가치의 원천은 노동이며, 자본가에게 돌아가는 이윤이나 이자는 노동자가 만들어낸 잉여가치의 착취에 불과하다는 설)을 이야기하는 것이다.

이 두 학파의 격렬한 가치논쟁이 일어나게 되며, 결국 이러한 가치논쟁은 영국의 경제학자 마샬에 의해 수요와 공급의 상호작용에 의해 결정된다는 현대적 수요공급의 원리로 정립하게 된 것이다. **여기서 수요(Demand)란? 소비자가 일정기간 동안 (유량의 개념) 상품을 구매하고자 하는 욕구를 의미한다.** 이러한 수요의 결정요인은 그 재화의 가격, 다른 재화의 가격, 소득의 크기, 분포 소비자의 수,

소비자의 기호, 가격변화에 대한 예상, 광고 선전, 유동자산 보유비율, 이자율 등을 들 수 있다. 이러한 것들의 함수로 인한 가격이 상승하면 수요량이 감소한다는 수요 법칙이 나타나게 된다. 예를 들어 사과의 가격이 내리면 사과의 수요량은 증가하고, 소득이 증가하면 사과의 가격변동이 없음에도 사과의 수요가 증가한다는 것이다. **그래서 소득이 증가하여 수요가 증가하는 재화를 정상재(normal goods) 또는 우등재(superiort goods)라고 한다.** 하지만 재화에는 연탄이나 검정고무신처럼 소득이 증가하면 오히려 수요가 감소하는 재화가 있는데 이를 열등재(interior goods)라고 한다.

그러면 경제수요와 공급의 원리를 아셨다면 생각을 달리 넓혀보자. 요즈음 금연운동을 많이 한다. 그럼 담배소비를 줄이는 두 가지 방법은 어떤 것이 있을까? 담배소비를 줄이는 방법으로 **첫 번째는 '수요량의 변화'**를 이용하는 것으로 담배세의 부과로 담배값을 인상시켜 담배소비를 줄이는 방법이 있다. **두 번째는 '수요 변화'**를 이용하는 방법으로 금연 홍보를 통해 흡연이 건강에 해롭다는 것을 알리거나 담배의 대체재인 전자담배의 보급 등을 통해 담배소비를 줄이는 방법이 있다. 도시국가인 싱가포르에서는 이 두 가지 방법을 모두 강하게 사용하고 있다.

즉 담배값을 만원 정도로 하고 담배값에 말기암 환자의 폐의 모습을 강하게 그려넣어 이래도 피울 거냐고 경고하는 것이다. 그런데 우리나라는 어떤가? 그냥 흉내만 내는 것 아닌가? 나머지는 여러분의 상상에 맡기겠다. 이제 수요와 공급의 원리에 대하여 이해하셨다면, 그래서 이 또한 여러분의 사업에 참고로 하신다면 좋은 결과가 있을 것이다.

제11장.
나를 바꾸는 지혜 프레임
& 가치는 얼마인가?

프레임을 바꾸면 인생이 바뀐다

프레임은 세상을 바로 보는 마음의 창이다. 우리는 프레임이라는 마음의 안경을 통해 세상을 바라보고 있다는 것이다. **즉, 우리가 어떤 문제를 바라보는 관점이다.** 세상을 향한 마인드, 세상에 대한 은유, 사람들에 대한 고정관념 등 이러한 것을 바꾸는 지혜의 프레임을 준비해야 한다. 나를 바꾸는 프레임은 어떤 프레임으로 세상을 접근하느냐에 따라 우리가 삶으로부터 얻어내는 결과물은 결정적으로 달라진다. 프레임을 알아야 하는 이유이다.

나의 행복을 결정하는 것은 행복은 무엇이 아니라 어떻게의 문제이며, 행복은 대상이 아니라 재능이라는 것이다. 내가 헛되이 보낸 오늘은 어제 죽은 이가 그토록 간절히 원했던 내일이라는 말이 있다. 사랑을 한다면 다시는 사랑하지 못할 것처럼 사랑하라. 늘 마지막 만나는 것처럼 사람을 대하라는 것이다. 우리는 항상 감각의 불확실성 속에서 살고 있으며, **우리는 철자 프레임의 활성화와 숫자 프레임의 활성화에서 판단하고 인식한다는 것이다.**

우리가 어떤 프레임으로 보느냐에 따라 각기 다른 실체, 즉 철자와 숫자로 경험할 만큼 이 자극은 모호성을 내포하고 있으며, 이처럼 우리의 감각적 경험은 항상 객관적이고 고정된 것이 아니라 프레임에 따라 달리 경험될 수 있는 본질적 모호성을 갖고 있다는 것을 기억해야 한다는 것이다.

순서의 힘

심리학자 솔로몬 애쉬 실험 (심리적 속성의 애매함을 보여주는 사례)

A 조건	B 조건
지적이다.	질투심이 강하다.
부지런하다.	고집에 세다.
충동적이다.	비판적이다.
비판적이다.	충동적이다.
고집이 세다.	부지런하다.
질투심이 강하다.	지적이다.

심리학자 솔로몬 애쉬 실험에서 심리적 속성의 애매함을 보여주는 사례를 보면 우선 당신이라면 A와 B는 어떤 사람인지 추측이 갈 것이다. 같은 조건의 알약 6개와 약 처방의 동일한 결과를 분석한

것이다. 결과는 모든 사람들의 생각이 A 조건에서 형성된 인상이 B 조건에서 형성된 인상보다 훨씬 더 호의적이었다는 것이다. 사람들은 지적이다 아니다 판단을 보면 A 조건은 조금 충동적, 고집, 천재들 타입, 전형적인 천재형의 이미지를 이야기하고, B 조건은 교만, 차가움, 폐쇄적, 옹졸한 이미지의 사례가 보여주듯이 사람들은 프레임에 따라 동일한 사람을 놓고 천재성을 갖춘 사람으로 볼 수도 있고, 옹졸한 사람으로 볼 수도 있는 애매함의 프레임을 이야기하는 것이다.

동메달이 은메달보다 행복한 이유

미국 코넬 대학교 심리학과 연구팀에서 메달리스트가 게임 종료 순간에 어떤 표정을 짓는지 감정 분석을 연구한 결과에서 보면 올림픽 메달리스트 중 23명의 은메달리스트, 18명의 동메달리스트의 표정을 분석하였다. 결정적인 순간의 감정이 환희 또는 비통에 가까운지를 시상식 선수들이 보이는 감정을 10점 만점 중 평점을 평가하여 분석한 결과 메달 색깔이 결정되는 순간 동메달리스트의 행복점수는 10점 만점에 7.1점으로 나타났으며, 즉 보통보다 환희가 크며, 은메달리스트의 행복점수는 4.8점으로 나타났다. 시상식에서의 감정표현 결과도 동메달리스트의 행복점수는 5.7점이었고, 은메달리스트의 행복점수는 4.3점으로 나타났다. 메달리스트들의 인터뷰 내용 분석결과 은메달리스트는 "거의 ~할 뻔했는데"라는 아쉬움이 큰 반면 동메달리스트는 "적어도 이것만큼은 이루었다."라는 만족감의 환희와 실망의 아쉬움보다 더 큰 만족감을 얻었다는 것이다. **이처럼 공간상의 비교, 시간상의 비교, 심지어 상상 속의 비교에 의해서도 현실은 주관적으로 재구성되며, 그만큼 우리의 현실은 본질적으로 모호성을 가지고 있다는 것이다.**

자기 프레임,
세상의 중심은 나라는 착각

우리는 마음의 CCTV, 조명효과의 착각에서 삶을 산다는 것이다. 아침에 일어나 자신에게 주문을 다음과 같이 건다는 것이다. "나는 괜찮지만 너는 정말 재수 없는 날이구나.(I'm fine but you're obviously having a bad hair day.)"라고 우리는 누구나 다른 사람이 나를 보는 시선의 착각 속에서 산다는 것을 '조명효과'의 심리현상이라고 한다. 예를 들어 오늘 아침에 일어나 샴푸, 비누, 옷, 신발, 머리 스타일, 양말, 구두 등 나의 스타일을 나는 멋지게 꾸미고 일상의 생활로 나왔을 때 다른 사람들이 나를 주시하고 있다는 생각에 빠져 있다는 것이다. 다른 사람들은 내가 어떤 옷을 입고, 세수와 머리를 감았는지 어쩐지 아무도 보아주는 관심이 없는데도 말이다. 바로 이것이 우리를 보고 있는 것은 남이 아닌 바로 자기 자신이 자신의 착각 속의 프레임에 빠져 있다는 것이다. 이로 인한 나만의 과도한 프레임의 결과는 너는 나를 모르지만 나는 너를 잘 안다는 착각, 즉 나는 한눈에 척 보면 너를 알지만, 너는 척 봐서는 나를 모른다는 생각이 깊이 깔려있다는 자기중심성으로 인하여 본인 스스로 스트레스를 받으며 다른 사람들이 나를 보는 관점에 빠져 있다는 것이다. 이런 자신의 착각 프레임, 즉 자기를 가리켜 '독재정권'이라고 부른다는 것이다.

이름 프레임, 지혜로운 소비의 훼방꾼이란 어떤 것인가 알아보자. 일반적으로 프레임을 좌우하는 것 중 하나가 '이름'이다. **사람들은 자신이 붙인 이름대로 세상을 판단한다는 것이다.** 예를 들어 보면 테러리스트 & 자유의 전사, 낙태를 찬성하는 사람은 선택의 권리라 하고, 낙태를 반대 주장하는 사람들은 생명의 권리라 한다는 것이다.

일상의 시장경제에서 가장 중요한 사실은 "돈에는 이름이 없다."는 것이다. 하지만 우리는 돈에 이름을 붙여서 생활을 한다. 돈의 이름은 공돈, 푼돈, 원래 가격, 문화비, 원화와 달러화, 신용카드와 포인트로 흔히 우리는 이야기한다. 우리가 이야기하는 공돈은 카지노 게임을 해서 돈을 얻었다면 우리는 공돈이라 하고, 자판기 커피 한 잔 값을 지불하고 남는 동전을 푼돈이라 하고, 푼돈으로 생각하는 100원도 상황에 따라 귀한 돈을 원래 가격이라고 하며, 영화 관람비나 공연티켓으로 지불하는 돈을 문화비라 하고, 원화와 달러 환율 등 돈의 기본단위의 차이점을 심리적 프레임이라 하고, 신용카드와 포인트 팁의 차이점, 즉 신용카드 포인트는 소비하는 돈이 아니라는 생각을 모든 사람들이 한다. **이를 생각의 돈에 붙여지는 이름 프레임의 위험성이라 하며, 우리가 이야기하는 공돈, 푼돈이라는 이름은 없다는 것이다.**

이러한 이름의 변화 프레임, 즉 경제적 선택을 좌우하는 힘은 어떤 프레임으로 제시되더라도 똑같은 결정을 내릴 수 있는 능력, 바로 그 능력이 경제적 지혜의 핵심이다. 우리 자신의 선택이 잘못된 것 같을 때 자신의 성격을 탓하기보다는 그 선택이 어떻게 프레임이 되어 있는지부터 살펴보는 지혜가 필요하다. 당신의 삶에 있어서 행복과 불행에 대한 예측이 실제와 다른 이유는 놀라운 적응능력에서 기인한다는 것이다. 프레임의 변화의 예를 보면 어떤 상태에 신속하게 적용하는가이다.

첫째, 어두운 극장에서 처음에는 캄캄하지만 바로 캄캄한 상태에서 바로 보이는 것처럼 말이다.

둘째, 당신이 부자만이 행복의 지름길이 아니라는 것을 알면서 부자가 되려고 애쓰는 이유도 부자가 되어가는 과정이 부자가 된 상태보다 더 즐겁기 때문이듯이 우리는 모두가 상태에 쉽게 적응하며, 변화에 무척 예민하다는 프레임에 있다는 것이다.

선택의 갈림길 당신이라면

아래 두 상황의 A와 B 옵션 중 여러분은 어느 쪽을 선택하겠는가?

상황 1 : 현재 100만원의 수입이 생겼다고 가정해보자.	
A : 추가로 50만원을 확실히 더 받을 수 있다.	B : 동전을 던져서 앞면이 나오면 100만원을 더 받고, 뒷면이 나오면 한 푼도 못 받는다.

조금 적지만 확실하게 50만원을 더 받을 것인가? 확률은 반반이

지만 한 푼도 받지 못할 상황까지 감수하면서 추가 수입 100만원의 가능성에 승부수를 던질 것인가?

상황 2 : 현재 200만원 수입이 생겼다고 가정해보자.	
A : 무조건 50만원을 내놓아야 한다.	B : 동전을 던져서 앞면이 나오면 100만원을 내놓고, 뒷면이 나오면 한 푼도 내지 않아도 된다.

이 상황에서 어느 쪽 옵션을 선택할 것인가? 그냥 앉아서 50만원을 내놓을 것인가? 아니면 확률은 반반이지만 여차하면 100만원 벌금을 낼 수 있는 상황에서 한 푼도 내지 않을 가능성에 승부수를 던질 것인가? 만약 당신이 '상태 프레임'을 가지고 세상을 본다면 동일 상황 1에서 A 선택 : 150만원, B를 선택 1/2확률 최종 150만원, 상황 2에서 A 선택 150만원, B 선택 1/2확률 150만원이다. 변화의 프레임으로 본다면 상황 1과 상황 2 사이에는 결정적 차이가 존재한다. 상황 1은 돈이 늘어나는 변화, 즉 이득의 문제가 기술되어 있고, 상황 2는 돈이 줄어드는 변화, 즉 손실의 관점에서 기술되어 있다. **이런 상황을 '프레이밍 효과(Framing effect)'라고 한다.**

프라이밍(priming) 효과

① 머릿속에 자신의 꿈, 열망, 계획, 목표 등을 입력해놓고, 이를 의식적으로 떠올리면 그것들을 달성할 가능성이 훨씬 커진다는 것이 프라이밍 효과의 핵심이다.

② 사람들은 하루일과를 마치고 저녁에 일기를 쓴다. 이와 달리 아침에 일기를 써야 하는 주된 이유가 바로 프라이밍 효과 때문이다.

③ 저녁에 쓰는 것보다 아침에 5분 명상 또는 일기를 쓰는 것이 훨씬 더 시간을 다스리는 더 좋은 방법이 될 것이다.

④ 머릿속에 목표하는 것을 아침에 떠올리고, 이를 실천하는 계획을 아침에 세운다면 실행하고 달성할 가능성이 훨씬 커지는 것이다.

⑤ 그래서 출근하여 아침조회 때에 서로의 계획을 큰 소리로 외침으로 더욱 열정이 생기고 목표가 생기는 이유이다. 매일 아침 성공을 위하여 외치시길 바란다.

손실 프레임과 이득 프레임

어떤 가게에서 현금으로 물건을 살 경우는 1만원을 받고, 신용카드로 살 경우는 1만 1,000원을 받는다고 하자. 당신이 가게 주인이라면 손님들에게 1,000원의 차이를 어떻게 알릴 것인가? 두 가지 중 하나를 선택해보라.

① 현금으로 구입하시면 1,000원 할인혜택을 드립니다.

② 신용카드로 구입하시면 1,000원의 추가요금이 부가됩니다.

결론, 1번과 2번 두 상황은 동일하다. 1번은 현금으로 구입할 경우 할인을 해준다는 '이득'의 프레임을 제시하고 있고, 2번은 신용카드로 구입할 경우 추가요금이 부가된다는 '손실'의 프레임을 제시하고 있다. 완벽하게 합리적인 사람이라면 두 경우가 같은 상황이기 때문에 동일한 선택을 할 것이라고 예상할 수 있지만 대부분의 사람들은 1번의 경우보다 2번의 경우에 현금 구입을 더 많이 선택한다. **그 이유는 동일한 양의 이득으로 오는 만족보다는 동일한 양의 손실이 주는 심리적 충격이 더 크기 때문이다.** 카네만 교수의 연구에 따르면 손실은 이득보다 2.5배 정도 더 큰 영향력을 갖는다고 한다. 심리학에서 이것을 '손실혐오(Loss aversion)'라고 한다.

지혜로운 사람의 10가지 프레임

목사이자 신학자인 찰스 스윈돌은 삶에 있어서 객관적 사실은 인생을 통틀어 겨우 10%에 불과하고, 나머지 90%는 그 일들에 대한 우리의 반응이라고 주장했다.

첫째, 의미 중심의 프레임을 가져라.
어떤 일을 의미 중심의 상위 수준으로 프레임을 하느냐, 구체적인 중심의 하위 수준에서 프레임을 하느냐는 그 일을 언제 할 것인지에 의해 결정된다는 것이다. 예를 들자면 우리는 누구나 새해를 맞이하면서 새해결심을 한다. 처음에는 상위 수준으로 실천을 시작한다. 예를 들어 금연의 목표를 하고 며칠은 하다가 다시 흡연으로 돌아가는 하위 수준 기간이 길게는 6개월이라는 것이다. 새해의 계획목표를 단기간에 세우는 수준은 하위 수준이며, 1년, 2년의 장기적인 목표를 세우는 것을 상위 수준이라고 한다. 당신이 성공을 원한다면 지속적으로 장기적 상위 수준의 계획과 목표를 설정하고 추진할 때 당신은 성공자로서 우뚝 서게 될 것이다. 당신이 지혜로운 사람이 되기 위해서는 가까운 미래나 현재의 일도 늘 상위 수준으로 프레임을 계획하고 목표를 세워야 한다.

둘째, 접근 프레임을 견지하라.

사람들에게 오랜 과거를 회상하게 하면 대부분 그 시절에 하지 않았던 것들에 대한 회한을 떠올린다. 예를 들어 학창시절 공부를 열심히 하지 않은 점, 교양서적을 많이 읽지 않은 점, 운동을 열심히 하지 않은 점 등 해보지 못한 일들에 대한 후회 일색이다. 행복과 성공은 접근의 프레임을 가진 사람의 몫이다. 고 정주영 회장의 "해보기나 했어?"라는 말은 접근 프레임이라고 한다. 자기 방어에 집착하지 말고 자기 밖의 세상을 향해 접근하라. 다른 사람들에게 다가갈 때, 새로운 일을 접했을 때 늘 접근의 프레임을 견지하라. 그것이 두려울 땐 기억하라. 접근함으로 인한 후회는 시간이 지나면 사라지지만 안주함으로 인한 후회는 시간이 지날수록 커진다는 것을 명심하라.

셋째, '지금 여기' 프레임을 가져라.

사람들은 현재를 '준비기'라고 프레임을 하는 습관이 있다. 현재는 더 나은 미래를 위해 준비하고 일방적으로 희생되어야 하는 시간이라고 생각하고 있는 것이다. 즐기고 만끽해야 할 대상이 아니라 참고 견뎌야 하는 대상이라고 믿는다. 예를 들면 초등 자녀의 중간고사 시험보다 기말고사가 더 중요하다는 부담감이 있다. 기말 잘 보고 오면 중학교 때 잘하는 것이 진짜 실력, 수능 보면 대학에서 진짜, 대학 졸업하면 직장이 진짜, 직장은 노후대책, 노후에는 다시 자녀 손자, 손녀를 위해 희생한다. 이러한 현상의 일상이 가난함의 결과와 삶의 인생을 되돌아보고 후회를 한다는 것이다. 당신이 지금 당장 행복으로 가는 길은 지금 이 순간을 충분히 즐기고, 감사하는 것으로부터 비롯된다. 행복한 사람들은 자신의 생일에 가족, 친구, 직장생활을 하면서 듣는 칭찬과 격려 같은 일상적인 일들을 적극적으로 축하하고 누리는 사람들이라고 한다.

넷째, 비교 프레임을 버려라.

진정한 마음의 자유는 자신을 다른 사람과 비교하지 않는 데 있다. 사람들이 만족을 느끼는 최상의 상태는 비교 프레임이 적용되지 않을 때다. 가족들과 보내는 휴가, 친구와의 유쾌한 수다, 즐거운 식사 자리, 책 읽는 기쁨, 좋아하는 취미생활 등 이런 것들은 그 자체만으로도 만족감을 준다. 이런 일들은 많을수록 좋다. 비교 프레임이 침투하기 시작하면 진정한 만족 상태가 사라진다. 남들은 외식도 자주, 대학생이라면 어려운 고전을 읽어야 한다, 저 집은 동남아로 가족여행 가는데 등 이런 비교 프레임에서는 남들보다 많아야만 좋은 것이 된다. 비교는 자신의 삶을 '고단한 전시적 인생'으로 바꿔버린다. 비교의 프레임은 배우는 기쁨과 도전정신을 앗아간다. 세상을 바라보는 창이 '남들과의 비교'는 안 된다. '최선의 나'를 추구하는 것이 진정한 행복의 길임을 기억해야 한다.

다섯째, 긍정의 언어로 말하라.

한 사람의 언어는 그 사람의 프레임을 결정한다. 프레임을 바꾸기 위해서 꼭 필요한 일은 언어를 바꿔나가는 것이다. 특히 긍정적인 언어로 말하는 것이 필수다. 연구조사 결과에 의하면 180명의 수녀들을 대상으로 긍정의 언어를 사용한 수녀들 중 상위 25%의 수녀 가운데 90%가 넘는 수녀들이 85세 이상 장수하였으며, 긍정의 언어를 적게 사용한 하위 25%의 수녀들 중 겨우 35%만이 생존하였다는 연구결과가 있다. 연구결과를 보듯이 긍정의 언어를 사용하는 사람들이 장수한다는 이야기이다.

'매우 행복한', '정말 기쁜', '감사', '감동', '기쁨', '설렘', '만족' 등 이런 단어들이 삶 속에서 넘쳐나도록 해야 한다. "다 먹고 살자고 하는 것 아니겠어?", "좋은 게 좋은 거 아니겠어?", "대충 아무거나" 등의 표현은 하루라도 빨리 사전에서 지워버려야 한다. 우리의 마음가짐을 '최고'의 프레임에서 순식간에 '충분한'의 프레임으로 바꿔버린다. '좋은 것에서 위대한 것으로'가 아닌 '위대한 것에서 좋은 것'으로의 마음가짐, 항상 긍정의 프레임을 만드는 긍정적인 언어로 말하는 습관을 만들어야 한다.

여섯째, 닮고 싶은 사람을 찾아라.

내가 좋아하는 책, 내가 좋아하는 노래, 내가 좋아하는 배우, 내가 좋아하는…… 이런 이야기가 존재하는가? 우리는 무수한 '이야기'를 접하면서 세상을 살아간다. 누군가를 본받고 싶은 대상이 있다면 그 사람의 전기나 자서전을 읽고, 그 사람처럼 되기 위해 의도적으로 노력하고 행동하고 실천하는 것이 필요하다. 만일 그런 대상이 없다면 가장 되고 싶은 이상적인 자기를 만들어보고, 그 사람의 이야기를 계속해서 자신에게 들려줘라. 반복적으로 들려주는 상상 속의 이야기가 현실을 만들어낼 수 있기 때문이다.

일곱째, 주변의 물건을 바꿔라.

경제적인 마인드를 갖고 싶다면 경쟁심을 유발할 만한 물건들로 주변을 채워야 한다. 양심적인 행동을 유발하고 싶다면 집 안에 거울을 적절히 배치하는 것도 좋은 방법이다. 주변에 놓여있는 물건들은 단순히 현실생활에 필요한 기능만을 담당하는 건 아니다.

나의 삶의 가치는 얼마인가?

어느 날 어린아이가 할아버지에게 "삶의 가치가 무엇인가요?" 하고 물어보았다. 이에 할아버지는 어린아이에게 돌 하나를 주면서 "이 돌을 시장에 가서 누가 산다고 하고 얼마냐고 물어보면 아무 말 하지 말고 손가락 2개만 보여주거라." 하여 어린아이는 시장으로 가서 돌을 여러 사람들에게 보여주고 있었다.

마침 지나가던 아주머니가 다가와 "이 돌 얼마니? 정원에 두면 좋겠네."라며 사겠다고 하자 어린아이는 아무 말 없이 손가락 두 개를 보여주니 아주머니는 "아하! 그래 2달라."라고 하면서 2달러를 아이에게 주었고, 아이는 할아버지에게 시장에서 있었던 이야기를 말씀드리자 할아버지는 다시 아이에게 돌을 하나 주면서 "이번에는 이 돌을 박물관에 가서 팔아 보거라. 지난번과 같이 가격을 이야기하면 손가락 두 개만 보여주는 것을 잊지 마라." 하여 어린아이는 바로 박물관으로 달려갔더니 마침 박물관장이 아이가 가지고 있는 돌을 보고 산다고 하자 아이는 두 손가락을 보여주자 관장은 "아하! 그래." 하면서 아이에게 200달러를 손에 쥐어주어 아이는 기쁜 마음으로 할아버지에게 달려가 자초지종을 이야기하자 할아버지는 이번에도 돌 하나를 주면서 "이번에는 보석판매점으로 가보거라." 하여 아이는 보석판매점으로 돌을 가지고 갔더니 보석판매점 점주가 아이의 돌을 보고 "팔려고 왔구나. 얼마니?" 하고 묻자 아이는 다시 손가락 2개를 보여주자 보석판매점 점주는 20만 달러구나." 하면서 20만 달러를 아이에게 주었다.

아이는 깜짝 놀라고 신바람이 나서 할아버지에게 달려가서 "할아버지, 이번에는 엄청난 돈을 받았어요. 믿기지가 않아요." 하고 흥분이 되어 이야기하였다. 할아버지는 아이에게 "애야? 이제 너의 삶의 가치를 알겠니? 어디 출신인가, 돈이 얼마나 많은가 하는 것은 중요하지 않단다."라고 말했다. **삶의 가치란? 자신을 어느 위치에 두는가와 네 주변의 사람들이 중요하다는 뜻이다.** 평생 당신은 2달러의 돌로 보는 사람들에 둘러싸여 살 수도 있다. 그러나 모든 사람들 내면에는 다이아몬드가 있다. 자신을 하찮은 위치에 둘 것인가, 아니면 가치 있는 위치에 둘 것인가는 우리의 선택이다. **"당신은 소중한 존재임을 기억하라."** 당신의 삶의 가치는 얼마인가? 스스로 가치를 키운다는 것을 명심하라. **"당신이 주인공이다."**

경제학 이야기, 열하나

한계효용의 법칙

목이 말라 갈증이 날 때 시원한 콜라 한 잔 마시면 갈증이 해소되어 일정한 만족을 느끼게 되는데 그 만족의 총량을 콜라 한 잔에 대한 총 효용이라고 한다. 갈증이 아주 심하다면 콜라 한 잔으로는 부족해서 한 잔을 더 마시고자 할 것이다. 이때 콜라 한 잔으로 얻는 총 효용보다 콜라 두 잔으로 얻는 총 효용이 크다. 콜라 두 잔으로도 아직 갈증이 남아있다면 세 잔을 마시게 될 것이고, 이 경우 콜라 세 잔으로 얻는 효용은 두 잔의 콜라로 얻는 총 효용보다 크다. **이와 같이 상품의 소비량이 증가하면 일반적으로 총 효용도 증가한다.**

그러나 소비량이 증가한다고 해서 총 효용이 계속적으로 증가하는 것은 아니다. 예컨대 콜라 다섯 잔으로 갈증이 완전히 해소되었다면 여섯 잔째부터는 만족을 증가시키는 것이 아니라 오히려 배탈이 나는 등 고통을 수반할 수 있다. 이와 같이 소비량의 증가가 어느 한계점에 도달하면 총 효용은 극대화되고, 그 이상 더 소비량이 증가하면 총 효용은 증가하지 않고 오히려 감소하는데, **이때 총 효용이 극대가 되는 점을 '만족의 포화점'이라고 한다.** 경제학에서는 소비자가 자기의 효용이 극대화되도록 소비하는 것이 합리적인 소비라고 상정한다.

한계효용의 법칙 관련하여 당신에게 서울에서 도쿄까지 가장 빨리 갈 수 있는 방법, 즉 가치의 혁신은 무엇일까라고 질문을 한다면 당신은 빨리 갈 수 있는 방법으로 비행기 또는 고속페리오 등등을 이야기할 것이다. 하지만 당신이 제일 빨리 갈 수 있는 방법은 당신이 사랑하는 사람과 같이 가는 것, 다시 말하면 당신의 파트너 또는 사장님들과 같이 가는 것, 그것이 바로 성공의 지름길 아닐까?

제12장.
N/W 비즈니스
성공 노하우 기본원리

WHY : 사업을 하는 이유

WHAT : 무엇을 선택할 것인가?

HOW : 어떻게 할 것인가?

VISION : 어떤 미래상, 목표를 보여주는가?

위의 네 가지를 정확하게 찾는 것이 성공의 노하우이다.

성공 (why)	회사 (what)	제품 (how)	보상플랜 (vision)	사업을 통해서 얻어가는 것은?
건강 가족 일 성과 선택 나눔	장점 경영분석 경영권 매출 글로벌 창업 스토리	뷰티 헬스 이유	성장 결과	신뢰성

Why : 이유를 찾아라.

사업을 하는 500가지 이유, 성공해야 되는 이유 100가지, 회사 선택 이유 100가지, 제품 선택 이유 100가지, 보상플랜 선택 이유 100가지, 성장할 수밖에 없는 이유 100가지를 지금 당장 당신이 네트워커라면 실행으로 옮겨라.

What : 무엇을 선택할 것인가?

나와 관련된 회사, 실적, 제품, 규약정책, 시스템, 나만의 스토리를 무엇으로 시작할 것이고, 무엇을 선택할 것인가를 결정해야 한다.

How : 어떻게 할 것인가?

누구와, 언제, 어디서, 기간, 국내, 해외, 지인, 직장동료, 모르는 사람, 온라인, 오프라인 네트워크 사업을 어떻게 할 것인가를 생각하고 실전으로 옮겨야 할 것이다.

Vision : 어떤 미래상, 목표를 강조할 수 있어야 한다.

목표와 계획이 바로서야 미션(How)의 가치가 생기고, 가치관(What)이 성립되면 결단(Why)이 생기면서 당신의 사업은 성공으로 달려갈 것이다.

네트워크 마케팅 성공 노하우

결단	제시	풀이	강조
Why	What	How	Vision
사업을 하는 이유	무엇을 선택할 것인가?	어떻게 할 것인가?	어떤 비전을 보여주는가?

위와 같은 매뉴얼 준비가 된 사람이 성공한다는 것을 명심하고, 네트워크 성공 노하우를 반복하여 완전한 나의 것으로 지속적으로 추진함으로써 사업은 더욱더 발전할 것이다.

N/W 기본원리

네트워크의 기본원리
① 소비 행위자를 소비자
② 소비전달 행위자를 전달자
③ 전달자모집 행위자를 사업자
④ 전달자훈련 행위자를 리더자

통계적 Rule 1

물리적 시간 : 일반적인 네트워크 회사들의 평균 네트워커의 보상플랜 수당 결과

1년	200~300만원	20억
2년	400~500만원	35억
3년	600~1,000만원	70억
3년 이상	1,000만원 이상	100억
타이밍	제품력	사회적 이슈

통계적 Rule 2

소비전달 행위 가능성이 보장되어야 하고 초보, 아마추어, 불특정 다수 모두가 사업 진입을 할 수 있어야 하며, 제품의 희소성 vs 대중성이 있어야 한다.

통계적 Rule 3

전달자모집 행위의 당위성이 보장되어야 하고 Why 사업을 해야 하는가 정확한 가치부여가 전달되어야 한다.

통계적 Rule 4

전달자훈련에 대한 시스템에 의한 교육이 필수이며, 성인을 훈련시키는 어려운 시스템을 보편화하고 이해하기 쉬운 시스템이어야 한다. 즉 반복적인 시스템으로 연관성이 있어야 한다.

네트워크 마케팅 사업은 개미집단 사업이다. N/W 기본원리에서 통계적 룰과 다른 네트워크 회사가 분명히 있다. 즉 DNA가 다른 회사를 선택해야 한다는 것이다. 과연 이런 회사가 있을까? **지금 당신의 네트워크 사업에서 특히 제품 관련 희소성, 대중성이 있다면 기본의 룰과 다른 보상플랜으로 당신은 다른 사업자들보다 앞서 성공할 것이다.** (희소성 : 화장품의 Ex, 세계특허, 독점, 천연제품 등)

네트워커들을 '개미집단 사업'이라 부르는 이유

① 네트워커 한 사람의 힘은 미약하지만 뭉치면 대단히 강해진다.
② 개인의 부족한 부분을 스폰서와 파트너, 그리고 형제라인이 서로 보완해주는 관계는 다른 조직에서 볼 수 없는 독특한 특징이다. 그룹의 지원이 없이 개개인 혼자서 성공하는 데는 분

명 한계가 있다.

③ 자신의 에너지가 떨어졌을 때 그룹 구성원의 움직임을 보면서 자극을 받고 힘을 얻는다.

④ 자신이 못하는 부분은 형제라인이나 그룹 구성원, 스폰서, 파트너에게 유지적으로 도움을 받는다. 그래서 네트워커로 성공하기 위해 1차적으로 중요한 것은 좋은 회사를 선택하는 것과 좋은 그룹과 함께 원활하게 소통하는 것이다.

N/W 마케팅을 성공하기 위한 자세

N/W 마케팅을 성공하기 위한 자세
① 목표를 분명하게 설정한다.
② "처음부터 다시 시작한다."는 자세로 임한다.
③ 70여 년 이상 연구, 검토, 실행, 보완을 거친 시스템을 믿는다.
④ "천천히 그리고 끈질기게" 사업을 하는 자세를 가져야 한다.
⑤ 스폰서를 잘 선택해 호흡을 맞추는 사람이 성공할 확률이 높다.
⑥ 소비자망을 안정적으로 구축하고 그들 중에서 사업자를 발굴한다.
⑦ 세미나, 틀, 서적을 많이 활용한다.
⑧ '거절'을 감사하는 마음으로 대한다.

왜 네트워크 마케팅 사업에서 실패할까?
① 너무 서두른다.
② 크게 생각하고 시작했다가 실망한다.
③ 바른 회사를 선택하지 못하는 경우가 많다.
④ 스폰서가 정상적으로 활동하지 않는다.
⑤ 사업 초기에는 큰 수입이 되지 않는다.

⑥ 잘 나가던 시절을 그리워하며 '왕년에'를 들먹인다.

⑦ 자세히 검토하지 않고 사업을 시작한다.

⑧ 천천히 꾸준하게 하려는 자세가 부족하다.

네트워크 마케팅 회사를 선정하는 기준

회사의 재정과 기업성, 제품과 서비스, 마케팅 플랜, 교육 시스템, 회사 비전을 말한다. 선택의 기회를 잡아라. 잡을 것인가? 말 것인가? 주인으로 살 것인가? 머슴으로 살 것인가? 흉내꾼 & 아마추어 & 프로 중에서 어느 쪽을 선택할 것인가? 후회하는 삶, 미래를 보는 지혜, 지금은 평생직업이 필요한 시대, 자신을 사랑하고, 목표는 간절하고, 부지런해야 한다. 자신을 믿고 준비해보자. 미래는 지금부터 창조된다.

경제학 이야기, 열둘

이번에는 소비자의 잉여와 생산자의 잉여에 대하여 알아볼까 한다. 우리가 일상생활의 경제활동에서 당신이 동일한 상품을 소비한다고 하더라도 모든 소비자가 같은 크기의 만족감을 느끼는 것이 아니듯이 우리가 예를 들어 사과를 소비하는 각각의 소비자들이 사과를 먹을 때 느끼는 만족감에 대하여 생각을 해보면 어떤 소비자는 사과를 아주 좋아하며 매일 먹는 사과의 효능에 대해서도 무척 신뢰하기 때문에 사과를 먹을 때 매우 만족감을 느끼게 된다. 한편 또 다른 소비자들 중에는 과일을 그리 좋아하지 않을 뿐더러 특히나 사과의 신맛을 싫어하기 때문에 어쩌다 먹는 사과에 대해서 만족감을 느끼지 못할 수도 있다. 따라서 사과를 무척 좋아하는 사람이 느끼는 만족감도 크기 때문에 5천원의 가격도 지불할 의사가 있을 것이지만 사과를 그리 좋아하지 않는 사람은 훨씬 낮은 가격, 예를 들어 3천원을 지불하려고 할 것이다. 이렇듯 시장가격이 3천원일 때에서 보듯이 5천원과 3천원의 가격을 지불할 용의가 있는 소비자가 얻게 되는 총 이득은 3천원이 되는 것이다.

이와 같이 소비자가 어떤 상품을 소비하기 위하여 지불할 용의가 있는 금액과 실제로 실제로 지불한 금액과의 차액을 **소비자 잉여(consumer's surplus)라고 하는 것이다.**

상품의 거래소에서 소비자들만이 이득을 얻는 것은 아니다. 거래 상대방인 생산자도 이득을 얻는데 이번에는 사과를 생산하는 과수원을 생각해보자. 과수원마다 생산 조건이 다르기 때문에 각 과수원 주인이 생각하는 사과의 가격도 다 다를 수밖에 없다. 첫 번째 과수원 주인은 사과를 판매할 때 천원을 받아야 한다고 생각하고, 두 번째는 2천원, 세 번째는 3천원을 받고자 한다면 각각의 생산자는 시장에서 결정된 시장가격에 따라 사과를 판매하게 될 것이므로 생산자가 얻게 되는 총 이득은 3천원이 된다.

이와 같이 생산자가 어떤 상품을 판매하여 얻은 실제 수입이 생산자가 그 상품을 판매하여 꼭 얻어야 되겠다고 생각한 수입을 초과하게 되면 이때 **생산자 잉여(producer's surplus)가 발생하게 된다.**

시장에서 자유롭게 거래가 이루어진다면 소비자와 생산자는 모두 교환을 통해 이익을 얻을 수 있다. 이때 소비자와 생산자가 얻는 이득, 즉 소비자 잉여와 생산자 잉여를 합한 것이 교환에 따르는 사회적 잉여(총 잉여)가 되는 것이다. 소비자 잉여와 생산자 잉여, 총 잉여, 사회적 잉여를 쉽게 이해하셨으리라 생각한다. 경제학, 참 쉽게 이행하셨으리라 생각하며 이제 어디에서 누가 "잉여" 하고 이야기하면 "아하!" 하고 이해하실 것이다.

최근 경제동향에서 경제가 힘들다고 물가안정을 걱정하며 국민의 행복 추구권에 대하여 많은 이야기들을 한다. 그럼 잠깐 생각을 넓혀보자. 즉 물가안정과 국민의 행복 추구권을 생각해보자. **우리나라 대한민국 헌법에는 "국민은 모두가 행복할 권리가 있다."는 헌법 조항을 명시하고 있다.** 여기에는 정신적·물질적인 부분이 모두 포함되지만 경제적 행복과 관련하여 시장에서 가격이 불안정해지면 국민의 행복이 변하게 된다.

만약 가격이 하락하면 소비자 잉여는 증가하지만 생산자 잉여는 감소하게 된다. 즉 물가안정은 국민의 행복에 밀접한 관련이 있다. 이런 점에서 선진국들은 통화발행권에 따라 변동하는 물가안정을 위해 정부와 별도로 금융정책의 총 책임을 중앙은행에 부여하고 있다. 한국은행도 최근 물가안정목표제를 핵심 목표로 하고 있는 것이다.

이렇듯 우리가 어떤 사업을 하더라도, 아니 가정주부라고 할지어도 조금의 경제와 관련 지식을 가지고 사업에 임할 때와 모르고 할 때와 차이가 있다는 것을 아는 지혜를 알게 될 것이며, 여러분이 하시는 네트워크 사업에 어떻게 접목을 하여 사업을 번창하게 할지 생각해보시기를 바란다.

제13장.
부(부자)를 창조하는
성공의 5가지 조건

부(부자)는 창조에 의해서 탄생한다.

당신은 부유함을 원하는가?

가난함을 원하는가?

건강을 원하는가?

아픔을 원하는가?

행복을 원하는가?

불행을 원하는가?

과연 내가 부를 창조할 수 있는 가능성이 있는가? 모든 사업의 성공비결은 성공의 5단계 조건이 충족될 때 부를 창조할 수 있다. **성공의 5단계 조건은 특히 네트워크 비즈니스 사업에서의 필수조건 이라고 할 수 있다.**

성공의 5단계

첫 번째는 타이밍(timing)이다.

당신이 비즈니스, 스포츠, 부동산, 주식 등 어떠한 사업을 추진할 때 타이밍이 중요하다는 것은 익히 잘 알고 있을 것이다. 주식을 저가에 매입하여 고가에 파는 타이밍, 부동산 매도 매수의 타이밍 등 하물며 도둑이나 거지도 타이밍이 맞아야 한다는 것이다. 이렇듯 타이밍이 얼마나 중요한지는 두말할 필요가 없을 정도로 나나 여러분은 잘 알고 있지만 언제가 타이밍의 적기, 호시, 기회인지를 아는 사람들이 그리 많지 않다는 점이다. **그럼 지금 당신이 하고자 하는 사업이나 매입 매수 등 당신이, 아니 내가 하는 일이 시기적으로 맞는지를 이제부터라도 잘 파악해야 할 것이다.** 중국에서는 타이밍을 천시(하늘이 내리는 시간)라고 한다. 지금 여러분이 하고 있는 네트워크 비즈니스 사업이 타이밍이다. 아니다. 현 시점의 타이밍을 간파해야 한다는 것이다.

전 세계 네트워크 비즈니스 사업자로서 수익을 받는 사람들은 2019년 기점으로 약 9,900만명이 사업을 하고 있다. 대한민국의 네트워크 비즈니스 사업자는 시대가 지날수록 늘어나는 추세이며, 약 800~900만명이 사업을 하고 있다. 또한 대한민국의 네트워크 시장의 매출은 지속적으로 성장하고 있으며, 2019년 매출이 약 5조 이상의 매출을 보면 기존 네트워커들의 수당으로 약 1조 7천억원이라는 돈이 여러분의 누군가에게는 작게, 누군가에게는 크게 지급이 되고, 여러분은 수당만큼 국가경제에 세금으로 부응하였다는 것이다. 미래의 산업발전의 구분에 따른 유엔보고서를 보면 A(항공산업), B(바이오, 나노기술, 생명공학), C(기후변화), D(디지털), E(교육), F(미래연구), G(글로벌) 등 시대는 변화하는 역동의 시대를 맞이할 거라는 것이다.

그럼 지금 내가 일하는 네트워크가 시대적 타이밍이 맞는가? 취급하는 제품이 시기적으로 맞는가? 이 일을 지속적으로 잘할 수 있는가? 내가 일을 한 만큼의 소득이 있는가? **시대적 타이밍인가, 아닌가를 보면 여러분의 네트워크 비즈니스 사업은 지금이 적기 타이밍이라는 것이다.**

두 번째는 포지셔닝(Positioning), 즉 위치선정이다.
나는 이러한 타이밍에 지금 어디에 있는가 하는 중요함이다. **즉 포지셔닝과 위치선정에 따라서 나의 성공도 달라진다는 것이다.** 더더욱 네트워크 비즈니스 사업, 특히 최근 모든 네트워크 회사들의 바이너리 네트워크 방식에서는 더욱 적용된다는 점이다.

바이너리 방식에서는 먼저 한 사람과 늦게 한 사람과의 차이는 있지만 위치선정의 문제이지 타이밍과는 상관이 없다는 것이다. 그 것은 바이너리 방식의 특징이며, 위치선정은 조직상에서의 위치선 정이 아니라 지금 내가 이 시간에 어디에 있는가에 중요성이 있다 는 것이다. 당신이 누구와 같이 있는가에 대한 위치선정의 중요성 이다. 만약 당신이 지금 국가원수와 같이 있다면 당신은 국가원수 며, CEO와 같이 있다면 당신은 CEO, 노숙자와 같이 있다면 노숙 자라는 사실이며, 타락한 친구와 같이 있다면 당신은 타락자라는 것 이다.

사람과의 관계뿐만 아니라 부동산의 경우를 보면 서울 아파트의 가치와 지방 아파트의 가치의 차이점이 크고, 서울 빌딩의 가치와 지방 빌딩의 가치가 커다란 차이가 있듯이 결론은 내가 어느 위치에 있는가에 따라서 다르듯 당신이 어떤 사람과 어울리는가에 따라서 성공은 달라진다는 것이다.

결국 당신의 간절한 꿈인 성공을 하려면 만나는 사람을 지금 당 장 바꾸라는 것이다. 이제부터 당신의 만나는 사람을 바꾸고, 좀 더 나은 사람을 만나는 순간 당신은 백만장자의 대열에 우뚝 설 것임을 명심하라. 즉 가난한 자, 노는 사람, 타락자, 마약자, 성공자 등 누구 를 만나는가에 따라 성공이 좌우된다는 것이다. 또한 스포츠에서도 위치선정이 중요하듯이 적절하게 내가 그 위치에 있는가, 없는가에 따라서 스타가 되고 안 되고 한다. 2002년 월드컵 대표선수 중 홍명

보니 현재 유럽에서 뛰고 있는 유명한 선수 손흥민처럼 위치선정을 제일 잘하는 선수를 리베로라고 하는데 이들은 바로 위치선정을 잘하므로 인기가 있는 것이다.

여러분의 네트워크 비즈니스에서 위치선정은 무엇인가는 바로 당신이 "누구와 만나는가?"가 제일 중요하다. 예를 들어 앞에서 이야기한 포지셔닝 이야기이다. 아침에 노숙자와 같이 있으면 나도 노숙자, 아침에 CEO와 같이 있으면 나도 CEO인 것처럼 적절한 시간에 적절한 타이밍에 아이템을 가지고 그 일을 가장 잘하는 사람과 같이 있어야 한다는 것이다.

특히 네트워크 비즈니스에서 성공하려면 어떤 사람과 만나야 하는가에 따라 당신의 성공과 실패가 당신의 운명을 바꾸어놓을 것이라는 것이다. 많은 사람들이 위치선정을 제대로 하지 못하고 이리저리 여기저기 기웃거리는 사람과 줄서기를 잘하는 사람 등 이런 사람들이나 사업자들을 우리는 떠따방이라고 한다는 것을 당신이 조금의 네트워크 사업자라면 잘 알고 있을 것이다.

그럼 돈 잘 버는 사람이나 성공한 사람은 누구인가? 돈을 잘 벌고 성공한 사람이나 가장 일을 잘하고 성공한 사람은 그 성공한 사람과의 약속이나 만남이 성공의 지름길이라는 것이다. 타이밍과 포지셔닝의 만남의 조화가 맞아 떨어지게 되면 당신은 반듯이 100%

성공할 수 있다는 것이다. 즉 모든 성공은 당신 자신의 결정에 의해서 만들어야 하며, 이 두 가지 타이밍과 포지셔닝을 자기 결단이라고 한다. 자기 결단이 확실할 때 성공한다는 것이다.

세 번째는 다른 사람의 성격 파악이다.

대부분 성공한 사람들의 특징을 보면서 그 사람이 왜 성공하였는지 우리는 알고 노력해야 한다. 대부분 성공한 사람들의 특징은 바로 사람을 바로 보는 눈과 사람의 성격을 잘 분석하는 특징이 있다는 것이다. 바로 보는 눈과 성격을 잘 파악하려면 우선 경청을 잘해야 한다. 경청을 잘하는 사람은 대화가 잘 되는 사람이며, 상대방의 말과 설명을 받아드릴 마음의 자세가 되어 있고, 자신이 모르는 분야의 새로운 정보를 듣고 본인 스스로 판단하려는 지혜를 가지고 있으며, 취사선택의 결정과 배우려는 열정이 있는 사람이라는 것이다. 이런 마인드를 가지고 있는 사람들은 경청에서 듣기와 반응하기, 그리고 리액션으로 자신의 모습을 표현한다는 것이 특징으로 만약 당신의 파트너로 함께 사업을 한다면 성공할 것이다.

결국 성공하는 사람들의 공통점을 보면 사람들의 말을 잘 경청하는 사람이라는 것이다. 경청? 만약 당신이 어떤 대화나 세미나 설명 등에서 경청을 잘하려면 어떻게 해야 할까? 정답은 질문이다. 경청의 결과 궁금증에 대하여 질문을 할 것이고, 질문에서 대화가 이루어지고, 만남이 이루어지며, 약속이 이루어지면서, 전화나 메시지

교환 등 당신과의 자유로운 사업의 파트너 대상이 된다는 것이다.

이러한 자연스러운 대화가 이루어질 때, 당신이 그 사람을 파악할 때 원하는 것이(Wants)가 무엇인지, 필요한 것이(Needs) 무엇인지를 파악할 수 있다는 것이다. 이에 당신의 네트워크 비즈니스에서 인맥관리 리스트에 따라서 미팅 장소는 찜질방, 노래방, 카페, 사무실 등등에서 그 사람을 리드할 수 있으며, 사업을 같이 할 수 있는가 없는가에 대한 결정을 당신이 결정한다는 것이다. **특히 나나 상대방은 경청을 하고 궁금증에 관한 질문을 통해서 상대방이 원하는 것을 물어본다는 것이다.** 이것은 바로 내가 하고 싶고, 이루고 싶은 것 등 이때 네트워크의 기본법칙인 호일러의 법칙에서 A + B + C가 나온 것이며, 혼자 사업하는 사람은 성공하지 못한다는 것이며, 당신이 이 법칙을 잘 활용한다면 당신은 당신보다 더 멋진 파트너와 같이 성공할 수 있다.

네 번째는 능력 있는 사람을 활용하는 것이다.
성공한 사람들은 능력 있는 사람들을 잘 활용한다는 특징이 있다는 것이다. **능력 있는 사람을 어떻게 활용하는가에 따라서 당신의 성공이 좌우된다.** 한 예로 현대그룹의 정주영 회장의 학력은 초등학교이다. 하지만 전 세계 유명대학의 박사들을 잘 활용하여 성공을 한 사례이다. 당신의 네트워크 사업이든 아니든 당신의 학력의 스페셜이나 라이센스와는 아무런 관련이 없다는 것이다. 경영학 학문에 일부분, 즉 지렛대 원리를 누가 잘 활용하는가에 따라서 성공의 판결이 난다는 것이다. **이것을 경영 비즈니스에서는 '에버리지 효과'라고 한다.** 이제부터 당신은 당신 자신보다 더 나은 사람을 활용하라. A - B - C 법칙을 활용하고, 스폰서를 활용하고, 상대방과의 약속에 따른 의사결정이 당신을 성공자로 만들어줄 것이다.

일본의 일화 중에서 1960년대 일본 다나까 수상은 초등학교 출신으로 일본 정부 내각에서 장관 추대가 되자 많은 정관계 인사들이 학력을 핑계로 전문지식도 없으며 일자무식이 장관의 역할을 할 수 있는가 말들이 많았다. 이때 다나까 장관이 한 말 "일은 능력 있는 당신들이 하는 것이고, 나는 그 일에 대하여 잘잘못을 책임지는 것이다."라는 명언으로 일침을 놓으면서 장관을 지내고, 결국 1973년도 일본의 수상이 되어 일본의 지도자가 되었다는 일화가 있다. 당신의 성공은 고학력이나 자격증이 아니라 얼마나 나보다 더 능력 있는 사람을 활용하는가에 따라 성공이 좌우된다는 것을 알고, 이제부터 능력 있는 나의 파트너를 지금 당장 찾으시기를 바란다.

다섯 번째는 집중이다.
마지막 다섯째로써 대부분 성공한 사람들의 특징은 집중이라는 것이다. 얼마만큼 집중을 하는가에 따라서 성공과 실패가 결정된다는 것이다. **결론은 성공한 사람들은 집중을 잘하더라는 것이다.** 그럼 집중은 누가 하는 것이 아니라 바로 내가 하는 것이다. 성공하는 사람들의 결론은 성공하는 사람 중에서 60%는 본인 자기 스스로 성공하였으며, 성공하는 사람 중에서 40%는 주변 환경에 의해서 성공하였다는 것이다. 이러한 설명은 당신의 어떠한 사업 또는 당신이 하고자 하는 네트워크 비즈니스 회사와 그룹에서 당신이 선택을 잘 해야 성공한다는 것이다. 결국 성공하는 사람은 성공의 조건 5가지를 잘 활용하는 사람이라는 것이다. 손과 발이 고생하는 사람은 위와 같은 성공의 조건 5가지를 혼자 하는 사람이며, 성공하는 사람은 성공의 조건을 잘 활용하는 사람이다. 당신은 전자나 후자 중에서 어디에 해당되는가? 결론은 부를 창조하는 것이다. 어렵지만 지속적으로 꾸준히 추진하고 노력한다면 누구나 성공할 수 있고, 부를 창조할 수 있다는 강인한 믿음은 당신을 성공의 길로 안내할 것이다.

N/W 사업과 리크르팅의 중요성

거절과 실패는 당연하게 받아들여야 한다

　철저한 준비와 실패의 경험, 특히 거절을 바탕으로 강한 소개자로 거듭나야 한다. 사업을 하다보면 무수히 많은 사람을 만나서 설명하고 난 다음 거절당하기를 밥 먹듯이 한다. 이럴 때마다 사업을 포기하고 싶고, 자신의 자존심에 심한 스트레스를 받아 사업 진척에 많은 좌절감에 쌓여 사업을 중도에 포기하는 경우가 많이 있다. 이러한 거절당하는 원인에는 다 이유가 있다. 그 원인을 알면 당신도 멋진 성공자가 될 수 있다는 것을 명심해야 한다. 거절당하는 이유를 분석해보면 대다수 사업자들의 공통점으로 상대에게 본인의 말이나 언행이 따발총 전략으로 만신창이가 된다. 이럴 때 정조준 전략과 잘 짜여진 시스템을 활용해야 한다. 어떻게 하는가 하면 개미처럼 아니면 거미처럼 또는 강남과 강북 홈런왕과 삼진왕처럼 **거절과 실패는 당연하게 받아들여야 한다는 것이다.**

성공의 8단계

　거절이나 실패를 당연히 받아들이고 만신창이가 되지 않으려면 철저한 자신만의 성공 노하우를 쌓아가야 한다. 이것이 바로 성공의 8단계라고 한다. 그럼 성공의 8단계를 알아보자.

① 꿈이나 목표

② 결단

③ 명단 작성

④ 초대, 약속잡기, 고객 만들기

⑤ 사업 설명

⑥ 마무리, 애프터 미팅

⑦ 후속조치, 시스템 안내

⑧ 복제

이와 같은 성공의 8단계를 잘 활용할 때 당신의 사업은 어마어마한 속도로 이루어질 것이다. 성공의 8단계를 무시하고 리크르팅을 하는 것은 모래 위에 성을 쌓는 것이나 다름없다는 것을 명심해야 한다. **현재의 사업가들은 거의가 대부분 성공의 8단계를 무시하고 리크르팅을 진행하기에 백전백패를 하는 것이다.**

성공의 8단계를 하기 전에 하나하나 자신만의 철저한 계획이 있어야 하며, 지속적인 노력이 없이는 성공할 수가 없다. 우선 당신이 어떠한 네트워크 사업을 하던지 성공할 수 있는 세부계획을 실천함에 있어 회사를 선택하고 회사의 발전성, 제품군, 보상플랜에서 이 회사에서 성공하고 싶다면 다음을 실행으로 옮겨라.

① 당신의 꿈과 당신의 성공을 위해서 진심으로 이루고 싶은 목

록을 작성하고 목표 기간을 장기(크라운 직급달성 몇 월 달), 중기(다이아몬드 직급 몇 개월), 단기(골드 루비 직급 몇 개월)의 목표를 확실히 정하라.

② 시스템에 대한 결단을 내려라.

③ 명단 작성을 하는 데 있어서 해야 할 사람을 50명~100명을 작성한다. 이때 해야 하지 말아야 할 사람도 작성한다. 성공의 8단계에서 명단 작성이 제일 중요함을 명심해야 한다.

④ 초대에 있어서 1 : 1이나 2 : 1 사업설명을 할 것인지, 회사의 교육 시스템에 초대고객을 만들고 후속으로 다음 약속잡기를 하는 데 있어서 당신의 주관이 아닌 상대방의 입으로 약속 정하기를 유도하고 선택을 할 수 있도록 하며, 이때 메모하는 것을 꼭 강조한다. 이렇게 고객을 만드는 데 습관화되어야 한다. 즉 소를 끌고 오지 말고 스테이크를 만들어오는 것이다.

⑤ 사업설명에서 자리배치의 중요성이다. 가능한 맨 앞자리에 앉는다. 듣는 자세, 즉 집중할 수 있는 자리, 고객의 포인트를 파악하는 센스가 필요하다.

⑥ 애프터 미팅과 마무리 초대자 고객의 반응을 보고 정보를 전달하고, 그 사람에게 맞는 혈액형별(A, B, O, AB) 매출 마무리 및 제품선정과 카드결제는 몇 개월 또는 제품은 화장품 또는 식품, 기타 수량 결정 매출로 하여 사업의 기초 입문을 할 수 있도록 한다.

⑦ 후속조치 및 시스템 안내를 반드시 하되 제품의 사용 여부를

꼭 체크하여야 하며, 제품의 좋은 점을 다른 사람에게 알릴 수 있도록 시스템 안내를 통하여 사업할 수 있도록 하게 되어야 한다.

⑧ 복제, 위의 7번항까지 지속적인 반복과 복제를 통하여 지속적으로 사업을 진행해야 한다.

성공의 8단계는 당신이 사업을 진행함에 있어서 필수조건이면서 일상적으로 몸에 항상 습득해야 할 중요한 과제임을 명심해야 할 것이다. 남의 탓, 세상 탓을 해대기 이전에 먼저 자신의 허물부터 돌아보라. 남의 흉허물이 한 개이면, 너의 흉허물은 열 개도 넘는다는 걸 항상 명심하라. (인디언 속담) 남을 비방하는 손가락은 한 개이나 정작 자기 자신을 향하는 손가락이 세 개나 된다는 것을 모르는 어리석음에서 깨어날 줄을 모른다는 것이다.

옛 속담 이야기이다. 제 눈이 대들보는 보지 못하면서 그저 남의 티끌을 보아 후벼파기를 즐겨하는 청맹과니들의 특징은 늘 자기 자신의 허물을 인정하지 않고 세상 탓, 남의 탓을 하기 일쑤이다. 속담에서 이르기를 똥 묻은 개가 겨(쌀겨) 묻은 개를 나무란다고 했다. 남을 비난하기 즐겨하는 자는 자기 자신의 과오에는 늘 관대하고 남의 티끌은 태산같이 취급하고 악담이나 험구를 반복한다.

네트워크 사업자라면 늘 이 인디언의 속담을 명심하고 매사에 칭찬하는 습관을 일상적으로 가지고 행하여야 성공의 지름길로 가는 것이다. **네트워크 사업에서 항상 마음가짐이나 자세는 꿈과 희망, 목표를 뚜렷이 가지고 있어야 한다.** 희망은 잠자고 있지 않는 인간의 꿈이다. 인간의 꿈이 있는 한 이 세상은 도전해볼 만하다. 어떠한 일이 있더라도 꿈을 잃지 말자. 꿈을 꾸자. 꿈은 희망을 버리지 않는 사람에겐 선물로 주어진다. 아리스토텔레스의 명언 또한 여러분 사업진행에 명심해야 할 사항이다.

경제학 이야기, 열셋

초인종 효과

기업들의 고객 만족 경영은 초인종을 누르고 나서 문이 열릴 때까지 그 짧은 기다림의 시간까지도 주목하고, 고객들을 보살피려는 조그마한 노력으로부터 출발한다. 매일 타고 내리는 엘리베이터 안에 현재 자신이 몇 층에 있는지를 알려주는 숫자 계기판이 없다면 사람들은 기다림에 매우 초조해할 것이다. 고객 서비스 센터에 전화를 했을 때 문의한 사항에 대해 몇 분 안에 답해줄 것이라는 멘트 한마디 유무에 따라서도 고객들의 느낌은 확연히 달라질 것이다. 이처럼 기다리는 시간은 제아무리 짧더라도 사람들의 심리 상황에 큰 영향을 미칠 수 있다. 기업 경영에서도 마찬가지다. **기다리는 시간을 어떻게 관리하느냐가 기업의 인지도 및 고객 만족도에 영향을 미치게 된다.** 하지만 놀랍게도 대부분의 기업들은 이 기다림의 시간 동안 고객을 그냥 방치해두곤 한다. 세계 최고의 디자인 기업인 IDEO의 최고경영자이자, 「유쾌한 이노베이션」의 저자인 톰 켈리는 이를 두고 **'초인종 효과(Doorbell Effect)'라 일컫는다.** 마치 초인종을 누르고 나서 문이 열릴 때까지, 혹은 열리지 않을 때까지 기다리는 시간과 비슷하기 때문이다. 문 앞에서 기다리고 있는 사람은 향후 어떤 행동을 취해야 할지 결정이 나지 않은 상태로 불편하게 기다린다. 초인종 효과와 같은 상황은 아무런 정보도 주지 않은 채 고객들을 불편한 상태로 기다리게 하는 서비스 회사에서 많이 발생하곤 한다.

그러나 뱅크오브아메리카(BOA)는 이 초인종 효과에 주목하여 고객 만족도를 끌어올릴 수 있었다. 새로운 고객 서비스 컨셉을 찾아내기 위해 여러 실험과 탐색을 하던 중에 기다리는 시간의 관리에 대한 중요한 사실을 발견했다. 은행에서 줄서서 기다리는 시간의 임계치가 3분이며, 그 시간이 지나가면 고객은 실제 기다린 시간보다 더 오래 기다렸다고 생각하면서 기다림의 수고를 과대평가하게 된다는 것이다. 여기에 고객들이 기다리는 시간에 재미있는 비디오를 틀어주는 등의 노력으로 초인종 효과를 완화할 수 있고, 실제로 고객 만족도 지수에서 단 한 가지 사항만 개선해도 고객 1인당 1.4달러의 매출 증가 효과가 있음도 알아냈다. (출처 : 김국태, 주간경제, LG경제연구원, 2007. 8. 24. 인용)

제14장.
n/w 마케팅의
이해와 성공방안

N/W 마케팅의 정의

네트워크 마케팅이란 인간관계에 의한 무한연쇄 소개판매다. 마케팅 과정에서 생산자와 소비자를 직접 연결하여 유통 마진을 소비자에게 돌려주어 소비자로 하여금 무한연쇄 소개판매 사업가로 역할을 수행하게 하는 프로슈밍(Pro-suming) 현상을 말한다. 네트워크 사업자를 IBO, 즉 '인디펜던트 비즈니스 오너(Independent Business Owner)'라고 하는데 네트워크 마케팅을 하는 사람들은 고용된 사람들이 아니라 각자가 독립된 사업자라는 의미이다. 네트워크 사업자는 중간유통 과정을 거치지 않고 직접 물건을 소비하고 자의로서 소비자가 판매자가 되어 다른 소비자에게 파는 무점포 판매 방식이다.

네트워크 마케팅의 특징

네트워크 마케팅은 직접판매와 방문판매의 장점이 결합되니 고도의 융합기법으로 현재까지 탄생한 마케팅 방법 가운데 가장 이상적인 전략적 마케팅의 한 방법으로 연구되고 있다.

(1) 높은 자율성

조직 전체의 목표나 기본방향에서 벗어나지 않는 한, 단위 자신의 경험에 관해서는 스스로 판단 행동한다.

(2) 소규모 단위

네트워크 마케팅 조직을 구성하는 단위가 작기 때문에 개인과 전체와의 일체감이 형성되고, 환경변화에 대한 높은 유연성이 있다.

(3) 중심에서의 분열현상

네트워크 마케팅의 가장 큰 특징은 세포와 같이 조직 내에서 분열, 통합, 증식과 같은 움직임이 있다. 예를 들어 신규시장에 진출하는 경우 실험조직을 운영하고 시장성이 존재하면 그 조직을 유지하고 다시 필요시 발전적으로 분열시키는 형태이다.

(4) 유연성과 다양성

네트워크 조직의 기본은 완만한 통합에 있으며, 직접판매 방식으로 이는 네트워크 마케팅은 중간에 수많은 판매원이 개입하고 있지만, **전통방식의 중간상인 없이 상품 자체는 중간과정을 거치지 않고 직접 소비자에 전달되므로 직접판매의 영역에 속한다.**

(5) 무점포, 무자본, 무재고

네트워크 마케팅은 기존의 매장판매 방식과 달리 매장이 없으며, 막대한 자본이 투입되지 않으며, 재고를 보유하지 않는다.

(6) 인적판매, 방문판매

네트워크 마케팅은 판매원이 직접 소비자를 만나 상품을 소개하고 판매하므로 인적, 방문판매의 성격을 가지고 있다.

(7) 무한연쇄, 소개판매

네트워크 마케팅의 기법은 판매기반의 개척에 있어 연고나 사회생활을 통한 지인들을 고객으로 삼고 있어 새로운 사람을 소개받게 된다. 상품의 질이나 서비스에 만족한 고객이 새로운 고객을 소개하는 형식으로 이 과정이 되풀이되면 무한연쇄식으로 발전한다.

(8) 스폰서링(Sponsering) 개념의 도입

어떤 사람이 타인을 방문하여 상품을 소개하고 구매를 유도한다. **이에 소개 및 구매에 소모하는 노력이나 시간, 비용 등을 보상할 수 있는 것이어야 한다.** 이에 스폰서링 개념이 도입되어 새로운 자영업, 사업가로의 길을 열어주는 장치가 된다.

네트워크 마케팅의 장점

(1) 소비자·사회적 측면

① 직접판매로 인한 불필요한 유통마진의 축소

② 소비 매출향상에 따른 이익분배에 참여

③ 기업과 소비자 간의 긴밀한 커뮤니케이션

④ 제조기업의 품질개발 의욕의 증가

⑤ 자본유통에서 품질유통으로의 개념전환 (예) 기존 유통은 유통업자가 사재기를 하여 수요를 조작, 가격을 올리는 불법행위가 생길 수 있다. 반면, 품질에 기인한 네트워크 판매는 어렵다.

(2) 기업적 측면

① 소규모 자본으로도 창업의 기회부여

② 광고의 맹점에서 탈피한 품질에 의한 진검승부

③ 일반 관리비 감소

④ 생산규모의 예측가능

⑤ 사회적 변화와 소비자들의 라이프 스타일에 일치

네트워크 마케팅의 시대적 흐름

(1) 네트워크 마케팅의 시대적 흐름

① 빠른 속도로 '진화'되어 가고 있다.

② 변화가 아니라 '진화'의 표현을 사용
③ 진화란? N/W의 핵심과 사회의 핵심이 되는 것은 사람이기 때문에 변화가 아닌 진화라고 하는 것이다. 6개월 전 ↔ 3개월 전 ↔ 1개월 전 ↔ 하루 전 ↔ 1시간 전이 다르듯 변화보다 '진화'가 진행되어지고 있다는 것이며, 보다 많은 사람에게 행복을 주는 쪽으로 진화되어지고 있다는 사실이다.

(2) 네트워크 마케팅은?

경영학 분야 중에서 마케팅 이론의 한 분야이다. 약 40년의 역사를 가지고 있으며, 학습 + 체험 + 구조 + 기타 + 개인적인 배달을 통하여 판매하는 방법으로 방문판매보다 업그레이드된 판매방법이다.

(3) 네트워크 사업가는?

시대의 흐름에 따라 오랜 세월을 꾸준히 끈기를 가지고 인내와 싸워야 한다. 네트워크 사업가는 개업은 쉽지만 폐업은 어렵다. **사람과 사람의 사업으로 남에게 상처를 주지 않고 약속을 지키는 사업으로 이를 지키지 않으면 실패한다.** 또한 평생을 하는 사업이며, 노후에도 할 수 있으며, 네트워크 사업에서 제일 중요한 것은 의무, 감시, 소비자의 힘, 회원의 힘이다.

(4) 네트워크 판매의 3가지 공통점

제조회사는 소비자로 ① 직접공급 ② 구매조합(회원) ③ 공동판매를 한다는 것이다. 네트워크 마케팅은 소비자의 이익을 고려한 마케팅이다.

(5) 네트워크 마케팅의 미래상

사회적 정당성과 네트워크 소비방식으로 변화하며, 이에 따르는 엄청난 변화를 실감한다. 미래의 소비자들은 단독으로 존재하려 하지만 많은 손해를 볼 것이고, 모든 구매는 N/W 속에서 이루어지고 구매하게 된다. 회사는 구매자와 협상이 이루어지며, N/W 사업가는 개념의 소비를 만드는 공헌자가 될 것이고, 판매를 하는 것이 아니라 N/W 사업가가 되는 것이다. 물류 중심의 네트워크 마케팅은 머지않아 한계에 도달하게 된다. **향후 네트워크 사업은 서비스 사업으로 전환되어질 전망이다.**

(6) 미래의 경제는?

상품을 선택하는 것이 아닌 설들에 의하여 판매하는 비즈니스다. 지식의 서비스이고 창조적인 상품으로 네트워크 마케팅에 의한 사업이 비전이 있는 사업이다. 나만의 독특한 상품을 가지려는 소비가 늘어나며, 자존심이 강하고 개인적이고 브루조아적인 보스적인 사람이 늘어나면서 차별화된 제품, 독특한 것, 맞춤의 형태를 찾는다는 것이다.

(7) 미래경제와 사회의 변화

네트워크 사업이 연결되어야 하며, 학력이 높고 수익이 높은 사람이 타깃이 될 것이다. 성공한 사람과 성공하지 못한 사람, 즉 성공자와 실패자로 나누어진다는 것이다. **경제의 변화는 모방형 경제에서 창조형 경제로 바뀌어진다.**

(8) 최근 10년간 경제사의 변화

지식이 많은 사람과 지식이 적은 사람의 소득격차가 벌어지고 있다. IQ에 따라 소득의 격차가 벌어지고 있다. 초년의 성공자가 대거 등장하고 있다. 지식은 새로울수록 가치가 있으며, 경제적 피크 타임 나이가 성공의 나이 45세~50세에서 35세~44세로 바뀌고 있다. 미국의 경우 미국 20대 중 60%가 재산을 갖기 시작하였으며, 평균 약 5만달러(6천만원) 정도의 쓰고 남은 돈을 가지고 있다. (지식이 높은 20대) **미래의 경제적 부를 축적하는 것은 '경험'보다 '지식'으로 변하고 있다는 것이다.**

N/W 마케팅 성공방안

우리는 어떤 모습으로 살고 싶은가?

(1) 돈벼락을 꿈꾸며

(2) Of the Money, By the Money, For the Money

돈의, 돈에 의한, 돈을 위한 삶

- 살아갈 날은 백년도 채 안 되는데 늘상 천년의 근심을 품고 있구나. 낮은 짧고 괴로운 밤은 길기만 하니 어찌 촛불 들고 노닐지 않을 소냐.

"국민의 국민에 의한 국민을 위한 정치를 결코 이 땅 위에서 사라지지 않도록 하는 것이다."[this government of the people, by the people, for the people, shall not perish from the earth.] 미국 아브라함 링컨 대통령의 1863. 11. 19. 펜실바니아 케티스버그 국립묘지 개관식 연설문에서 인용 비유한 것임.

(3) 돈에 끌려 다니지 말고 돈이 따라오게 하라.

- 거액의 금액을 예치한 예금이자처럼, 다달이 들어오는 부동산 월세처럼, 투자지분에 따른 배당금처럼, 거액의 돈과 부동산이 없는 평범한 사람들에게 저절로 돈이 따르는 방법은? 네트워크 마케팅 시스템이다.

돈 버는 방법 3가지

① 돈이 없으면 몸을 써서 일하고 (시간투자)

② 돈이 조금 있으면 머리를 써서 일하고 (자본투자)

③ 돈이 많으면 돈에게 일을 시킨다. (복제)

구분	특성	해당그룹	한계
시간투자	정해진 시간에 육체 및 정신노동	대부분의 기업근로자, 대부분의 자영업자	한정된 시간으로 잔업, 야근, 주말에 투잡까지 하여도 소득에 한계가 있다.
자본투자	여윳돈으로 자본투자 (부동산, 주식 등)	일정 규모의 자금으로 돈을 불려가는 방법	정확한 정보와 막대한 자금이 필요할 뿐 아니라 세계동향이나 경제상황 등에 따라 높은 위험성을 감수해야 한다.
복제	복제란 자신이 구축한 시스템 안에 타인들을 편입시켜 수익구조를 형성 및 확장하는 것	대기업 오너 : 고용주로서 중요한 업무만 처리한 후 다른 업무는 종업원을 통해 일임하여 '시간을 복제함으로써' 더 중요한 일을 하고 하루 2시간만 일하고도 2천 시간 일한 효과를 얻는다.	후대에서 잘 지키지 못한다. 수성(守城)을 잘하고, 부단히 통찰, 숙고하여 이끌면 번성한다. (예) 2세대 이건희 회장의 삼성
기타	유산, 로또 등의 횡재, 범죄 약탈	논할 가치 없음	부자 삼대 못 간다. 분쟁, 일시적 향락으로 소진 및 파산

경제적 자유와 꿈의 실현을 위하여

(1) 네트워크 비즈니스에 참여하는 방식

우리는 성공한 사람을 존경한다. 돈과 시간으로부터 자유롭고, 평생 일할 수 있고, 늘 많은 사람들과 함께하고 사회적으로도 존경받기 때문이다. 즉, 이들은 돈과 시간, 직업과 친구, 명예 모두를 가진 사람들이기 때문이다. 네트워크 사업은 이 5가지를 이루어내는 길로 부족함이 없다고 할 수 있다.

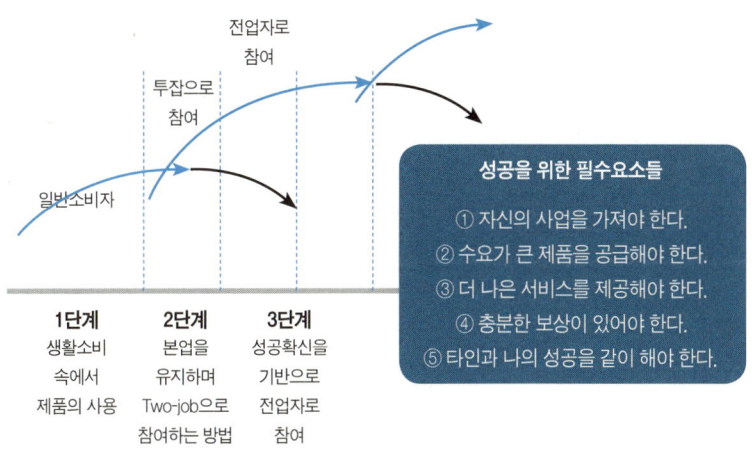

(2) 성공을 부르는 8단계

우리는 살면서 삶을 관리하는데 두 가지 관리방식이 있다. 하나는 위기에 집중하는 방식[빚을 청산하겠다.]이고, 다른 하나는 목표에 집중[언제까지 얼마를 모으겠다.]하는 방식이다. 문제점에 너무 빠져 있으면 큰 그림을 볼 수 없다. **목표에 집중할 수 있는 8가지 방법을 이용하여 위기를 벗어나자.**

① 선택 : 새로운 기회를 통해 의욕을 고취시킨다.

② 명확한 목표, 정기적 확인 : 반복적으로 목표를 각인시켜 스스로에게 성공의 주문을 걸어라.

③ 계획 : 일(고민)에 빠져 있는 대신 일(고민)에 대하여 생각하는 시간을 가져라.

④ 채워져 있는 절반 : 기회, 가능성, 이익에 집중하라.

⑤ 동반자 관계 : 동반자 관계를 통해 갈등을 화합으로 돌려라.

⑥ 확고한 의지 : 실패를 걱정하지 말고 꿈에 집중하라.

⑦ 투명성 : 상대를 속이지 않고 투명하게 함께 협력하면 둘 다 승리자가 된다.

⑧ 원대함 : 현재의 당장의 이익보다 더 크게 멀리 생각해야 성공도 더 커진다.

(3) 네트워크 마케터를 위한 성공 8단계

1단계 : 꿈과 목표를 설정한다.

마음을 가다듬고 다음 두 가지 질문을 던져보자. "그동안 내가 살아온 삶은 어떠했는가?", "앞으로 남은 생애 동안 이루어갈 꿈은 무엇이며, 꿈이 있는가?" 5년 후, 10년 후 당신은 어떠한 모습으로 살아가고 있을까?

2단계 : 반드시 성취하겠다는 결의를 다진다.

(1) 고 게더(Go Getter) 행동계획

우리말로 "실행하여 점차 얻는다."이다. 좋은 습관을 하루하루 실천하면 목표에 도달한다는 것을 의미한다. 무엇을 할지 모를 경우에는 나의 악습을 없애는 것도 좋은 방법이다. 예를 들어 두려움, 절

망, 나태, 제반 중독(술, 담배, 약물, 도박, 게임), 과거 피해의식 연연 등

(2) 동기부여

성공한 사람들을 본받고 따라하자. 선박왕 오나시스는 밑바닥 생활부터 억만장자가 된 사람으로, 성공한 사람들을 배우기 위해 최선을 다했다고 알려져 있다. 그는 고된 노동으로 받은 월급으로 선주나 선장들이 파티를 하는 고급 레스토랑에서 식사를 했다고 한다. 그것은 맛있는 음식을 좋아해서라기보다 그 레스토랑에서 성공한 사람들의 생각과 말투, 라이프 스타일을 배우고자 한 것이다. 성공한 사람들의 이야기를 통해, 그들의 생각을 닮고, 자세를 배우고, 대인관계 기술을 배운다. 또한 고정관념을 깨고, 자신의 나쁜 습관을 성공하는 습관으로 바꾸어 나가는 것이다.

3단계 : 비즈니스를 위한 명단을 작성한다.

(1) '인사(人事)가 만사(萬事)'라는 말이 있듯이 네트워크 사업에서 사람은 돈보다 중요하다. 사람과의 만남은 인생을 뒤바꾸어놓는다.

(2) 시스템 가이드 : 명단을 작성할 때 스폰서와 함께하자. 충분한 시간을 가지고 당신이 아는 모든 사람을 적어보도록 한다. 가장 이 사업을 같이 하고 싶은 사람을 먼저 기록하되, 이후의 사람들도 명단에서 빼지 않도록 한다. 새로운 사람을 만나도 명단에 기록해

둔다.

(3) 명단 분류 사례 : 1차 명단 5가지 분류 사례

① 친지나 친척(본가 / 처가 / 외가)

② 이웃(과거 / 현재)

③ 학교 동창(초, 중, 고, 대학 등)

④ 직장동료, 업무상 지인(과거 / 현재)

⑤ 알고 지내는 사람(교회, 취미활동, 동호회, 기타 모임 등)

4단계 : 만남과 초청을 한다.

만남과 초청을 위한 시스템 가이드

(1) 만남과 초청을 준비할 때는 스폰서와 상담해 효과적인 표현법 등을 연습한다.

(2) 만남과 초청에 대한 다양한 정보들을 수집해 활용한다.

(3) 명단의 사람들 중 긍정적이고 활동적인 사람을 먼저 초청한다.

(4) 명단 외의 사람도 기꺼이 초청한다.

(5) 부탁하거나 강요한다는 생각을 하지 않는다.

(6) 첫 초청시에는 짧게 하도록 한다.

(7) 당신이 바쁘다는 것을 인식시켜라.

(8) 만남과 초청 역시 비즈니스 과정임을 잊지 말자.

5단계 : 성공적인 사업설명을 한다.

(1) 사업설명 진행방법을 위한 시스템 가이드

① 상대방과 친밀감을 형성한다.

② 시대변화와 현실을 점검한다.

③ 마케팅 플랜을 제시한다.

④ 수입구조를 공개한다.

⑤ 비전을 제시한다.

(2) 사업설명 순서요령

① 인사말 등 편안한 분위기를 연출한다.

② 주최자는 강사를 소개한다.

③ 새로 초청된 사람들을 편안하게 해준다.

④ 영상시청, 상황에 따라 생략해도 된다.

⑤ 고단한 일상 및 직장생활 등의 이야기로 공감대를 형성한다.

⑥ 네트워크 사업에 대해 설명한다.

⑦ 자세와 목표, 꿈의 실현 등에 관한 이야기를 진행한다.

⑧ 수익구조를 설명한다. 그리고 회사를 소개한다.

⑨ 성공적인 스폰서십을 소개한다.

⑩ 다양한 제품을 소개하고 체험의 기회를 제공한다.

6단계 : 후속조치를 한다.

(1) 언제 : 후속조치는 모임이 끝난 후 다음 만날 약속을 하는 것

이다. 또한 그 사람이 다른 사람을 초청할 수 있도록 한다.

(2) 어떻게 : 가능한 언제나 그들로 하여금 이 사업을 성공적으로 해나가는 사람과 만나게 한다. 사업을 바로 시작하는 데 관심이 없다면 '단순회원'이 되도록 한다. (너무 강요하면 거부감을 일으킬 수 있다.)

7단계 : 카운슬링

(1) 네트워크 마케팅의 윈-윈 법칙은 사람 간의 신뢰와 배려를 바탕으로 한다. 상대방의 성공을 바라는 마음가짐이 중요하다. 나 혼자만의 성공이 아닌 모두 함께 꿈을 이룬다는 다짐이 필요하다.

(2) 이 사업은 신뢰의 사업이자 약속의 사업이므로 자신이 말한 것을 실천한다. 많은 경험을 얻고 성공에 가까워지면, 그 힘을 다른 사람에게도 나눠줘야 한다. 서로가 서로에게 힘과 열정을 나눌 수 있기 때문이다.

8단계 : 시스템 복제

(1) 자신의 파트너를 가르칠 수 있도록 배워라. 성공의 핵심은 바로 복제에 있다. 성공의 8단계를 실행하면서 그 시스템에 따라 진행하라.

(2) 직접 후원하는 파트너들이 성공의 8단계를 배우도록 하라.

열정과 냉정 사이를 가로 질러

"현재 우리의 모습은 과거 우리가 했던 생각의 결과이다."
생각은 물질이 되어 나타난다. - 붓다(BC 563~483)

스티브 코비 박사의 7가지 성공(습관) 비결

① 자신의 삶을 주도하라. 인생의 코스를 스스로 선택하라.
② 끝을 생각하며 시작하라. 자신이 어디로 향하고 있는지 알기 위해서는 전반적인 인생 목표를 포함해 최종 목표를 정해야 한다.
③ 소중한 것을 먼저 하라. 긴급함이 아닌 중요성을 기반으로 우선순위를 정한다.
④ 윈-윈을 생각하라. 쌍방이 도움이 되는 해결책을 추구하라.
⑤ 먼저 이해하고 다음에 이해시켜라. 타인의 말을 먼저 경청하고 열린 자세를 가져야 한다. 이로써 상대도 같은 태도를 가질 수 있기 때문이며, 상호 존중할 수 있는 환경을 조성할 수 있기 때문이다.
⑥ 시너지를 내라. 혼자서 할 수 없는 목표를 이루기 위해 팀을 활용하라.
⑦ 끊임없이 쇄신하라. 장기적으로 성공하기 위해 기도나 명상, 독서 등을 통한 마음과 영혼을 건강하게 유지하라.

결론적으로 여러분들은 이 분야에 있어 최고수로 감히 제가 생각하여 온 바를 말씀드린다. 지금 우리는 고도의 물질문명의 발달로 과거에는 생각할 수도 없었던 물질적 향유를 누리는 동시에 가족, 이웃, 더 나아가 이 사회에 대한 신뢰를 하기가 힘든 시대를 살고 있다. 심심치 않게 들려오는 독거노인들의 홀로 사망, 더 가지기 위해 친형제를 죽이고 자신도 자살하는 등, 또는 모진 생활고에 시달려 가족이 동반 자살하는 경우도 종종 발생하여 슬픈 소식들을 접하고 있다. 더 가지려고 하고, 가진 것에 대한 감사나 이 사회에 대한 배려는커녕 요즈음 회자되는 온갖 '갑질' 논란으로 우리 사회는 뜨겁게 달구어져 있다.

이 시점에서 우리는 다시 한 번 우리들의 삶을 되돌아보는 시간을 가지는 것도 매우 유익하다고 생각한다. **그동안이 실패와 힘든 과정의 연속이었다면 다시 한 번 용기를 내어 다시 시작한다는 각오를 가져보자.** 또한, 지금까지의 과정이 순조로웠다면 이제는 혼자만이 아니라 내 이웃, 나의 주변도 같이 성공할 수 있도록 시선을 확장하여 같이 서로 성공의 길로 갈 수 있도록 하여 보자. 수많은 금은보화 중 지금(Present, 현재)이 가장 소중하다고 본다. 지금 바로 실행하자.

미래를 내다보는 지혜가 필요한 시대

놀라운 변화의 시대에서 변화의 신호를 먼저 목격해야 하는 시대이다. 미래에 달라지는 현상과 예측에 대한 세계미래연구보고서를 발표하였다. 앞으로 2100년 지구는 100억 명에 달하는 인구로 육류 공급 부족으로 곤충을 섭취해야 하는 시대를 맞을 것이고, 공기 중 이산화탄소 900ppm, 현재의 두 배 수준으로 기후변화가 가속하며, 평균기온 6.4°C 상승, 수확량 30% 감소, 살이 타는 열대지방화가 될 것이며, 해수온도 3°C 상승 및 ph0.3 감소, 바다생물 멸종, 해수면 상승, 난민 10억 명이 발생한다는 보고서가 나와 있다.

이 재앙은 현재의 상태로 계속 살아갈 때 찾아올 거의 확실한 미래다. 이런 미래를 바꿀 수 있는 다양한 기술이 개발되고 있고, 우리의 노력에 따라 더욱 멋진 미래를 만들 수 있다면 미래에는 삶의 터전이 상상을 초월하는 시대에서 우리는 살아갈 것이다. 그러면 지금 우리는 10년 후 먹고 살 고민부터 30년 후 편안한 노후 실현까지 우리, 아니 당신의 미래 생존율을 끌어올려야 할 것이다.

급진적으로 변하는 사회에 어떻게 대응해야 하는가? 기업은 어떤 미래산업에 투자해야 하는가? 우리는 일상의 변화를 어떻게 받아들여야 하는가? 요즘 흔히 100세 시대라고 하는 말을 모르는 사람은 없을 것이다. **이제부터 나와 당신이 현 시대의 급변하는 세상에서 어떻게 해야 하며, 무엇이 미래가 변하는지를 알아볼 것이다.** 만약 전 세계 인구가 모두 인터넷을 사용할 수 있게 된다면 현재의 비즈니스 판도는 어떻게 바뀔까? 블록체인은 나의 일자리에 어떤 영향을 미칠까? 자율주행과 인공지능은 온/오프 소매산업을 어떻게 변화시킬까? 무인화를 넘어 모든 것이 로봇화가 되면 도시의 풍경과 우리의 생활방식은 어떻게 바뀔까? 앞으로 10년 생물처럼 성장과 소멸을 반복하는 기술의 변화에 적응하는 사람만이 디지털 시대에 앞서 나갈 수 있다.

이처럼 미래의 변화에 직면하게 되는 많은 변화에 우리는 매우 둔감한 시대에 살고 있다는 것이다. 지금부터 당신의 상상력이 당신의 미래를 만들 것이다. 당신이 주목해야 할 미래의 산업과 경제의 미래는 블록체인 혁명부터 우주산업까지 새로운 비즈니스 기회는 어디에 있는지 대략적으로 알아야 한다.

첫째, 지금 전 세계는 블록체인 혁명 중에 있으며, 앞으로 블록체인 혁명으로 블록체인이 파괴하고 재창조하는 여덟 가지 산업을 보면 다음과 같다.

① 혁신하거나 소멸되거나 하는 대상이 금융 서비스 산업
② 보다 안전하고 투명한 거래 유통산업

③ 스마트한 데이터 관리 보험산업

④ 선거 조작 논란, 공정 투표 및 선거 블록 투표 기반의 온라인 투표 시스템

⑤ 블록체인 플랫폼 탄생으로 부동산 산업, 부동산 시장의 고질적 문제인 부동산 매매, 투명의 부족 사기 및 공개 기록상의 실수 등의 문제 해결

⑥ 중개자 수수료가 필요 없는 플랫폼 크라우드펀딩 산업

⑦ 비용과 보안 문제를 동시에 해결하는 크라우드 서비스 산업

⑧ 당신이 몸담은 어떤 산업, 당신이 일하고 있는 곳이 데이터나 거래를 다루는 산업이라면 블록체인 기술 때문에 일자리를 잃을지 모른다.

둘째, 기술변화와 일자리 창출혁명이다. 기술은 어떻게 바뀌고, 세상을 어떻게 바꿀 것이며, 그로 인해 생겨나고 없어지는 일자리가 무엇인가를 예측하여 미래를 대비하는 지혜가 필요한 시대에 살고 있다는 것이다. 큰 틀에서 보면 다음과 같다.

① 미래의 가장 흥미로운 산업과 일자리이다. 로봇 관련 미래에는 인간이 하던 일을 로봇이 대신할 것이라는 기사들이 많이 나오고 있다. 현재의 기술로도 45% 일자리가 자동화될 수 있다는 연구결과가 있듯이 미래에는 사회 곳곳에서 광범위한 혁신이 이루어져 새로운 산업이 탄생하고 일자리가 지속적

으로 창출될 것이다. 우리가 미래의 로봇화 시대를 보면 정말 로봇이 우리의 일자리를 빼앗아갈까 하지만 새로운 기술은 많은 일자리를 파괴하지만 더불어 새로운 일자리를 많이 창출한다는 점을 기억해야 할 것이다.

② 상상력과 창의력이 요구되는 미래산업이다. 앞으로 다가오는 미래의 창의력 분야 일자리는 3D 프린팅 패션디자이너, 가상현실 체험 디자이너, 신체기관 디자이너, 증강현실 설계자 등이 될 것이다. 인간은 창의적이고 상상력이 요구하는 부분에서 기계를 능가한다. 이것이 상상경제를 이야기하는 것이다.

③ 바이오 엔지니어링과 신경과학 분야

④ 철학 기술윤리 정책

⑤ 재생에너지 산업

⑥ 운송산업 관련 사람들은 자율주행 자동차의 부상으로 수백만 명이 일자리를 잃을 것이라고 우려한다. 하지만 운송 부문의 혁신은 많은 일자리를 대체하겠지만 자율주행 자동차, 전기자동차, 드론, 하이퍼루프 등 혁신적인 운송수단들은 한편으로 수많은 새로운 일자리를 만들어낸다는 것이다.

셋째, 주거와 교통혁명
넷째, 로봇과 인공지능 혁명
다섯째, 에너지와 환경문제

여섯째, 바이오 혁명

미래의 바이오 혁명에서 주목해야 할 생명공학 기술을 이야기한다. 의료산업의 혁신은 인간복제부터 DNA방주까지 인류를 보존하는 생명공학 기술이다. 앞으로는 인간의 노화방지에서 노화정복으로의 생명 프로세스로 인하여 200살 이상, 아니 영원히 살 수 있는 시대도 다가올 것이라고 생각한다. 지금 급변하고 있는 사회에서 우리는 어떻게 해야 할까? 지금부터 준비해야 한다. 필자가 보는 미래 산업 바이오, 여러분이 현재 하고 있는 네트워크 사업이다. 네트워크 사업은 미래에 발전하고 변화하는 각종 분야의 제품을 연구 개발하고, 제품을 지속적으로 내놓고, 그 제품은 사람과 사람을 연결하는 네트워크를 통하여 공급하면서 파이프 라인의 공동 네트워크가 빠르게 전파하면서 막대한 부를 창출하는 데 기여할 것이다. 또한 지금 미래는 아날로그 시대에서 디지털 시대, 첨단 인공지능 시대로 빠르게 진행되고 있지만 인공지능 로봇이나 그 어떤 신기술도 할 수 없는 것, 즉 인간의 감정만큼은 바꿀 수가 없듯이 바로 아날로그 시대로 다시 돌아가는 사업, **인간 감정의 네트워크 사업이 여러분이 하는 사업에서 엄청난 부를 가져다줄 것이다.** 즉 이것이 바로 네트워크 사업이다.

코이의 법칙

환경에 따라 변한다. 사람들 또한 환경에 지배를 받으며 살아간다는 '코이의 법칙'은 인기 있는 드라마 '낭만닥터 김사부'에서도 나왔던 이야기이다. "인생은 남들과 비교하지 않는 나의 선택의 문제이다."라는 대사는 참 멋진 말이라 생각한다. 일본에 비단잉어인 코이의 특징으로 환경에 따라서 몸의 크기가 변한다는 것이다. 즉 아주 작은 어항에 넣어두면 5~8cm만 자라고, 좀 더 큰 수족관이나 연못에 넣어두면 15~25cm까지 자라고, 그보다 큰 강에서는 90~120cm까지 자란다고 한다. **이렇듯 같은 물고기라도 어항에서 자라면 피라미가 되지만 강물에서는 대어가 되는 현상을 두고 '코이의 법칙'이라고 하는 것이다.**

우리 사람들은 누구나 100%의 능력을 가지고 있지만 처한 환경으로 인해 10%의 능력도 발휘하지 못한 채 생을 다하는 사람도 있다. 물고기도 물에 따라 크기가 달라지듯 사람 또한 매일 만나는 사람들과 주변 환경과 생각의 크기에 따라 자신이 발휘할 수 있는 능력과 크기가 달라지게 된다. 그런 점에서 "평균적인 사람은 자신의 일에 자신이 가진 에너지와 능력의 25%를 부여한다. 세상은 능력의 50%를 쏟아붓는 사람들에게 경의를 표하고, 100%를 투여하는 극히 드문 사람들에게 고개를 숙인다."고 앤드류 카네기는 말하였다.

꿈꾸는 사람과 함께하면 꿈이 생겨난다. 성공하고 싶다면 성공자들과 함께해야 한다. 또한 부자가 되고 싶다면 부자들이 있는 곳에서 그들과 친구가 되어야 한다. 그것이 긍정적 삶의 변화를 이루는 가장 확실한 공식이기 때문이다. "큰 숲 사이로 걸어가니 내 키가 더욱 커졌다."는 말이 있다. **어떤 크기의 꿈을 꾸는가에 따라 인생도 달라지게 된다.** 네 주변에 친구는 누구며, 누구와 흉금을 주고받는지, 그리고 물어보라. 꿈이 뭐냐고? 상상과 꿈은 다르다. 더 큰 꿈을 꾸고 좋은 사람을 만나보자. 항상 커다란 꿈과 함께 지금 당장 당신의 사업을 시작하시길 바란다.

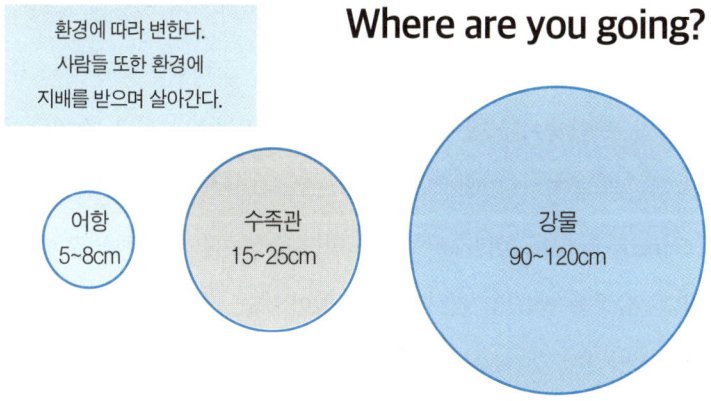

코이의 법칙

경제학 이야기, 열넷

우리가 흔히 알고 있는 한계효용과 합리적인 소비에 대하여 알기 쉽게 이야기해보고자 한다. **경제학에서 소비자행동이론이란 것이 있다. 이것은 우리가 예산이 제약받는 상태에서 만족의 극대화를 실현하려는 행동을 체계적으로 분석하는 것을 말한다.** 우리 인간은 생활하면서 의, 식, 주 등의 재화나 서비스를 소비하는 활동을 지속적으로 계속하고 있다. 이때 소비를 함으로 얻게 되는 주관적인 만족도의 크기를 **효용(utility)**이라고 한다.

효용은 소비하는 재화량과 함수관계를 가지며 이를 효용함수라고 한다. 효용함수에서 소비자가 상품을 소비함으로써 얻는 주관적인 총 만족이나 행복감이 **총 효용(total utility)**이고, 소비단위를 하나씩 증가시킬 때마다 추가적으로 늘어나는 효용이 **한계효용(marginal utility)**이라고 한다. 우리는 항상 처음 경험하는 일에 가장 큰 감동을 받는다. 첫사랑을 못 잊어 하는 것이나, 새 옷을 즐겨 찾는 것, 남이 갖지 않는 새로운 것을 원하고, 해보지 않은 일을 시도하는 용기도 모두 이러한 논리에서 비롯되는 것이다. 이런 현상은 경제활동에서도 그대로 나타난다는 것이다.

무엇이든 첫 번째 단위의 소비에서 가장 큰 만족을 얻고 소비량이 늘어감에 따라 추가적 만족의 증가분은 점차 감소하게 마련이다. 한 가구에서 첫 번째 차량을 구입하고, 그 이후에 두 번째의 차량이 필요하여 추가적으로 구입할 때 첫 번째 자동차에서 얻는 감흥이 훨씬 크게 느껴질 것이다. 이처럼 소비단위가 늘어날 때마다 느끼는 만족이 감소하는 것은 한계효용이 점차 줄어들기 때문이다. **이것을 '한계효용체감의 법칙'이라고 하는 것이다.**

결국 한계효용체감의 법칙은 '새것'과 '처음'을 좋아하는 인간의 본성에서 비롯된 경제법칙이다. 이런 점에서 일상에서 게을러지고 무기력해질 때 처음 상태의 긴장을 뜻하는 "초심으로 돌아가자!", "처음처럼!"이란 말은 최초의 한계효용을 다시 느껴보라는 의미이기도 하다. 여러분! 우리 모두 오늘 아니 지금 이 순간부터 초심으로 돌아가보는 것은 어떨까? 여러분이 사업을 하시면서 처음에 느꼈던 열정이 지금은 어떠한가? 이제부터 매일매일 새롭게 시작한다는 다짐을 매일 아침 일어나 외치고 행동으로 옮길 때 여러분의 사업은 더욱더 빛나는 옥석으로 변할 것이다.

좀 재미있는 이야기로 우리가 친구랑 술을 마실 때나, 아님 목이 말라서 음료수를 마실 때 갈증의 첫 잔은 상쾌, 통쾌, 시원하고 행복하지만 계속해서 마신다면 마시기 싫어지는 것과 같다. 또한 여러분, 당신이 이웃나라 중국 여행을 가는데 제일 빨리 갈 수 있는 방법 중 비행기, 여객선, 열차, 기타 중에서 어떤 것이 제일 빠를까? **아마**

도 사랑하는 사람이나 애인과 같이 간다면 제일 빠를 것이다. 여러분의 사업도 누구와 같이 하느냐에 따라서 달라질 것이며, 이렇듯 경제의 원리를 잘 활용하신다면 당신의 사업이 날개달린 듯이 번창하며 성공할 것이다.

제15장.
당신만의 n/w 문화 만들기 실전

　나를 중심으로 가정, 사회, 나라, 세계라는 커다란 둘레 속에서 우리가 삶을 살아가고 지인, 학연, 회사 등 자신들만의 문화가 있다. 우리나라 대한민국의 역사에 맞는 문화, 각 나라의 문화, 내가 속해 있는 가정이든 회사이든 어떤 단체의 그룹에서도 당신만의, 아니 우리만의 문화를 만들고, 그것으로 뭉쳐 열심히 문화를 계승할 때 당신의 사업은 빠른 속도로 부를 이룰 것이라고 생각한다. 이제부터라도 우리의 문화를 만들어보자. 예를 들어 요즘은 IT시대에 걸맞는 제목을 만들어보자. I(인터넷) R(회사이름) - Y(yessir mind, 긍정마인드, 긍정) E(ebthusiasm power, 열정적인 파워, 열정) S(success, 성공), **YES 문화를 만들어라.**

YES 문화 만들기

○○라는 제목(그룹 이름 또는 팀 이름 앞의 약자 [예] OK그룹이라면 O Yes)을 정하고 매일 외치는 것이다. 만약 우리 아니 당신이 어떤 회사, 또는 대학에 막 입사를 하였다고 가정해보자. 회사나 대학교는 신입을 환영하는 MT, 오리엔테이션, 세미나를 진행하며 그동안 개인적인 생각과 부정적인 생각, 시대의 흐름, 제3의 물결, 미래의 충격, 앞으로의 미래, 회사의 미래 비전과 자신의 발전을 위한 단체 소속의 문화에서 꿈을 펼칠 수 있는 단합, 미팅, 세미나를 하는 것이다.

지금 우리가 살고 있는 삶은 돈과 명예를 추구하는 것이 인간의 심리이듯 지금 우리가 살고 있는 경제와 문화, 즉 당신의 다음 세대에 나와 같은 가난을 되물림하지 않는 삶이란 어떤 것인가 하며 매일 아침 새로운 꿈과 희망을 자신에게 불어넣으며 열심히 노력하는 삶을 살아가는 것이다. **지금 세계는 번개보다 더 빠른 시대의 변화 속에 살고 있는 현실이다.** 고대 중세부터의 많은 변화 속에서, 특히 많은 직업군이 변화하는 것을 피부로 느끼는 시대에 살고 있다는 것을 그 누구도 부정하지는 못할 것이다.

지금 21세기 우리 아니 당신이 하고 싶어 하는 직업군은 아마도 의사, 검사, 판사, 사업자(제조, 판매) 등일 것이다. 이런 직업군이 인

기였지만 지금 이러한 시대는 끝이 났다. 이제는 더불어 사는 가치 공동체 유통의 혁명시대, 소비자단체, 소비자를 사업자로 전환하는 네트워크 마케팅 시대가 도래된 것이다. **특히 우리나라는 자원이 부족한 나라에서 무엇으로 변화하는 전 세계시장을 제패할 것인가 많은 연구를 하고 있다.** 많은 경제학자들과 연구기관에서 연구를 해야 할 것이 어떻게 우리나라 대한민국을 전 세계 유통을 주름잡는 나라로 만들 것인가 연구하여 전 세계 최고의 유통국가로 만들어야 한다.

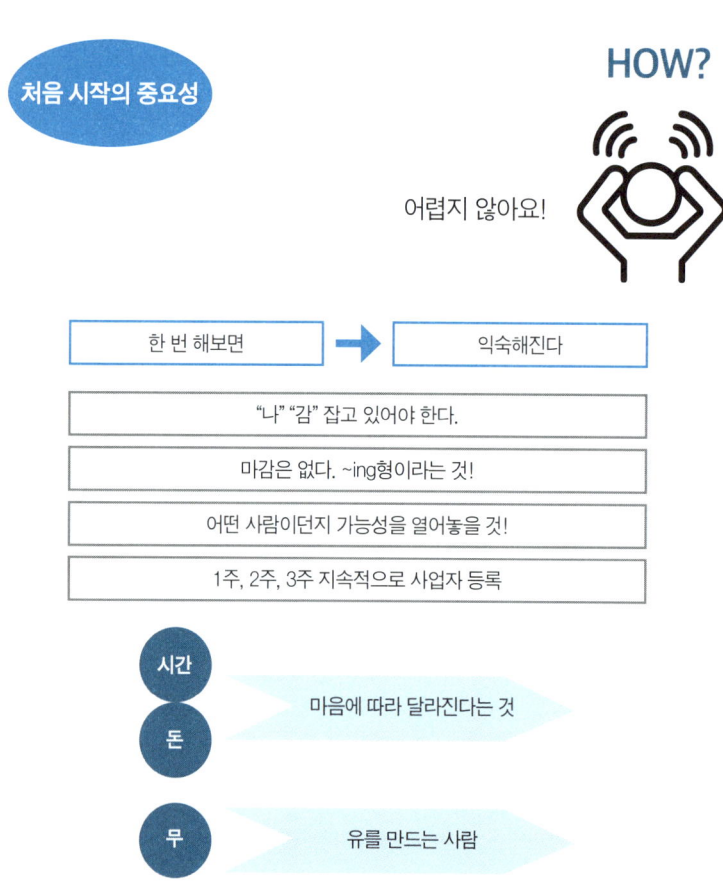

여기에 당신과 우리도 적극 동참해야 할 것이다. 당신의 사업의 시작이 중요하다.

"지금 당장 시작하라!"
"당신의 N/W 마케팅 사업!"

네트워크 사업 마케팅의 작은 문화를 만드는 데 있어서, 특히 사람과 사람을 상대하는 네트워크 사업에서 꼭 지켜야 할 문화를 보면 **'스공부시업'**이라는 단어를 매일 머릿속에서 생각하고 실천하고 행동으로 옮겨야 하는 습관을 길러야 할 것이다. 여기서 이야기하는 스공부시업이란?

스(스폰서) : 스폰서를 험담하지 말 것!
공(공통점) : 공과 사를 정확하게 구분할 것!
부(부정적인 생각) : 부정적인 말은 특히 금물! 말을 조심할 것!
시(시스템) : 회사 또는 시스템 리더십을 잘 들어야 한다.
업(업라인) : 업라인 스폰서에게 예의를 다하고, 다운파트너에게 끌려 다니지 말아야 한다.

이런 작은 규칙을 정해서 내 것으로 만들고 잘 습득하여 행동으로 옮겨야 성공하는 사업자가 될 것이며 팀, 나와 같이 하는 스폰서 아래 파트너들과의 융합으로 좋은 결과를 가져올 수 있다는 것을 명심해야 할 것이다. 이제부터 우리는 스폰서 또는 파트너로부터 의견이나 제안에 무조건 "Yessir!" 하고 대답하며, "성공합시다!"를 먼저 하는 것과 솔선수범, 겸손, 예의문화, 희생, 봉사, 존경의 인사 마인드를 몸에 익혀 행동으로 옮길 때 당신과 함께하는 파트너로부터 존경받고 당신의 팀, 그룹은 더욱더 사업이 번창 및 성공하게 될 것이다.

앞에서 중점적으로 강조하는 부분은 당신이 하는 사업, 네트워크 마케팅 쇼핑몰은 당신이 주인공이기 때문이다. **그래서 네트워크 사업을 하시는 여러분에게 '사장님'이란 호칭이 불리어지는 것이 1인 기업가이기 때문이다.** 당신이 주인공인, 그리고 주인인 회사에서 주인의식이 간절히 필요한 것이다.

남의 회사 또는 사무실, 내가 주인인 빗자루 미팅이 필요한 것이다. 예를 들어 내가 주인이면서 궂은 일(화장실 청소)은 파트너 사장을 시키는 것이 아니라 내가 직접 해야 한다는 것이다. 즉 솔선수범을 파트너들과 함께 같이 해야 하며, 남들이 하기 싫은 것을 내가 하면 반드시 성공한다는 것이다. 특히 네트워크 마케팅에서 꼭 지켜야 할 것이 바로 솔선수범이다. 대개 팀워크가 무너지는 이유는 딱 하나 스폰서라고 하면서 다른 파트너들 위에서 군림하는 사업자 업라인은 반드시 사업에 실패한다는 것을 명심해야 한다.

그래서 당신만의 YES 문화가 리더를 만드는 것이다. 참고로 우리가 많은 사람을 만나서 사업 제안을 하면서 아무나 같이 하려고 무분별하게 시간을 낭비하는 경우가 많이 있다. 이러한 것을 사전에 예방하면 더욱 좋은 결과를 가져올 것이다. 그럼 어떻게 해야 하는 걸까? 그것은 바로 상대방의 인간성이다. 상대의 인간성을 알면 사업에 도움이 된다는 것은 다 아는 사실이다. 일반적으로 우리가 아는 상대방의 인간성을 쉽게 알아보는 방법에는 상대와 함께 고스톱을 쳐본다던지, 골프 같은 운동, 식당에서 식사를 하고 밥값을 먼저 내는지 등 일반적인 행동에서도 알 수 있듯이 상대방의 인간성을 잘 파악하고, 가능하면 여유를 가지고 긍정적인 사람과 같이 사업을 할 때 당신이 하고 있는 사업에 브랜드를 올릴 수 있다고 생각한다. **즉 나와 같은, 아니 당신과 같은 관점을 가지고 있는 사람을 찾는 것이다.**

아주 간단한 인간성을 향상시키는 방법을 소개해보면 기본적인 인간성이 바로 인사방법이다. 이런 기본적인 인간성을 대부분 사람들은 인식하지 못하며 사업을 진행하는 것이 안타까운 실정이다. 다시 말하면 인사방법만 당신이 행동으로 보여준다면 사업 진행에 있어서 보다 효율적인 사업 진행이 될 것이다.

(1) 성공을 부르는 10가지 태도
① 활기찬 인사
② 밝은 표정

③ 힘찬 박수

④ 기분 좋은 맞장구 & 대답

⑤ 깔끔한 외모 & 칭찬

⑥ 빠른 답장 & 재미있는 답글

⑦ 약속시간 최소 10분 전 도착, 세미나 1시간 전 도착

⑧ 호칭(기분 좋게) 반드시 ○○님! & 칭찬

⑨ 미리 중간중간 챙기기(연락)

⑩ 꾸준함. 좋은 언어만 사용 (예) 감사합니다. 덕분입니다.

(2) 누구나 다 안다고 하는 인사방법과 인간성을 높이는 방법

① 상대에게 먼저 인사한다.

② 인사를 할 때 허리를 굽혀 공손하게 인사한다.

③ 행복 클릭

④ 먼저 악수를 청하며 간단한 말(성공합시다.)

⑤ 계산을 할 때 필히 더치페이를 하라.

⑥ 금전거래, 연애, 사적인 거래는 금지한다.

⑦ 경제적, 사회적, 도덕적 리더 공부 문화도 구축을 한다.

⑧ 상대를 험담, 시기, 질투하는 행동이나 말을 절대 금지한다.

지금 이야기한 8가지는 아주 기본적으로 지켜야 하는 기본사항이다. "에이, 이런 것을 누가 몰라! 다 아는 건데."라고 할 것이지만, 세 살 먹은 어린아이도 아는 것이라고 생각하시겠지만 80 먹은 노

인, 아니 성인이라도 몸으로 행하지 못하는 것이 현실이다. 이제부터라도 여러분 당신의 사업이 보다 원활하게 성공하고 싶다면 이 방법을 몸에 익혀 매일 매일 행동으로 해야 성공할 것이다. 당신의 성공을 위하여 꼭 명심하시기를 바란다.

세상의 모든 것은 원인에 따라 결과가 이루어지는 인과응보의 대원칙에 따르는 것이다. 콩 심은 데 콩 나고 팥 심은 데 팥 나며, 많이 심으면 많이 나고 적게 심으면 적게 나는 것이 이치이다. 거울을 보고 웃으면 웃는 모습이 보이고 울면 우는 모습이 나타나고, 산의 메아리도 "이놈아!" 하고 소리치면 "이놈아!" 하고 되돌아오는 이치와 같다. 또한 내가 상대를 공경하면 상대로부터 공경함이 돌아오고 상대를 무시하면 무시함이 돌아오며, 원망하면 원망함이 돌아오는 만큼 당신이 성공을 원한다면 성공을 할 만한 원인을 만들고, 상대에게 사랑을 받으려면 먼저 상대를 사랑해야 한다는 것이다.

내가 사랑하는 것이 나를 사랑하기 때문이라는 것이다. 이것이 인과법칙에 의한 건전한 사회 윤리의식이 살아있어야 하는 것이다. 당신이 진정 사업에서 성공을 원한다면 항상 이러한 진리의 이치를 바로 알고 하루하루 멋진 행복한 씨앗을 상대에게 많이 뿌려서 진정한 네트워크 사업을 진행한다면 성공한 뒤에 진정 당신의 진실과 정의가 살아있는 시간이었다는 것을 알게 될 것이다. **매일 매일 처음처럼 상대를 배려하고 공경하는 습관과 행동으로 성공하시기를 바란다.**

N/W 사업 진행방법 실전

당신이 지금 당장 어떤 네트워크 비즈니스 사업을 진행한다면 우선 기본적으로 준비해야 할 사업방법에 대하여 이야기하고자 한다. **네트워크 비즈니스 사업은 '단무지 사업'이라고 말할 수 있다. 즉 단(단순하고), 무(무식하게), 지(지속적으로) 사업을 진행하라는 뜻이다.** 현 경제시대의 흐름은 더불어 사는 사회이다. 경제의 흐름은 가치공동체 시대에서 유통의 혁명시대를 거쳐 소비자 단체, 즉 현 시대의 경제시장은 소비자를 사업자로 전환하는 사업이 바로 네트워크 비즈니스 사업, 더불어 사는 사회라고 한다. 네트워크 비즈니스 사업에서 첫 번째 중요성은 사업의 확신성, 신뢰감을 어떻게 주는가에 따라서 성공과 실패가 좌우한다.

　　네트워크 비즈니스 사업을 당신이 사업을 진행할 때 나와 같은, 아니 당신과 같은 사업자를 찾기 전에 본인 스스로 상대방에게 사업을 찾았다는 말을 정확하게 하여 확신성과 신뢰감을 줄 수 있어야 한다. **이러한 확신성과 신뢰성이 없이 상대방을 초대하는 경우 당신은 사업에서 백전백패할 것임을 명심해야 한다.** 예비 사업자를 당신이 세미나에 초대하는 경우 꼭 올 수 있도록 하는 당신만의 경험 노하우를 가지고 초대를 하였다면 초대자에게 많은 관심을 보여야 한다. 예를 들어 강의 청강, 듣는 자세 등 가능한 같이 행동으로 보여줌으로 신뢰감을 더욱 주어야 한다.

　　또한 세미나에 초대를 해서 가능한 회원가입을 유도하고, 가능한 제품을 구매할 수 있도록 하여 사업자로서 시작할 수 있도록 하며, 가입완료에 따라 주변에게 알림과 동시에 주변의 사업자들 모두 축하를 해주는 분위기를 연출하며, 세미나에 3번 이상 참석할 수 있도록 하여 나와 같은 사업자로 만들 수 있다는 것을 명심하라.

　　우선 추천서의 중요성이다. 추천서 작성을 세밀하게 작성하는 습관이 필요하다. 상대방의 성격, 고향, 나이, 직업, 가족관계 등을 적고 헬프시에 자존심을 건들지 말아야 한다.

사업의 확신성, 신뢰감

사업을 찾고 있다 → 사업을 찾았다 → 확신 → 신뢰성

> 세미나 초대, 꼭 올 수 있도록, 강의 청강, 듣는 자세
> 초대를 해서 가능한 1스텝 회원가입 유도
> 가입에 대한 축하(주변 모두 축하)
> 센터에 3일 이상 시스템 참석 유도

경제학 이야기, 열다섯

　이번에는 외부성 경제에 대하여 알아보자. 외부성이란 어떤 한 사람의 행동이 제3자에게 의도하지 않은 이익이나 손해를 주었음에도 불구하고 이에 대한 적정한 보상이 이루어지지 않을 때 외부성(externality) 또는 외부효과(external effect)가 발생했다고 한다. 이처럼 외부성이 발생하는 경우에 그 대가가 지불되지 않기 때문에 시장이라는 테두리의 외부에 존재하는 현상이라는 점에서 이와 같이 붙여지게 된 것이다.

　외부성은 여러 가지 유형으로 나누어질 수 있다. 먼저 타인에게 이득을 주고 대가를 지불받지 못하는 이로운 외부성과 타인에게 고통이나 피해를 주고도 대가를 지불하지 않는 해로운 외부성이 있다. **이때 이로운 외부성을 외부경제, 해로운 외부성을 외부불경제라고 경제학에서는 이야기하는 것이다.** 한편 소비나 생산과정에서 발생하는 각각의 외부성이 결합되어질 때 더 많은 유형의 외부성으로 구성된다. 이것을 정리하여 보면 외부경제는 소비성에서는 조기 청소 정원과 산책객 등을 소비로 보며, 생산성에서는 양봉업과 과수원을 생산으로 볼 수 있다. 외부불경제는 소비성에서는 흡연이나 버스 안에서의 고성방가를 소비로 보며, 생산성에서는 자동차 매연이나 폐수방출을 생산으로 볼 수 있다. 좀 더 쉽게 생각을 넓혀보면 소심한 두부장사 이야기를 들어보자.

아침마다 "두부 사려!"라고 큰 소리로 외치는 것을 멋쩍어하는 소심한 두부장사가 있었다. 큰 소리로 외치지 않으니 장사가 잘 될 리 없었다. 그러다 어느 날 묘안을 짜낸다. 된장찌개에는 반드시 두부가 들어간다는 사실에 착안하여 목소리 큰 된장장수 뒤를 졸졸 쫓아다니고 한 것이다. 그래서 앞에서 "된장 사려!" 하고 큰 소리로 외치면 그 뒤를 따르면서 모기소리로 "두부도요!" 하고 덩달아 외쳤던 것이다. 된장장수 덕분에 힘들이지 않고 성공했다는 이야기이다. 아마도 몇 달 뒤에는 서로 역할을 바꾸었을지도 모른다. 분명한 것은 두 사람 모두 혼자 다닐 때보다 매상이 늘었다는 것이다. 이것이 외부경제의 한 사례라고 볼 수 있다.

지금 여러분이 하시는 사업이 과연 이로운 외부성의 경제인가, 아니면 해로운 외부성의 경제활동을 하고 있는가 생각해보시기 바란다. **아마도 지금 이 책을 읽고 있는 여러분은 이로운 외부성 경제를 실천하는 분들이라고 생각한다.** 당신도 처음에는 소심한 두부장사일 수 있지만 시간이 지나면 된장장수처럼 당신의 사업도 능수능란하게 사업을 이끌어 결국 성공자로서 우뚝 서있을 것이다.

제16장.
N/W 비즈니스를
실패하는 이유

7가지 기본을 지킬 수 있어야 한다

① 자존심을 버릴 것!

② 상대방에 대하여 짝사랑은 금물이다.

③ 스폰서를 원망하는 말과 행동

④ 시스템 교육을 본인 멋대로 하는 행위

⑤ 상대방과의 긍정적이고 원활한 소통을 해야 한다.

⑥ 자신을 의심하는 생각은 금물이다.

⑦ 항상 겸손한 자세와 현실의 중요성을 알아 도움을 받는 습관을 길러라.

리스트 작성의 중요성

리스트는 당신의 기억을 찾아주는 반복교육이며, 기초자료로써 상당히 중요함을 알아야 한다. 리스트를 작성하여 고객을 모실 때의 방법에서 무작정 본사 또는 센터로 초대하는 것이 아니라 **사전 초대를 하고자 하는 사람의 명단작성 우선순위에 따라 정확한 정보를 적어서 초대를 해야 한다.** 초대자의 직업, 취미, 경제적인 부분, 장점, 단점, 성격 등 본인이 알고 있는 일반적인 부분을 초대장의 양식이 있다면 적어서 사전 헬프자(스폰서)에게 정보를 주어야 한다.

여러분들이 알고 있는 ABC법칙, 헬프자(A)와 본인(B), 초대자(C)에서 리크루팅시에 헬프자는 사전 초대정보를 잘 숙지하여 초대자의 단점을 건드려 자존심을 상하게 하는 것이 아니라 장점을 부각시켜서 초대자의 마음을 움직여 공감대를 형성할 때 나와 같은 사업자가 탄생하는 것이다. **현재의 경제시대 흐름은 온라인 + 오프라인 사업시대이다.** N/W 비즈니스 경제시대에서 네트워크 비즈니스 사업에서의 기본적인 사업자의 자세는 상대방의 공감대 형성이다.

상대방 마음 공감대 형성 기본

1. 멋쟁이
2. 잘 웃어라.
3. 밝은 표정
4. 본인의 상표를 만들어라.
5. 복장은 세련
6. 힘 있는 말씨

리더십

네트워크 비즈니스 사업뿐만 아니라 우리가 삶을 사는 데에 있어 가정이든 사회든 간에 우선적인 기본사항은 누구나 다 아는 것이라고 생각하지만 행동으로 옮기는 것이 어렵다. 특히 네트워크 비즈니스 사업에서 성공하려면 철저한 주인의식과 솔선수범을 하는 기본자세가 필요하다. 사업에서의 저자는 빗자루 미팅이라고 이야기한다. 빗자루 미팅을 얼마만큼 잘 실행에 옮기느냐에 따라서 성공과 실패가 좌우된다는 것을 명심해야 한다.

빗자루 미팅

주인의식	하기 싫은 것을 하면 성공
궂은 일	굴림하는 업라인은 실패
솔선수범	겸손과 예의 문화
공동생활	희생, 봉사, 존경의 인사
사업은 내가 해야 한다.	마인드 "성공합시다."

Yessir 리더를 만드는 것

나와 같은 관점, 나와 같은 사람을 찾는 것

상대방의 인간성을 알려면?   고스톱, 식당(식대), 술(인간성)

성공과 출세를 하려면?

여유를 가지고 있는 긍정적인 사람
휴먼 네트워크의 필요성
브랜드 가치를 올릴 수 있다.

위와 같은 당신의 신뢰와 확신성으로 명단, 리스트 작성 등 기본이 갖추어졌다면 이제는 상대방과의 연결의 중요성이다.

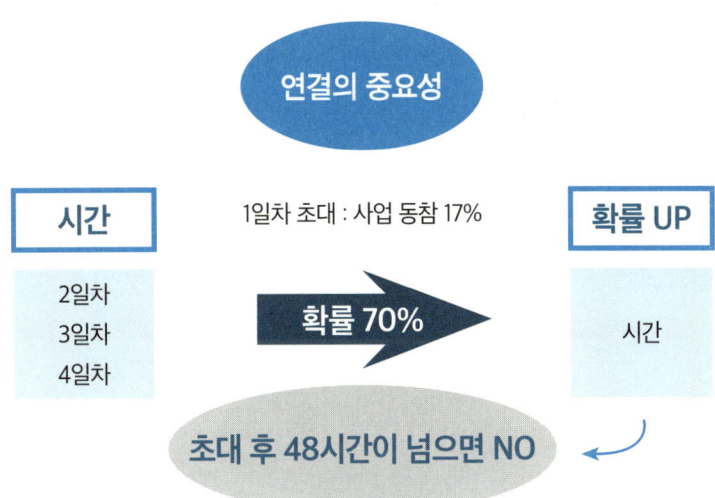

> 1. WHY 센터에 와야 하는지의 중요성이 꼭 있어야 한다.(만남의 중요성)
> 2. 왔을 때 나의 태도(산고, 노력, 정성을 쏟는 것)
> 3. 시스템 안에서 이루어지는 사업의 중요성
>   즐겁고 신나는 힘 있는 전화여야 상대방도 느낌으로 안다.
> 4. "나"라는 사람의 중요성(어떻게 하면 같이 사업을 할 수 있을까?)
>   즉, 기를 쓰는 사업이다. 2번째 약속은 꼭 48시간이 넘지 않는 것이 철칙!

상대방과의 연결을 얼마만큼 잘하느냐에 따라 당신의 사업은 빛의 속도로 발전할 것이다. 네트워크 비즈니스 사업은 어떤 제품을 파는 영업을 하는 것이 아니고, 고객을 세미나, 사업설명회에 데려오는 것이 아니고, **고객을 초대하여 사업성을 소개하여 나와 같은 멋진 사업을 할 수 있도록 컨설팅하여 동반 성공하는 프로세스이다.**

또한 나와 같은 사업자로서 성공을 위한 기본사항, 직급 보내는 사업, 즉 상대방을 성공시키고자 하는 것이 네트워크 비즈니스 사업에서 직급자로서 성공을 시키는 절차, 즉 직급을 보내는 사업이다. 비전, 꿈, 경제적 자유와 시간적 자유를 성취하기 위한 단계로써 본인과 파트너는 리더의 모습을 갖추고 있어야 한다.

리크리팅 결과 직급 후 지속적인 센터나 사업장에 출근을 하는 것이 사업 성패를 좌우한다. 이에 지속적으로 사업할 수 있도록 상대방을 이해시켜야 한다는 것이다. 결코 공짜점심은 없다는 것을 알아야 한다.

연결 시스템

교육 출근 이유
1. 왜 연결하는지
2. 이해시키는 것
3. 책과 현실
4. 다르다.

내가 먼저 단절하지 않으면 상대방은 단절하지 않는다는 이론

내가 노력을 하지 않는다는 것
당신이 쏠 때는 "실패"라고 쓰지만
훗날 읽을 때는 "경험"이라고 읽겠지요.

또한 시스템을 이해하고 기본적인 사항이 잘 되어 있다면 독립적인 사업자로서 본격적인 사업을 위한 리더자로서 나와 같은 사업자를 리크리팅하며 후원자를 육성하는 업그레이드된 사업자로서의 역할을 잘할 수 있도록 상호 노력해야 한다.

후원 육성 연결

파트너를 직급 만드는 것

본인의 노여움 없이 묵묵하게 진행할 수 있는 연습
즉 본인 마음에서 달라진다.

함께 성공할 수 있는 마음을 가져야 한다.
정성을 쏟아야 한다.

사람에게 정성을 쏟으면 이루어진다.
어떻게 지속적으로 연결하는 것

즉 조직을 갖추어야 하고
사업권을 가져야 한다는 것

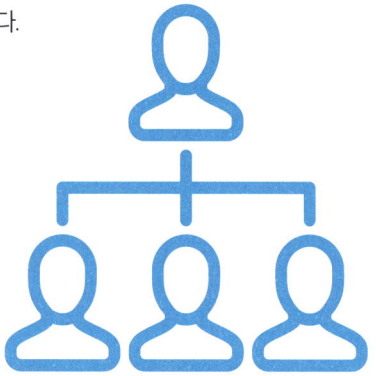

결과적으로 사업 파트너와 조직을 갖추고 사업권을 가져 성공의 사업자로 거듭나는 것이다.

파레토의 2080법칙

　일명 2080법칙, 즉 '파레토의 법칙'은 개미를 소재로 한 과학실험에서 나온 용어라고 한다. 19세기 이탈리아의 경제학자이자 사회학자인 빌프레도 파레토(Vilfredo Pareto, 1848~1923)가 **개미를 관찰하여 개미의 20%만이 열심히 일한다는 것을 발견하고, 이를 인간사회에 적용시킨 법칙을 2080법칙, 즉 파레토 법칙(Pareto's Law)이라고 한다.**

　파레토는 어느 날 우연히 땅을 쳐다보다가 개미의 20%만 실질적인 일을 하고, 나머지 80%는 빈둥댄다는 사실을 발견했다고 한다. 그래서 흥미가 발동한 파레토는 "일을 열심히 하는 20%의 개미만 축출하면 모두 일을 열심히 하겠지."라는 생각을 하고 열심히 하는 20%의 개미를 따로 추출하여 관찰을 했다고 한다. 하지만 이들도 처음에는 모두 열심히 일을 하더니만 곧 그중 80%는 일하지 않고 빈둥거리며 놀기 시작하더란다. 일을 열심히 하던 무리도 따로 갈라놓았더니 그중 20%만 일을 하고 나머지 80%는 일을 하지 않았다는 것이다. 모든 일개미가 열심히 일하는 것이 아니라는 것이다. 열심히 일하는 개미와 그렇지 않은 개미를 세어보니 그 비율이 20 : 80이었다고 한다.

파레토는 그래도 믿기지가 않고 이상하여 열심히 일하는 개미만 채집하여 따로 모아놓았다고 한다. 시간이 지난 뒤에 보니 열심히 일하는 개미로 채집된 무리에서도 열심히 일하는 개미와 그렇지 않은 개미의 수가 20 : 80의 비율로 나뉘더라는 것이었다. 다시 그중에서 부지런한 20%의 개미를 따로 모아 관찰을 했는데 그 집단 내에서도 같은 비율(20 : 80)로 나뉘는 현상을 발견했다고 한다.

파레토는 이런 20 : 80 현상이 유독 개미만의 특성인가 싶어서 이번에는 벌통을 관찰했다고 한다. 그런데 놀랍게도 벌 역시 마찬가지로 20 : 80 현상이 나타났다고 한다. 파레토는 이를 신기하게 생각하여 인간사회에서도 이 비율이 적용되는지 알고 싶어졌다고 한다. 그래서 그는 유럽의 인구와 부의 분포자료를 살펴봤다고 한다. 그리고 다음과 같은 결론을 얻었다고 한다. **"전체 부(富)의 80%는 상위 20%의 사람이 소유하고 있다. 또 전체 인구 중에 20%의 인구가 전체 노동의 80%을 하고 있다."** 그 유명한 20 : 80의 법칙, 즉 파레토의 법칙은 이렇게 탄생했다고 한다.

우리 주변 곳곳에서 발견되는 파레토 법칙

① 백화점에서 20% 고객이 구입하는 매출액이 전체 매출의 80%를 차지한다는 것이다.
② 기업에 있어서 대개 20%의 핵심제품이 80%의 이익을 가져다

준다.

③ 즐겨 입는 옷의 80%는 옷장에 걸린 옷의 20%에 불과하다.

④ 20%의 불량 운전자가 전체 교통위반의 80%의 정도를 차지한다.

⑤ 20%의 범죄자가 전체의 80% 범죄를 저지르고 있다. 20%의 조직원이 그 조직의 80%의 일을 수행하고 있다.

⑥ 성과의 80%는 근무시간 중 가장 집중한 20% 시간에 나오는 것이다. 즉 이 법칙의 핵심은 상위 20%가 나머지 80%를 주도한다는 것이다.

이러한 파레토의 법칙을 여러분의 사업에 잘 활용한다면 직장이나 동호회, 지금 사업하시는 네트워크 비즈니스 그룹, 팀, 파트너들이 다 적극적으로 동참하여 열심히 일을 하지 않는다고 속상해하지 마시길 바란다. 알고 보면 이게 다 20 : 80의 법칙이기 때문이다.

경제학 이야기, 열여섯

경제시장의 임금과 계층별 소득분배와 관련 소득의 양극화를 비교한 경제 이야기를 이야기한다. **경기가 좋지 않거나 미래가 불확실하여 전체적인 소비가 감소할 때, 일부 저가 아이템의 경우 오히려 매출이 증가하기도 한다. 이를 '립스틱 효과(Lipstick Effect)'라고 한다.** 화장품 업계에서는 종종 립스틱 판매로 경기를 예측한다. 경기가 불투명할 때는 소비 위축으로 전반적인 화장품 매출이 감소하지만, 립스틱 매출만은 유일하게 경기변동과 반대로 움직인다는 것이다. 경기가 불황일수록 유행하는 색상도 더욱 화사해진다. 립스틱은 다른 화장품 아이템에 비해 상대적으로 저가이지만, 그 하나만으로도 분위기를 확 바꾸는 효과를 낼 수 있다. 이처럼 불황기에 저렴하지만 만족도를 높여줄 수 있는 소위 불황상품의 매출이 증가하는 현상을 립스틱 효과라고 한다.

유명 화장품 회사 에스티 로더(Estee Lauder)사는 **립스틱 판매량과 경기의 상관관계를 보여주는 '립스틱 지수(Leading Lipstick Index)'를 만들었다.** 미국 내 고급화장품 시장 매출의 절반 가량을 차지하는 자사의 화장품 브랜드를 대상으로 한 조사 결과, 립스틱과 경기가 상당히 높은 연관성을 보였다는 것이다. 실제로 2001년 9.11테러 직후 찾아온 불황기에 립스틱 지수는 큰 폭으로 상승했다.

또한 이전까지 주류를 이루던 자연색 대신, 화사하고 강렬한 붉은색과 와인색 립스틱이 인기를 끌었다고 한다. 이러한 현상 때문에 일부 투자자들 사이에서는 립스틱 판매량으로 주가를 예측한다는 말이 나오기도 한다. 경기가 나빠져서 립스틱 판매가 늘어나는 것이 아니라, 마치 립스틱 판매가 경기의 선행지수가 되는 것처럼 말하는 것이다. (출처 : 정지혜, 주간경제, LG경제연구원, 2005. 5. 13. 인용)

제17장.
n/w 비즈니스
마케팅은 트랜드다

현 시대의 경제흐름은 지금은 평생직업이 필요한 시대라는 것! 앞으로 우리는 어떤 직업으로 미래를 준비할 것인가에 대하여 고민을 해야 하는 시대에 살고 있다는 것이다.

전 세계 작은 거인 대한민국

작은 거인 대한민국에서 차세대 새로운 백만장자(The Next Millionaires)가 태어난다는 것에는 틀림이 없다. 이에 나와 당신 누구나 백만장자가 되는 것은 아니다. 앞으로 다가오는 백만장자의 탄생, 당신도 이 백만장자 그룹의 일원이 될 것인가 아닌가에 대한 선택의 순간이 지금이라면 어떻게 할 것인가? **현재 전 세계가 코로나 19로 인하여 세계경제가 침체되고 무너지는 경제시대에서 과연 나는 당신은 어떠한가? 위기가 곧 기회인가?** 위기에서 탈출하여 벗어나는 방법은 무엇이 있을까? 이제부터 위기를 기회로 만들어야 하는 탈출의 기회! 당신만의 박물관 유물로 남을 '평생직장', '평생직업'을 찾는다면 당신은 백만장자 티켓을 이미 소지하고 있어 시간의 흐름에 분위기만 맞추면 되지 않을까?

지금부터 우리는 앞으로 다가오는 백만장자의 꿈과 실현을 위하여 앞으로 로봇과의 밥그릇 싸움을 피터지게 할지도 모른다는 사실이다. 유엔이나 하버드대학, 각국의 경제연구센터에서 연구자료들을 앞 다투어 내어놓고 있다는 것을 이미 여러분들은 세미나 또는 뉴스, SNS 등을 통하여 앞으로 10년 후 사라질 직업에 대하여 알고 있듯이 우리의 미래에 많은 직업들이 없어지고 새로운 직업들로 가득 바뀌고 변화하는 세상에서 생의 마지막을 맞이할 것이다.

세상은 이렇게 빛의 속도보다 빠르게 변화하고 있는 현 시대에서 우리는 무엇을 준비해야 할지 생각해보아야 한다. 그러기 위해서 나 자신, 아니 우리 자신도 변하고 있고, 더욱더 빠르게 변화에 적응해야 살아남을 수 있다는 것이다.

미래의 시대흐름은 상대적 빈곤감이 홍수처럼 쏟아지는 시대를 맞이하고 스마트한 소비자, 올바른 소비자를 찾는 것이 로봇과의 전쟁에서 승리하는 길임을 명심해야 할 것이며, 이것이 바로 당신이 지금 사업을 창업한 네트워크 비즈니스가 답이라는 사실을 인식해야 한다는 것이다. 차세대 백만장자 여러분, 육포 시대에도 답이 있을까?

'육포' 세대에게도 답은 있다

'삼포' (연애, 결혼, 출산)

'사포' (연애, 결혼, 출산, 인간관계)

'육포' (연애, 결혼, 출산, 인간관계, 내 집 마련, 노후포기)

네트워크 마케팅 '유레카', 숨만 쉬어도 돈이 들어가는 평생직업이 아니라면 빈곤과 질병의 쓰나미를 어떻게 피할 수 있을까? 우리나라 대한민국 성인의 불안요소 1위 노후걱정, 2위 취업과 소득걱정 등 **이러한 걱정으로부터의 해방은 바로 네트워크 마케팅을 준비해야 한다는 것이다.** 많은 네트워크 회사들 중 정말 당신에게 백만장자로 만들어줄 준비된 회사, 비전 있는 올바른 회사의 선택 및 결정은 선택이 아니라 이제는 필수라는 것임을 알아차려야 한다.

그러한 회사는 바로 틀을 갈아치우는 유통구조라야 하며, 과거의 유통과 현재의 유통의 혁신적인 변화의 흐름에서 벗어난 획기적인 회사를 선택해야 한다는 것이다. 현재의 유통구조, 즉 과거의 유통경로를 보면 제조회사 → 유통회사 → 총판 → 도매 → 소매 → 소비자의 구조에서 발전한 유통경로, 제조회사 + 도매 → 소매 → 소비자 한 단계 더 발전, 직거래 유통, 제조회사 → 할인매장 → 소비자의 유통구조를 거쳐 현재의 유통구조는 인터넷 직거래, 제조회사 → 인터넷 쇼핑몰 → 소비자의 한 차원 더 높은 유통구조가 바로 네트워크 비즈니스 마케팅 구조라는 것이다.

앞으로 네트워크 비즈니스 마케팅의 트랜드화의 발전에 더욱 변화 및 진화할 것이고, 미래의 당신이 살아남을 수 있고, 대대손손 부의 가치와 부를 상속하는 멋진 상속자가 될 것이다.

경제학 이야기, 열일곱

물가지수와 인플레이션, 물가지수 관련 경제적 효과에 대하여 부와 소득의 재분배, 생산, 고용, 국제수지, 정치, 사회적 경제의 영향으로 속설 경기지표 또는 길거리 경기지표와 관련 경제시장의 흐름을 알 수 있는 경제 이야기이다.

(1) 치마 길이가 짧으면 불황? 호황?

불황에는 옷감을 절약하기 위해서 길이를 줄인다는 점이다. 아니면 경기가 나쁠수록 초라해 보이기 싫어하는 여자들이 심리적으로 짧고 도발적인 옷차림을 선택한다. 또 패션업계가 불황일 때 소비를 자극하기 위해 짧은 치마를 의도적으로 유행시키기 때문이다. 물자 절약을 위해 짧은 치마를 입을 것이라는 주장이다.

(2) 의상 색깔이 어두워지면 불황

경기가 나쁘기 때문에 소비자들이 세탁비나 드라이 크리닝 비용을 절약할 수 있는 무채색 계열이나 어두운 색을 선택한다는 주장이다.

(3) 남자 정장이 화려해지면?

남자의 정장 색깔이 화려해지면 경기가 좋은 신호이다. 경기가 호황이면 소비심리가 살아나면서 남자들이 멋을 부리기 시작한다는 주장이다.

(4) 스타벅스 커피가 무슨 죄?

스타벅스의 커피 맛이 싱거워지면 불황이다. 불황에 접어들면 고급 커피를 파는 스타벅스도 비용절감에 나서야 하기 때문에, 그 방편의 하나로 커피 농도를 다소 흐리게 한다는 주장이다.

(5) 패스트푸드점 일자리 구하기도 어려워

맥도널드의 구인광고가 점차 감소하거나 사라지면 경기가 나쁜 신호이다. 실업률이 높아지고 일자리 구하기가 어려워지면 맥도널드에서 오래 일하는 근로자들이 증가하기 때문이다. **버거킹의 남자 점원이 면도할 나이가 됐으면 불황이라는 속설도 있다.** 면도할 정도로 나이가 많은 점원이 버거킹에서 일하고 있다는 것은 그만큼 다른 곳에서 정규 일자리를 구하기 어렵다는 의미라는 주장이다.

(6) 빨간 립스틱은 경기에 빨간불?

경기가 나쁘면 여자들이 빨간 립스틱을 선호한다는 속설이다. 경기가 좋지 않을 때 중년 여성들은 화장품을 많이 소비하지 못하고 립스틱만 사는 경우가 많은데, 빨간색 계통의 립스틱 하나만으로 화장을 대체할 수 있고, **얼굴이 화사해질 수 있기 때문이라는 주장이다.**

(7) 개의 운명

경기가 나쁠수록 거리에 버려진 애완견이 증가한다. 경기가 나쁘면 사람도 먹고살기가 빠듯한데 개까지 돌볼 여유가 없기 때문이라는 주장이다.

(8) 달력

달력을 구하기 힘들면 불황이다. 기업들이 만들어 배포하는 달력을 구하기 어려워진다. 경비의 절감이라는 주장이다.

(9) 보험 해약

불황 시기에 돈이 부족해진 고객들이 쉽게 선택하는 것이 보험계약 해지이기 때문이라는 주장이다.

이외에 담배꽁초 길이가 짧아지면? 소주나 라면의 판매량이 증가하면? 성형외과나 치과병원의 환자 수가 적어지면? 당뇨병 발병률이 떨어지면? 애프터서비스 직원이나 수리공이 요청 전화를 받고 빨리 방문하면? 지하철 차내의 광고판에 빈자리가 있으면? 소형트럭이나 배달용 차량의 판매가 감소하면? 점을 치러가는 사람이 많아지면? 가정의 쓰레기 배출량이 늘어나면?

제18장.
행복한 세상을 만드는
최고수, N/W 비즈니스

　네트워크 사업을 하시는 수많은 사업자들은 각자의 회사 제품, 마케팅 정책을 가지고 열심히 사업자 최고수가 되기 위하여 각자의 분야에서 최선을 다하여 노력하고 있다. 우리나라에서, 아니 세계에서 제일가는 모든 사업에서의 최고수, **특히 네트워크 비즈니스 사업의 전선에서 최고수가 되기 위하여 어떻게 해야 할까?**

　자신에게 질문을 해보고 질문에 답을 해보자. 지금 나는 왜 살고 있을까? 어떻게 살고 있을까? 잘 살고 있나? 행복할까? 인생이란 무엇인가? 어떻게 살 것인가? 이런 질문을 하면 대부분 말문이 막히는 것이 사실이다. 이제는 한 번쯤은 되새겨볼 질문이기에 해보았다. 질문의 답을 찾았는지, 만약 찾지 못하였다면 지금부터 찾아보자.

　자, 이제부터 우리 모두 자신의 운명을 새롭게 한 번 바꾸어보

자. 자신이 경험한 평범한 진리를 사랑하는 누군가와 함께 더욱 밝고 맑게 새로운 운명을 바꾸어보시기를 바란다. 고수와 최고수! 과연 어떤 차이가 있을까? 분명한 것은 이 책을 현재 보고 있는 분은 고수가 아닌 최고수로 변화할 것이다. 콩 심은 데 콩이 나고 팥 심은 데 팥이 나듯이 항상 밝은 마음을 가지면 좋은 일만 일어난다. 이것이 진리라고 생각한다.

어떤 두 사람이 길을 가다가 돌부리에 걸려서 동시에 넘어졌다. 한 사람은 걸린 돌부리를 원망하며 투덜대고 있었고, 한 사람은 돌부리 주변 흙을 돋우어 디딤돌로 만들었다. 바로 고수와 최고수의 차이점이다. **돌부리를 디딤돌로 만들어버리는 당신이기에 당신이 즉 최고수라는 것이다.**

지구상에 살아서 움직이는 모든 것! 특히 여러분과 저는 매일, 아니 지금도 숨을 쉬며 살고 있다. 지구상에서 숨을 쉬지 않고 사는 사람이나 동식물이 없듯이 말이다. 우리가 살아가면서 공기에 대해서 과연 얼마나 고맙고 감사한 마음을 느끼고 있는지 생각을 해본 적이 있는가? 당연히 주어진 것이고, 당연히 내 것이라고 생각하고 살아온 것이 누구나 사실 아닌가? 또한 식사를 하면서 밥(쌀)에 대해, 음식에 대하여, 입고 있는 옷에 대하여 우리는 얼마나 이것을 키우고 다듬어온 사람들을 생각해보았는가?

이제부터는 더욱 빛나는 최고수로 존재의 가치를 높이기 위해 나 아닌 내 이웃의 도움으로 내가 존재하고 있음을 느끼고, 더욱더 열심히 모두가 행복한 사회를 함께할 수 있는 제안을 드릴까 한다. 좀 전에 말씀드린 고수와 최고수의 차이점을 정리해보면 다음과 같다.

① 고수
고수는 본인이 제공하는 서비스를 고객의 입맛에 맞추어 본인이 제일 잘한다고 생각하며 능력과 실력을 발휘하는 자라고 생각한다. 즉 상대가 원하는 바에 대한 고객만족의 서비스라고 정의한다.

② 최고수
최고수는 여러분과 같이 모든 상대가 고객이 본인이 원하고 바라는 바가 아닌 여러분의 준비된 여러분이 제공하는 모든 능력과 서비스에 고객이 만족하고 행복해하는 실력과 능력을 제공하는 것이라고 정의한다.

즉 최고수를 다시 정리하면 고객 맞춤식 서비스인가? 나의 서비스에 고객이 만족하는가? 결론적으로 고수와 최고수는 하늘과 땅 차이인 결과가 있다고 정리한다. 이 책을 읽고 계신 당신은 최고수이다. **당신이 진정한 최고수임을 다시 한 번 확인하셨으리라 생각한다.** 우리는 사계절이 변화할 때마다 아름다운 강산 주변을 보고 생각하고 느끼는 감정에 대하여 뒤돌아본 적이 있는지 볼 필요가 있다는 것이다.

봄이 올 때 꽃샘추위가 오고 추위를 지나야 완연한 봄이 오며 초여름을 지나 무더운 여름이 오고 얼마 있으면 가을 단풍의 계절을 맞이하고 단풍이 지면 겨울이 올 것을 알고 있다. 이 좋은 계절에 힘들고 어려움을 씻어내기 위한 봄, 여름, 가을 나들이를 한 번 생각해 볼 수 있는 좋은 계절이란 생각을 해본다. 이러한 결실의 계절 가을에는 마음의 여유를 가져보시라는 제안을 드린다.

여기에 계신 여러분들은 오늘의 최고수가 되시기까지 얼마나 많은 노력과 열정을 불태웠는가? 또한 최고수가 되신 이후에도 함께 하고자 하시는 분들을 위하여 얼마나 많은 최고수의 서비스를 제공하였는가? **아마도 이 자리에 계신 최고수님들의 능력과 결과는 모든 사람들이 다 만족하고 행복한 결과이었다고 저는 확신한다.**

여러분! 우리는 사람이기에 열심히 살다보면 어느 때는 "아! 네 운명, 아니 내 팔자는 왜 이럴까?" 하고 가끔 자신을 되돌아볼 때가 있으셨을 것이다. 그럴 때마다 "그래! 내 팔자, 내 운명을 바꿀 수 없어! 타고난 내 팔자인데 뭘!" 하며 그때마다 단념이나 체념을 해버리거나 아니면 본인들이 믿고 있는 종교의 지도자 또는 역술가를 한 번쯤 생각해보시지는 않으셨는지? 경우에 따라서는 직접 찾아가서 상담을 하신 경험도 있으리라 생각한다. 제가 말씀드리고자 하는 것은 그런 것들이 잘못되었다고 지적하는 것이 아니라 누구나 그럴 수도 있고, 그로 인해 작은 위안을 받아 마음의 안정을 찾고 해소할 수도 있으니까 말이다.

여러분, 흔히들 이런 말들을 한다. "인생살이에 정답이 있을까?" 그래서 오늘 제가 최고수 여러분과 함께하는 이 순간을 저의 경험과 삶을 잠깐 소개함으로써 함께 공감하고자 한다. 저는 철학자도 점술가도 아니다. 단지 평범한 삶 속에서 제 나름대로의 깨달음과 평소 생활철학이 시간이 지나다보니 군건한 믿음과 사회생활 속에서 저를 오늘 이 자리에 있도록 결과를 만들었기에 오늘 여러분 앞에 인사를 하게 되었다. 저 또한 그동안의 삶 속에서 어려움이 있거나 내일이 불확실하고 걱정될 때마다 천주교 성당의 신부님, 교회의 목사님, 절의 스님을 찾아 고민을 상담하고 대한민국의 최고 역술가라는 사람들을 찾아 위안을 삼고 고민을 해결하려고 했던 것이 사실이었다.

그 결과는 잘 되던지 또는 안 되던지 둘 중 하나였다. 지난 삶을 생각해보니 "잘 될 거야." 하고 한 일들이 잘 된 것보다는 잘 안 되거나 하지 못한 일들이 더 많았던 것 같다. 여러분은 어떠하셨는지? 물론 잘 된 일들이 더 많은 분들도 계시겠지만 거의가 본인이 생각하였던 것보다는 항상 무엇인가 부족 또는 아쉬움 가운데 끝나거나 만족하셨을 것이다. '왜'일까? 만물의 영장인 인간이기에 만족이라는 무한대적인 욕망이 충족되지 못하였기 때문 아닐까?

여러분께서 요즈음 방송 중인 종합채널 티브에 '황금알'이란 프로를 보신 분은 보셨겠지만 '고수'라는 패널들, 각 분야에서 이름 있는 분들을 모셔다 방송을 한다. 예를 들어 관상고수, 손금고수, 역술인, 무속인, 스님, 목사, 명리학 고수, 풍수지리 고수 등 수많은 고수가 나와서 흥미로운 말들과 그럴싸한 평가에 귀가 솔깃할 수 있었으나 그것이 우리가 바라는 정답도 아니기에 현실적인 해결방법의 해법은 아니라고 생각하였다.

그래도 방송국 MC들은 "고수!", "고수!" 한다. 그러면 그 고수들은 본인의 운명을 알 수 있고 자신할 수 있는지 자문해보았다. "아하, 그렇구나." 그들이 고수이기에 그 순간 그 고객의 입맛을 늘 맞추어줄지는 모르지만 정확한 해법은 아니구나 하는 제 나름대로의 결론을 내렸다. **즉 여기에 계신 최고수 여러분이 제공하는 서비스에 고객이 만족함과는 차원이 다르다 생각하였다.**

그러나 저나 여러분이나 우리는 다 똑같은 인간이기에 우리에게도 스트레스나 최고수의 능력을 발휘하기 위한 노력 속에 아픔과 괴로움 또한 함께 쌓일 것이다. 아마 최고수이기에 고수보다도 더한 아픔을 느끼고 겪고 있을 수도 있다. 그래서 저는 이 문제해결을 위한 나름대로의 삶의 체험결과를 정리해보았다. 이 진리는 예수, 공자, 부처, 철학자 등의 성인들이 경험하고 말씀하신 것을 제 나름대로 정리해서 저의 생활철학과 실천, 행동 등으로 활용하여 결실을 얻은 내용으로 아마 여러분이 들으시면 껄껄껄 한낱 웃음거리로 될 수 있을지 모르지만 단지 그냥 참고로만 해주시기 바란다.

우리는 여지껏 나의 운명은 바꿀 수 없다고만 생각해왔다. 그러나 과연 그럴까? 이 운명은 그냥 주어진 것일까? 여러분은 운명을 어떻게 생각하고 계시는지? '운명'은 '운'과 '명'이 함께하는 것이다. 즉 나의 생명이 길고 좋아지려면 '운'이 좋아야 함을 알았다. 여러분은 그냥 최고수가 되신 것이 아닐 것이다. 이 운명도 내가 어떤 마음과 행위를 하는가에 따라서 정반대의 결과가 있음을 알았던 것이다. 다시 말하면 나의 생명이 명이 길고 좋으려면 '운'이 좋아야 한다. 내 운명을 바꾸려면 우선 '명'을 좋게, 즉 오래 살기 위해서는 반드시 '운'이 따라야 함을 말한다. 이 '운'이 좋으려면 반드시 '기'가 살아야 운이 좋아지고, '기'가 살기 위해서는 '심', 즉 마음이 밝아야만 기가 산다는 것을 알았으며, '심', 즉 마음이 밝고 좋아지려면 반드시 '신(信)', 즉 믿음이 있어야 마음이 밝아짐을 알았다.

그럼 '신(信)'은 어떻게 해야 하는가는 '확신'이었다. 아! 확신이구나. **확실한 믿음이 내 운명을 바꿀 수 있음을 확신하였다.** 즉 확실한 믿음만이 마음을 살리고, 마음이 살아야 기가 살고, 기가 살아야 운이 좋아지고, 운이 좋으면 명이 길어지고 내 운명을 바꿀 수 있다는 것을 확신하였다. 앞에서 말씀드린 순서의 연관들이 내 삶의 운명을 바꾸는 진리이며, 법칙임을 확인하였던 것이다. 이 아주 평범한 법칙과 진리가 흔들리던 저를 확실히 잡아주었고, 우리 인간을 컴퓨터로 비교하면 나의 마음인 하드디스크에 밝은 것을 많이 심는가? 행복한 자질을 많이 심는가? 반대인가? 이에 따라서 인생이 달라짐을 더욱 믿게 되었다.

우리는 지나간 과거가 필요한가? 아니면 아직 오지 않은 미래에 대하여 왜 걱정을 할까? 그것은 지금 내가 하고 있는 자신의 삶 자체가 자신이 없어서라고 생각하고, 아니면 불안해서가 아닌가 한다. 언제나 우리는 자연의 법칙인 밤이 있으면 낮이 있고, 행복이 있으면 불행이 있고, 만남이 있으면 헤어짐이 있고, 좋은 것이 있으면 나쁜 것이 있듯이 그 이외의 많은 사례 속에서 살아가는 것이 현실이다. 즉 우리는 언제나 동전의 양면과 같은 삶을 살고 있는 것이다. 그래서 저는 오늘 일이 잘 안 되더라도 지금 더 열심히 노력하고 맑은 마음을 가지면 일이 잘 되고 좋은 결과가 있다는 것을 확신하였고 굳게 믿었다. 그 결과 저는 제 삶 속에서 모두가 불가능하다는 일도 해낼 수 있다는 것이다. **이제부터 당신은 최고수로서 어떤 것이든지 마음먹기에 따라서 당신의 운명을 바꿀 수 있으며, 무엇이든 성공할 수 있다는 확신을 갖기를 바란다.**

인생 고수와 하수

인생의 고수와 하수

고수에게는 인생은 놀이터고 하수에게는 인생은 전쟁터다.

고수는 인생을 운전하지만 하수는 인생에 끌려 다닌다.

고수는 일을 바로 실천하지만 하수는 일을 말로만 한다.

고수는 화를 내지 않지만 하수는 툭하면 화부터 낸다.

고수는 사람들과 웃고 살지만 하수는 사람들과 찡그리며 산다.

고수는 남에게 밥을 잘 사지만 하수는 남에게 밥을 얻어먹는다.

고수는 만날수록 사람이 좋은데 하수는 만날수록 더욱 진상이다.

고수는 손해를 보며 살지만 하수는 절대로 손해를 보지 않는다.

고수는 뭘 해줄까를 생각하지만 하수는 뭘 해달라고 손을 내민다.

- SNS 중에서

당신은 고수인가? 아니면 하수인가?

제가 보는 당신은 고수 위에 최고임을 명심하시기를 바란다. 불평과 불만, 원망과 증오의 갈등은 환경의 열악함에서 오는 것이 아니라 감사를 모르는 탐욕에서 온다고 한다. 탐욕은 불교에서 '탐진치'라 이야기하며, 삼독은 욕심, 성냄(화), 어리석음을 이야기하고, 삼독에서 벗어날 수 있도록 자신을 관리하라는 뜻이다. 지금부터 우리는 지혜로운 삶, 성공하는 삶을 향하여 달려보자.

경제학 이야기, 열여덟

경제학이란 무엇인가에 대하여 알아보는 시간이다. 우리가 흔히 들어본 경제학 또는 경제를 바라보는 시각은 무엇인가? 알 것도 같고 잘 모르겠고 흔히들 헷갈려한 것이 사실이다. 그럼 경제이론의 구분방법과 경제학의 구분에 대하여 알아보는 관심을 가져보자. 적어도 이 경제의 세상에서 살고 있다면 한 번쯤 짚고 넘어가야 하지 않겠는가? 여러분이 경제학을 바라보는 시각에서 분석대상을 어떻게 보느냐에 따라서 달라진다.

경제학은 미시경제학과 거시경제학 두 가지로 나누어진다. **우리가 산행을 할 때 나무의 종류나 형태를 중심으로 보느냐, 아니면 산 전체의 경관을 중심으로 보느냐는 다른 관점이 필요한 것과 같다.** 다시 말하면 우리가 축구경기를 관람할 때 일반 관객은 축구경기 전체를 보는 데 비하여 축구선수의 어머니는 자신의 아들이 어떤 활약을 하느냐를 주로 보게 된다. 이와 같이 선수 하나하나에 초점을 맞추어 보는 시각이 미시경제학이라면 팀 전체의 팀워크를 보는 시각은 거시경제학에 속한다.

미시경제학(micro-economics)은 가계와 기업들이 시장에서 가격을 매개로 하는 어떠한 결정을 내리며, 시장에서 이들이 어떻게 상호작용을 하는가를 연구대상으로 한다. 한편 **거시경제학(macro-economics)**은 개별 경제주체들의 행동분석은 미시경제학에 맡기고 나라 전체의 고용과 실업, 국민소득과 경제성장, 물가 등의 국민 전체에 관한 경제현상을 연구하는 분야를 말한다.

원래 경제학은 신고전학파가 주로 분석한 미시경제학을 중심으로 발달하였다. 그러나 개별 주체의 합리성을 강조하는 미시경제학은 1929년에 시작된 세계 대공황으로 위기를 맞으며 개별 주체들이 자원을 합리적으로 배분하고 아낀 자원을 절약하여 저축하였음에도 불구하고 경기침체로 인해 실업자가 되고, 빈곤이 증가하는 현상이 나타나게 되었던 것이다.

이때 케인즈(J. K. Keynes)는 '절약의 역설(paradox of thrift)'을 주장하였는데 저축은 개인에게는 미덕이지만 모두가 저축을 늘리면 소비가 줄어 생산된 물건이 판매되지 않아 생산이 줄고 소득이 줄어 버리게 된다. 그래서 부분이 참이라고 해서 반드시 참이라고 할 수 없다는 '구성의 모순' 때문에 미시분석과 거시분석은 달라야 한다는 주장을 한다.

이러한 이유로 현대 경제학은 두 경제학으로 구성되었고, 서로 보완적인 역할을 하고 있는 것이 현실이다. 또한 경제학은 경제분석을 할 때 가치관의 유무에 따라 실증경제학과 규범경제학으로 구분한다. **여기서 이야기하는 실증경제학이란 분석자의 주관적인 가치판단을 배제하고 경제현상을 있는 그대로의 관점에서 객관적인 인과관계만을 분석하는 방법을 택하는데 경제이론이나 경제사가 여기에 속한다.**

한편 규범경제학은 현실의 경제문제가 어떻게 움직이는 것이 바람직한 것인가를 평가하는 가치기준을 도입하여 분석하는 분야로 경제정책이나 정치경제학 등이 있다. 좀 더 넓혀서 생각해보자. 여러분이라면 필수재와 사치재 중에 어느 것에 세금을 더 매겨야 할까? 이 문제는 어떤 세율을 부과할 것이냐에 대해서는 실증경제학적 방법이냐, 아니면 규범경제학적 방법이냐에 따라서 답이 달라진다. 우선 실증경제학적 관점에서 보면 **필수재**는 세금을 부과하여 가격이 비싸진다 하더라도 소비자가 소비량을 크게 줄이지 못하기 때문에 산업이 위축되지 않고 정부의 조세수입도 증가한다는 주장이다. 반면 **사치재**는 세금을 부과하여 가격이 비싸지면 소비자가 소비량을 줄여 그 산업이 큰 위기를 맞게 되고, 정부의 조세수입이 감소한다. 따라서 사치재보다는 필수재에 높은 세금을 매겨야 한다고 결론을 내릴 것이다.

그러나 소득불평등의 문제점을 극복해야 하는 규범경제학적 입장에서 보면 고소득자가 주로 소비하는 사치재에 대해 저소득자의 생활이 어려워져 소득불평등을 커지게 하는 문제점이 발생한다. 따라서 규범경제학에서는 필수재보다 사치재에 높은 세금을 매겨야 한다고 주장하는 것이다. **이러한 문제를 어떻게 잘 조화시키느냐가 바로 정책당국의 숙제이다.** 여러분 또한 이러한 경제원리를 잘 활용하여 여러분의 사업정책에 잘 적용할 때 잘사는 삶, 행복한 삶을 누리지 않을까 생각한다. 성공하시길 바란다.

제19장.
마음의 프레임을
바꾸는 방법

　네트워크 사업자라면 당신이 리더자로 파트너들과의 업무상에 있어서 말다툼에서 벗어나야 한다는 것이다. 모든 사람들은 태어난 지역, 환경이 모두 다른 상태에서 똑같은 생각을 한다는 착각을 버려야 한다. 아무리 가까운 부모, 형제, 부부지간에도 같은 생각을 한다는 것은 없다는 것이다. 다만 생각이 각자 다르다는 것이다. 즉 다름과 틀림이다.

　다름과 틀림에 대하여 알아보자. 사람들에게 '+'가 그려진 카드를 보여주면 수학자는 덧셈이라 하고, 산부인과 의사는 배꼽이라 하고, 신부님이나 목사님은 십자가라고 하고, 교통경찰은 사거리라고 하며, 간호사는 적십자, 약사는 녹십자라고 모두가 자기의 입장에서 바라보기 때문이다. 한마디로 다른 사람이 틀린 것이 아니고 다를 뿐이다. 그래서 사람은 비판의 대상이 아니라 늘 이해의 대상이라고 하는 것이다. **특히 네트워크 사업에서 파트너가 맘에 들지 않거나 나와 생각이 틀리다는 생각을 하는 순간 일은 망쳐지기 시작한다.**

특히 요즈음 '분노조절', '화'라는 단어들이 심심치 않게, 아니 하루가 멀다 하고 뉴스를 장식하고 있다. 왜 그런 걸까? 많은 이유가 있겠지만 그중 분명한 이유 하나가 있다. 그것은 '인정하지 않는 것', **즉 나와 상대방은 머리부터 발끝까지 모두 다르다.** 뭐 하나 같은 것이 없다. 그럼 당연히 생각도 다를 수밖에 없는데 절대 인정하지 않는다는 것이다.

그래서 화가 나고 분노가 조절이 되지 않고 싸우는 것이다. '인정하는 것', 사실 당연한 건데 쉽지는 않다. 그래도 불가능한 건 아니다. 오늘부터라도 가장 가까운 가족부터 인정하고자 노력한다면 다툼은 줄고 웃을 일은 많아질 것이다. 당신이 지금부터 더 나은 사업의 성공을 원한다면 지금부터 상대방과의 대화에서 틀린 것이 아니라 더 멀리 더 크게 나아가 종교, 사랑, 이념 등으로 싸우는 일도 줄어들 것이다. **상대의 생각이 틀린 것이 아니고 다른 것이라고! 성공하시기를 바란다.**

파트너에게 용기와 희망을 넣어줄
기적의 10마디

앞으로 많이 사용할수록 여러분 사업은 더욱더 발전하고 성공할 것이다. 지금부터 당장 실행하시기 바란다.

첫째, "내 잘못입니다."
자신의 잘못을 인정할 수 있다면 실수를 바로잡고 해결책을 모색할 수 있다.

둘째, "미안합니다."
"미안합니다."라고 말할 때 상대방의 입장을 알 수 있으며, 관계를 개선할 수 있으며, 상대의 장점을 볼 수 있다.

셋째, "할 수 있습니다."
실패에 대한 두려움, 비난과 비웃음에 대한 걱정이 있겠지만, 목표를 가지고 도전하시길 바란다. 당신은 할 수 있다.

넷째, "당신을 믿습니다."
세상에서 가장 강한 힘 중 하나는 자신감을 가지고 더 큰 목표를 향해 나아가는 인간의 의지이다.

다섯째, "당신을 신뢰합니다."

우리 사회의 성공은 상대가 잘할 수 있을 것이라는 믿음, 서로에게 보여주는 믿음, 그리고 사람들이 약속을 잘 지킬 것이라는 믿음에 달려있다.

여섯째, "당신이 자랑스럽습니다."

새롭게 일을 시작하는 사람들, 자신감이 필요한 사람들, 성공한 사람들 어느 누구든 삶의 매순간마다 대화와 메모, 또는 행동으로 "당신이 자랑스럽습니다."라는 격려가 필요하다.

일곱째, "고맙습니다."

"고맙습니다."라는 말은 배려에 대한 감사를 보이는 일이며, 사려 깊은 생각에 대한 인정이다.

여덟째, "당신이 필요합니다."

자신이 필요한 사람이라고 인식될 때 긍정적이며 더 잘할 수 있게 된다. 더 많은 일을 하게 된다.

아홉째, "사랑합니다."

사랑은 우리 주변에 항상 있다. 배우자, 가족과 친구 또한 우리의 커뮤니티를 위해 사랑을 찾고 또 사랑을 키워나가야 한다.

열번째, "존경합니다."

존중받고자 한다면 먼저 존중하라. 상대방의 가치를 인정하고 존중하는 사람은 존경받는다.

위와 같은 기적의 10마디를 가슴속 깊이 새겨서 언제 어디서나 상대방을 위한 기적의 말을 아낌없이 활용할 때 어느 순간 당신은 성공자로서 우뚝 서있을 것이다.

당신의 가치를 떨어뜨리는
7가지 언어습관

상대방과의 대화에 있어서 일반적으로 습관처럼 하는 말이 있다. 당신이 가치를 떨어뜨리는 말을 하는 순간 상대방은 당신에 대한 신뢰가 떨어짐과 동시에 사업을 성공으로 이끌어가지 못할 것이다. 이에 가치를 떨어뜨리는 말을 잘 새겨 당신의 사업 성공에 적극 활용하시기를 바란다.

첫째, 상습적으로 고민거리를 말하고 다닌다.

주어진 일을 하다보면 크고 작은 고난에 부딪치게 마련이기에 누구나 고민을 한다. 하지만 고민을 하더라도 입 밖으로 내색하지 말라. 고민이 되든 안 되든 어차피 당신이 풀어야 할 일이다. 특히 당신이 상습적으로 고민을 풀어놓는 대상이 당신에게 실질적인 도움을 주지 못한다면 더욱 입을 다물어야 한다. 당신의 잦은 푸념은 결국 내 능력은 이것밖에 안 돼라고 광고를 하고 다니는 격이 되고 만다.

둘째, 모르는 것은 일단 묻고 본다.

모르는 것은 죄가 아니다. 또한 원활한 업무진행을 위해서라도 모르는 것이 있으면 분명히 짚고 넘어가야 한다. 잘 모르는데도 무시당할까봐, 쑥스러워서 등의 이유로 넘어가는 것은 위험한 일이며, 더 큰 실수를 부를 수 있다. 모르는 것이 있다면, 마음속에 진정 의문이 있다면 씩씩하게 물어봐야 한다. 그러나 질문의 내용이 사실 확인이 아닌 방법이나 방안에 관한 것이라면 생각도 해보기 전에 일단 묻고 보자는 태도는 문제가 있다. 무엇인가를 누군가에게 묻기 전에 적어도 당신 스스로 해결할 수 있는 방법을 두 가지 이상 찾아보라. 질문은 그 뒤에 해도 늦지 않다. 질문의 절제 역시 당신의 능력을 인정받는 하나의 전략이 될 수 있다.

셋째, 이유를 밝히지 않고 맞장구를 친다.

왜 좋은지에 대한 구체적인 이유가 서지 않는다면 남의 의견에 함부로 동조하거나 맞장구치지 마라. 일이 잘 되면 상으로 주어지는 몫은 의견을 낸 자에게만 돌아가지만 반대로 일이 안 풀리면(당사자 혹은 함께한 팀원으로부터) 변명이나 원망의 대상에 당신마저 포함될 수 있다.

넷째, "네!"라는 답을 듣고도 설득하려 든다.

동조와 허락을 받아낸 것에 대해서는 더 이상 설득하려 들지 마라. 정말 그래도 되는지, 그로 인해 당신에게 돌아올 불이익은 없는지 등을 두고 애써 당신의 처지를 설명하고 재차 동조를 구하는 것은 적극적이지 못하고 소심하다는 인상만 남길 뿐이다. 공감을 얻어야만 안심하는 습관을 버려야 한다.

다섯째, "죄송해요."라는 말을 남용한다.

"죄송합니다. 몰랐네요."라는 말을 자주 쓰는가? 죄송하다는 말은 자신의 잘못이나 실수를 인정하는 말이다. 일처리 과정에서 만약 정말 당신의 잘못이 있다면 죄송하다는 애매한 말 대신 왜 그런 실수가 일어났는지, 그래서 어떻게 해야 하는지 상황부터 설명하고, 그렇지 않은 경우에서는 죄송하다는 말을 하지 말라. 습관적인 죄송은 배려로 받아들여지지 않고 오히려 상대방에게 내가 무관심하다는 것을 보여주는 것임을 명심해야 한다.

여섯째, 스스로 함정에 빠지게 하는 말

"그럼 제가 해볼게요." 조직 내에서 가장 끔찍한 상황은 공식화되지 않은 책임을 수행해야 될 때이다. 당신은 모든 일을 처리하기 위해 조직에 있는 것이 아니며, 조직 역시 당신에게 그런 기대를 하지 않는다. 그러나 당신이 당신 업무 외적인 일에 자주 나선다면 조직은 그걸 당연시 하게 된다. 그만큼 당신이 가치를 발휘할 기회가 줄어드는 것은 당연하다. 무언가 당신이 그 일을 함으로써 당신에게 내적이든 외적이든 도움이 된다고 판단될 때만 나서라. 우선 당신에게 주어진 업무를 분류해보자. 당신이 반드시 하지 않아도 되는 일, 당신이 하지 않아도 상관없는 일이 있을 것이다. 이중 세 번째 업무는 머릿속에서 지워라. 제일 우선시 해야 할 것은 당연하게 첫 번째 일이다. 바로 이 일에 모든 역량을 집중하고 쓸데없는 일에는 시간을 낭비하지 말라는 말이다. 두 번째 업무는 첫 번째에 가까우면서 당신에게 이로운 것을 가려서 취사선택하라.

일곱째, 부정적 의견을 되묻는다.

조직은 각양각색의 사람이 모인 곳이다. 당연히 업무상 의견차가 있을 수 있고, 당신의 생각이나 행동이 상대의 마음에 들지 않을 수도 있다. 당신이 당신 스스로에 대해 혹은 업무에 대해 확신이 선 상태에서 일을 추진할 경우 태클 세력들에 대해 "왜요? 뭐가 잘못됐죠?" 하고 되묻지 말라. 쓸데없는 감정 노출로 경계심을 살 필요 없이 결과로만 말하면 될 일이다.

- 백지연의 〈자기설득 파워〉 중에서

커피 맛의 경제지수

커피 맛으로 경기를 알 수 있다? 때로는 일상생활 속의 사소한 현상을 보고 현재와 앞으로의 경기를 판단할 수 있다. 폴 크루그먼(Paul Robin Krugman)은 사소한 일상생활 속에서도 현재의 경기 상황을 판단할 수 있다고 했다. 크루그먼에 따르면 경기가 좋을 때에는 TV에서 광고가 많이 나오고, 경기가 나빠지면 TV광고에서 같은 상품 이름이 15번이나 반복된다고 주장한다. '1997년 미국 연례보고서'의 저자 메레디스 백비(Merdith Bagby)는 스타벅스의 커피 맛을 보고 경기를 진단할 수 있다고 했다. 그녀는 경기부진이 예상되면 대부분의 커피전문점들이 비용절감을 위해 커피 농도를 줄이기 때문에 보통 때보다 옅어진다면 앞으로 경기가 나빠질 것을 우려해야 한다는 것이다.

미국 코넬대의 로버트 프랭크(Robert Frank) 교수는 버거킹에 들르면 메뉴판보다 남자 점원들의 얼굴을 먼저 살핀다. 그래서 그들 가운데 면도할 나이의 점원이 많이 있으면 경기가 나빠지고 있다고 판단한다. 그만큼 취업난이 심각해지는 증거로 보기 때문이다.

이 밖에도 경기가 안 좋을 때에는 담배꽁초의 길이가 더욱 짧아지고, 소주 소비량이 늘고, 성형외과가 잘 안 된다는 속설이 있다.

반면 신경정신과는 불황의 스트레스로 성황을 이룬다는 얘기들이 많다. 그런가 하면 불황기에는 영화관을 찾는 손님이 늘어나고, 부부관계가 좋아져 콘돔 판매가 증가한다는 설도 있다. (출처 : 최상현, 헤럴드경제, 2008. 12. 6. 인용)

경제학 이야기, 열아홉

"분수 넘치게 살았다"

최근 아르헨티나 중앙은행은 기준금리를 60%로 인상했다. 페소화 폭락을 멈추려는 안간힘이었다. 이에 앞서 정부는 2001년에 이어 다시 한 번 국제통화기금(IMF) 구제금융에 손을 벌렸다. "아르헨티나는 분수에 넘치게 살았다." 마우리시오 마크리 대통령이 3일(현지 시간) TV담화에서 주요 곡물 수출세 도입, 정부부처 절반 축소 등 초강도 긴축정책을 발표하며 한 말이다. **버는 것보다 덜 써야 했는데 그러지 못했다는 이미 늦은 후회다.** 대통령은 "이번 위기는 아르헨티나의 마지막 위기가 돼야 한다."고 강조했으나 아무도 아랑곳 않는 분위기다. 노조원과 공무원들은 이날 거리에 뛰쳐나와 시위를 벌였다. 대통령이 고통분담을 호소한 지 4시간 만이었다.

20세기 초 프랑스, 독일보다 국민소득이 앞섰던 나라가 IMF 중환자실로 되돌아간 것은 포퓰리즘 정책의 후유증 탓이다. 대통령이던 남편에 뒤이어 당선된 크리스티나 페르난데스 전 대통령(2007~2015년)은 분수를 몰랐던 대표적 인물이다. 그의 재임기간 중 경제가 수렁으로 곤두박질쳤음에도 학생들은 공짜 노트북을 지급받고, 연금 수급자는 360만 명에서 두 배 넘게 불어났다. 현직 상원의원인 그는 최근 뇌물수수 혐의로 재판에 불려갔다. 전 고위 공직자의 운전사가 공공사업 입찰자와 공무원 사이의 뇌물 심부름을 기록한 노트 8권이 공개됐는데 그 시기는 페르난데스 전 대통령 재임 기간과 겹쳤다.

혹시 국민 입장에선 "이게 나라냐!"고 따지고 싶은 마음이 굴뚝같을지 모른다. 그러나 상당수 국민 역시 되풀이되는 비극의 책임에서 자유롭지 못하다. 마크리 대통령은 취임 이후 공공요금 등에 대한 보조금 삭감, 연금 삭감 등을 추진했으나 고통을 수반한 개혁은 번번이 거센 반발에 부딪쳤다. 나라 곳간은 어찌 됐든 간에 칼날에 묻은 달콤한 꿀을 탐하듯 국민들이 무상복지의 단맛에 취해 있는 것이다. 경제잡지 이코노미스트는 이 나라 상황을 이렇게 진단한다. **"선진국에 가장 가까이 다가섰다가 몰락했던 지난 역사를 이해하는 것이 더 나은 미래를 위한 출발점"**이라고. 그게 벌써 4년 전 일이다. 지구 반대편 먼 나라 일이라고 치부할 것만은 아니다. (출처 : 동아일보, 2018. 9. 6. 인용)

제20장.
N/W 비즈니스
좋은 글 모음

좋은 글 모음

유태인에게 배우는 인생지혜 10가지

첫째, 그 사람 입장에 서기 전에는 절대로 그 사람을 욕하거나 책망하지 마라.

둘째, 거짓말쟁이에게 주어지는 최대의 벌은 그가 진실을 말했을 때에도 사람들이 믿지 않는 것이다.

셋째, 남에게 자기를 칭찬하게 해도 좋으나 자기 입으로 자기를 칭찬하지 말라.

넷째, 눈이 보이지 않는 것보다는 마음이 보이지 않는 쪽이 더욱 두렵다.

다섯째, 물고기는 언제나 입으로 낚인다. 인간도 역시 입으로 걸린다.

여섯째, 당신의 친구가 당신에게 있어서 벌꿀처럼 달더라도 전부 핥아먹어서는 안 된다.

일곱째, 당신이 남들에게 범한 작은 잘못은 큰 것으로 보고, 남들이 당신에게 범한 큰 잘못은 작은 것으로 보라.

여덟째, 반성하는 자가 서있는 땅은 가장 훌륭한 성자가 서있는 땅보다 거룩하다.

아홉째, 세상에서 가장 행복한 남자는 좋은 아내를 얻은 사람이다.

열번째, 술이 머리에 들어가면 비밀이 밖으로 밀려 나간다.

이렇듯 유태인에게 배울 수 있는 10가지 인생지혜에서 보듯이, **특히 네트워크 사업을 하는 당신이라면 이 지혜를 잘 습득하여야 할 것이다.** 네트워크 사업이란 태어난 곳, 생활습관, 보고 자란 것이 다른 사람들과의 비즈니스 사업이다. 어린아이, 내 자식도 내 마음대로 되지를 아니하는데 다 큰 성인들 본인이 먼저 사업을 하고 리더의 스폰서라고 하여 상대방의 신경을 거슬리게 한다면 당신의 네트워크 사업은 조만간에 무너질 것이 분명하다. 또한 벼가 익으면 고개를 숙이고, 골프에서 고개를 들면 샷이 맞지 않는 원리와 같은 맥락이다. 상대의 생각이 틀린 것이 아니라 나와의 생각이 다르기 때문에 서로간의 의견이 충돌되는 것이다. 이때 상대를 더 배려하는 마음을 가지고 상대를 위로한다면 아마도 당신의 파트너는 감동을 받아 당신과 같은 성공의 사업 방향으로 힘을 합쳐서 열심히 달려갈 것이다.

부드럽게 거절하는 7가지 방법

네트워크 사업을 진행하면서 여러분은 많은 거절을 맞이하게 되면서 많은 좌절과 스트레스 받는 것이 사실이다. 반대로 여러분들이 자연스럽고 부드럽게 다른 사업의 제안도 많이 받을 것이다. 이때 부드럽게 거절하는 7가지 방법을 활용한다면 제안한 사람을 나의 파트너로 끌어들일 수 있는 기회가 올 것이다.

첫째, "생각할 시간을 좀 주세요."

그 자리에서 분명하게 거절해야 할 일이라도 한 시간 정도 생각해 본 척한 다음 분명하게 거절하는 편이 상대의 반발을 막을 수 있다.

둘째, "정말 좋은 제안이군요."

상대방의 제안을 일단 인정한 다음 다른 일 때문에 바빠서 함께 할 수 없다고 말한다. 다른 일이 어떤 일인지는 굳이 설명할 필요는 없다.

셋째, "정말 대단하세요."

일단 상대방을 칭찬한 다음 "당신과 같이 일하고 싶지만 이번에는 어쩔 수 없네요."라고 말한다.

넷째, "원칙적으로 저는 그런 일을 하지 않아요."

일정한 자신의 확고한 기준이 있다고 하면 개인적인 이유로 거절하는 것보다 더 받아들여진다.

다섯째, "정말 안 됐네요."

들어주기 어려운 부탁이라면 거절에 앞서 그 사람의 처지를 이해해주어라.

여섯째, "지금은 곤란한데요."

사실상 거절이지만 다음 기회로 미루는 방법이다. 어떤 특정한 날 무엇을 해달라는 부탁을 받으면 "안 돼요. 하고 싶은 마음이 없어요."보다는 "그날은 어렵겠는데요."가 사람의 마음을 덜 상하게 한다.

일곱째, "음… 안 되겠어요."

싫은 것은 싫다고 말해야 하지만 잠시 뜸을 들여 고민하는 모습을 보인다. 그 다음 분명하게 상대를 보며 "아니오."라고 말한다. 그렇지 않으면 아직도 마음의 결정을 내리지 못한 것처럼 보일 수 있기 때문이다.

기적의 10마디

첫째, "내 잘못입니다."

자신의 잘못을 인정할 수 있다면 실수를 바로잡고 해결책을 모색할 수 있다.

둘째, "미안합니다."

"미안합니다."라고 말할 때 상대방의 입장을 알 수 있으며, 관계를 개선할 수 있으며, 상대의 장점을 볼 수 있다.

셋째, "할 수 있습니다."

실패에 대한 두려움과 비난, 그리고 비웃음에 대한 걱정이 있겠지만, 목표를 갖고 도전하시길 바란다. 당신은 할 수 있다.

넷째, "당신을 믿습니다."

세상에서 가장 강한 힘 중 하나는 자신감을 가지고 더 큰 목표를 향해 나아가는 인간의 의지이다.

다섯째, "당신을 신뢰합니다."

우리 사회의 성공은 상대가 잘할 수 있을 것이라는 믿음, 서로에게 보여주는 믿음, 사람들이 약속을 지킬 것이라는 믿음에 달려있다.

여섯째, "당신이 자랑스럽습니다."

새롭게 일을 시작하는 사람들, 자신감이 필요한 사람들, 성공한 사람들 어느 누구든 삶의 매순간마다 대화와 메모 또는 행동으로 "당신이 자랑스럽습니다."라는 격려가 필요하다.

일곱째, "고맙습니다."

"고맙습니다."라는 말은 배려에 대한 감사를 보이는 일이며, 사려 깊은 생각에 대한 인정이다.

여덟째, "당신이 필요합니다."

자신이 필요한 사람이라고 인식될 때 긍정적이며 더 잘할 수 있게 된다. 더 많은 일을 하게 된다.

아홉째, "사랑합니다."

사랑은 우리 주변에 항상 있다. 배우자, 가족과 친구 또한 우리의 커뮤니티를 위해 사랑을 찾고 또 사랑을 키워나가야 한다.

열번째, "존경합니다."

존중받고자 한다면 먼저 존중하길 바란다. 상대방의 가치를 인정하고 존중하는 사람은 존경받는다.

위의 '기적의 10마디'를 나의 것으로 습관화하여 실행으로 실천한다면 당신의 사업은 더욱더 빛나게 발전할 것이다. - SNS 중에서

'얼굴'이란 우리말의 의미

얼 : '영혼'이라는 뜻이며

굴 : '통로'라는 뜻이 있다고 한다.

멍한 사람들을 보면 '얼빠졌다'고 한다.

죽은 사람의 얼굴과 산 사람의 얼굴은 다르다.

기분이 좋은 사람의 얼굴과 아주 기분이 나쁜 사람의 얼굴은 다르다.

사람의 얼굴은 우리 마음의 상태에 따라 달라지게 된다.

그러니 사람의 얼굴은 마치 영혼이 나왔다 들어왔다 하는 것처럼 바뀐다.

그러기에 변화무쌍한 것이 얼굴이다.

얼굴은 정직하다.

첫인상이 결정되는 시간은 6초가 걸린다고 한다.

첫인상이 결정하는 요소는 외모, 표정, 제스처가 89%, 목소리 톤, 말하는 방법 13%, 그리고 나머지 7%가 인격이라고 한다.

표정이 그 사람의 인생을 결정한다고 한다.

표정과 감정의 관계는 불가분의 관계이다.

사람의 얼굴은 근육 80개로 되어 있는데 그 80개의 근육으로 7,000가지의 표정을 지을 수 있다고 한다. 우리 신체의 근육 가운데 가장 많이 가지고 있고 가장 오묘한 것이 바로 얼굴이다. 그래서 얼굴을 보면 그 사람을 알 수 있다. **우리는 그것을 '인상'이라고 말한다.** 우리의 인상은 어떻게 생기는 것일까? 이처럼 시시때때로 변화되어지는 것이 우리들의 모습일 것이다. 또한 변화될 수 있는 것도 우리들의 모습일 것이다.

> 서로 잘 통하는 얼굴
> 영혼이 잘 통하는 얼굴
> 생명이 잘 통하는 얼굴
> 기쁨이 잘 통하는 얼굴
> 감사가 잘 통하는 얼굴
> 희망이 잘 통하는 얼굴
> 항상 이런 모습으로 하루하루 새롭게 열어 가시기를 바란다.
>
> - 좋은 글 중에서

우리가 일상생활을 하면서 항상 자신의 얼굴을 잘 관리하는 사람이 성공한다는 것이다. 아침에 일어나 거울을 보고 자신의 이름을 부르며 외치길 바란다.

"○○아, 너는 잘할 수 있어!"
"정말 잘 돼!"
"술술~ 풀릴 거야!"

"불행 끝! 행복시작!"
"실패 끝! 성공시작!"

이렇게 매일 외치는 자는 분명 성공할 것이다. 오늘 아니 지금 당장 자신에게 외치길 바란다.

당신이 리더라면 걸림 없이 살 줄 알라
유리하다고 교만하지 말고
불리하다고 비굴하지 말라.

무엇을 들었다고 쉽게 행동하지 말고
그것이 사실인지 깊이 생각하여
이치가 명확할 때 과감히 행동하라.

벙어리처럼 침묵하고 임금처럼 말하며
눈처럼 냉정하고 불처럼 뜨거워라.

태산 같은 자부심을 갖고
누운 풀처럼 자기를 낮추어라.

역경을 참아내고

형편이 잘 풀릴 때를 조심하라.
재물을 오물처럼 볼 줄도 알고
터지는 분노를 잘 다스려라.

때로는 마음껏 풍류를 즐기고
사슴처럼 두려워할 줄 알고
호랑이처럼 무섭고 사나워라.
이것이 지혜로운 이의 삶이니라.

- 좋은 글 중에서

부자 아빠는 이렇게 말했다.
"위대한 사람들은 위대한 꿈을 가지고 있고 평범한 사람들은 평범한 꿈을 가지고 있지. 만일 네 자신을 변화시키고 싶다면, 네 꿈의 크기를 바꾸는 일부터 시작하거라."

- 로버트 기요사키의 〈부자 아빠 가난한 아빠〉 중에서

"생생하게 상상하라.
간절하게 소망하라.
진정으로 믿으라.
그리고 열정적으로 실천하라.
그리하면 무엇이든지 반드시 이루어질 것이다."

- 폴 마이어의 글 중에서

부부 십계명

아내가 남편에게

① 남편의 좋은 점을 칭찬해준다.

② 남편이 좋아하는 음식을 준비하고 건강관리에 힘쓴다.

③ 남편의 잘못이 있을 때 지혜롭게 충고한다.

④ 모든 일을 남편과 의논해서 처리한다.

⑤ 시댁 가족들과 잘 지내고, 남편 친구들을 정성껏 대접한다.

⑥ 귀가한 남편의 편안한 쉼터가 되도록 집안 분위기를 가꾼다.

⑦ 남편과 손을 잡고 대화하는 시간을 만든다.

⑧ 남편의 사회활동을 격려하고, 직장생활에 전념하도록 배려한다.

⑨ 늘 상냥하고 부드러운 얼굴로 대하고, 아이들에게 남편의 험담을 하지 않는다.

⑩ 항상 깨끗하고 청결하게 하고, 수입의 범위 내에서 근검절약한다.

남편이 아내에게

① 아내의 생일을 기억하고 조그만 꽃송이라도 선물하는 성의를 보인다.

② 모든 일은 아내와 상의해서 결정한다.

③ 아내의 좋은 점을 찾아서 자주 칭찬한다.

④ 처가 쪽 사람들을 친동기처럼 배려하고 따뜻하게 대한다.

⑤ 바깥 활동에 대해 아내에게 자주 말하고, 기쁨과 즐거움을 함께 나눈다.
⑥ 아내의 자아실현을 위해서 배려한다.
⑦ 집안일을 한 가지라도 돕는다.
⑧ 아내와 여행을 하거나 같은 취미생활을 해 정나누기를 잘한다.
⑨ 아내의 마음에 상처 주는 말은 하지 말고, 부부싸움을 했을 때 먼저 화해한다.
⑩ 아내가 하는 일에 관심을 갖고 격려하며, 따뜻한 말과 대화하는 시간을 자주 갖는다.

- 좋은 글 중에서

당신은 기분 좋은 사람 / 오광수

당신을 만나면 왜 이리 기분이 좋을까요?
당신은 늘 미소를 잃지 않기 때문입니다.
언제 만나도 늘 웃는 얼굴은
부드럽고 정감을 느끼게 하여
보는 이로 하여금 언제나 기분이 좋게 합니다.
당신과 말을 하면 왜 이리 기분이 좋을까요?
당신의 말은 참으로 알아듣기가 쉽습니다.
어설픈 외래어나 어려운 말보다는
우리들이 늘상 쓰는 말 중에서

쉽고 고운 말들로 이야기하기 때문입니다.

당신을 아는 것이 왜 이리 행복할까요?

당신은 우리에게 소중한 사람이기 때문입니다.

믿고 함께 사는 필요함을 알게 해주고

서로 돕는 즐거움 가운데 소망을 가지게 하는

당신의 사랑이 가까이 있기 때문입니다.

기도의 힘

기도는 종교의 전유물이 아니다.

기도는 우주가 인간에게 선사하는

아주 특별하고 소중한 선물이다.

행복은 이미 궁극의 차원에 존재하고 있으며,

기도는 궁극의 차원으로 우리를 이끌어주기 때문이다.

당신이 무엇인가를 간절히 원한다면,

주저하지 말고 기도하길 바란다.

그래서 당신 자신이 우주 안의 모든 에너지와

연결되어 있다는 것을 체험하길 바란다.

— 틱낫한의 〈기도〉 중에서

기도의 힘은 크고도 위대합니다.

저도 늘 어머니의 눈물 기도를 기억합니다.

당신은 이미 돌아가셨지만, 생전에 눈물 쏟으며 드린 기도가 이제 와서 하나하나 열매를 맺어가는 걸 보며 경이로움을 느낍니다.

누군가 나를 위해 기도하고 있다는 것,

내가 누군가를 위해 간절히 기도한다는 것,

삶의 가장 위대한 힘을 발휘하는

가장 아름다운 순간입니다.

기적은 봄비처럼

행복이란

항상 선물이며, 언제나 기적이다.

사람들은 자기 손으로 기적을 만들어낼 수는 없다.

기적은 단지 일어날 뿐이다.

그리고 기적은 항상 하늘에서 내려온다.

언제나 예기치 않은 순간 우리에게 떨어지는 것이다.

우리는 기적이 우리를 비켜가지 않도록

손을 뻗어 잡기만 하면 된다.

　　　　　　- 안젤름 그륀의 〈하루를 살아도 행복하게〉 중에서

이 글을 대하니 기적은 빗물과 같다는 생각이 든다. 비는 시시때 때로 하늘에서 내리지만, 자기 그릇에 담지 않으면 모두 밖으로 흘러가 버리고 만다. 그릇을 준비해야 빗물을 받을 수 있고, 그것도 깨끗한 그릇이어야만 그에 담기는 빗물도 깨끗함을 오롯이 유지할 수 있다. 오늘도 기적은 봄비처럼 내린다.

내일을 위한 지침서

하나, 3년 뒤를 생각하라.
선택의 순간에는 한 발 물러서서 전체 그림을 보라.

둘, 마음이 이끄는 대로 해라.
옳다고 확신한다면 믿어라. 믿는다면 흔들리지 말라.

셋, 결과를 확신하라.
무엇을 보느냐가 아니라 어떻게 보느냐이다. 세상을 위한 선택을 하라.

넷, 다양하게 예측하라.
항상 여러 각도에서 상황을 살피고 분석하라. 판단력을 흐리게 만드는 '반복효과'에 속지 말라. 보고 싶은 것만 보는 것을 경계하라.

다섯, 현실을 직시하라.
'지도'가 아닌 '지형'을 관찰하라. 진실을 외면하지 말라.

여섯, 무모한 도전보다 현명한 후퇴가 낫다.
'닭의 30cm 시야'보다 '독수리의 3km 시야'를 가져라. 창의적인 끈기를 추구하라.

일곱, 고통의 이면에 집중하라.

과거를 닫고 '미래로 향한 창문'을 열어라.

여덟, 상상력으로 위기를 극복하라.

절대 포기하지 말라. 걱정은 나중에 하라.

아홉, 두려움은 이미지일 뿐이다.

선택했다면 집중하라. 바로 지금 두려움 속으로 뛰어들라.

열, 과거에 발을 딛고 미래를 보고 현재를 살라.

고난을 지혜롭게 견뎌라. 현재와 미래의 균형을 잡아라.

열하나, 잠재력을 깨워라.

자신 안의 보물을 발견하라. 꿈을 이루는 것도 기술이다.

열둘, 보이지 않는 가치를 선택하라.

보이지 않는 것이 더 중요하다.

열셋, 홈런을 치고 싶으면 계속 방망이를 휘둘러라.

실패는 여전히 성공의 어머니이다.

열넷, 스스로 위기를 만들지 말라.

'하늘'을 스스로 무너뜨리지 말라.

열다섯, 결국 선택권은 자신에게 있다.

더 멀리 더 깊게 더 넓게 보라.

열여섯, 전문가에게 도움을 구하라.

전문가의 힘으로 기회를 구하라.

- 이스라엘 카마카위우올레 〈오버 더 레인보우〉 중에서

현명한 사람의 50가지 생활습관

(1) 먼저 내 쪽에서 인사하자.

(2) 사소한 대응에서도 '훌륭하다, 감사하다'라고 말하자.

(3) 인사를 하지 않아도 되는 사람에게도 인사를 해보자.

(4) 엘리베이터가 있는 곳에서도 계단으로 올라가자.

(5) 하루에 한 번 "잘했어!" 하고 말하자.

(6) 기도할 때는 소중한 사람을 위한 기도도 잊지 말자.

(7) 존경하는 사람의 사고방식을 흉내내보자.

(8) 무언가를 사지 않더라도 "고맙습니다. 수고하세요."라고 말하고 가게를 나오자.

(9) 중요한 것을 찾지 못할 때는 쓸데없는 것을 버려보자.

(10) 남과 이야기하지 않고 두 시간은 집중할 수 있도록 하자.

(11) 막다른 상황에서 그래도 OK라고 말하자.

(12) 뭔가를 하기도 전에 방어선을 준비하지 말자.

(13) 긴장되는 일일수록 여유를 갖고 하자.

(14) "……만 있으면"이라는 말을 하지 말자.

(15) 반대할 것을 기대하고 상담하지 말자.

(16) 거절당하면 열의를 시험한다고 생각하자.

(17) 약속시간보다 좀 일찌감치 가자.

(18) 아무거나 좋다고 하지 말고 스스로 선택하자.

(19) 뒷사람을 위해 한 발 더 안쪽으로 들어가자.

(20) 항상 약국 카운터에 있다는 생각으로 말하자.

(21) 싫어하는 사람을 자신의 거울로 삼자.

(22) 단체에 가입할 때 특전을 생각하지 말자.

(23) 이해득실보다는 납득하고 선택하자.

(24) 인사를 제대로 하지 못했던 사람에게 인사하자.

(25) 사과하는 상대의 이야기를 끝까지 들어주자.

(26) 선천적인 이유를 핑계로 삼지 말자.

(27) 한 시간 후에 만날 사람이라도 미리 연락을 해두자.

(28) 없을 줄 알아도 연락을 자주 하자.

(29) 될 때까지 해보자.

(30) 전화를 끊을 때 조심스럽게 수화기를 놓자.

(31) 이성이 하는 일을 해보자.

(32) 꽃과 나무, 동물의 이름을 자주 불러주자.

(33) 남에게 짜증내지 말자.

(34) 언짢은 일이 있을 때일수록 좋은 일을 하고 한 번 웃자.

(35) 한 달에 한 번 이번 달 나의 실수를 스스로 표창하자.

(36) 겸손한 사람에게 그 이상으로 겸손하게 대하자.

(37) 모든 일에 시작은 물론이고 뒷정리에도 마음을 쓰자.

(38) 사람을 만나기 전에 우선 느끼자.

(39) 어디까지 갈 수 있을지 출발 전에 생각하지 말자.

(40) 하나라도 좋으니 간단한 일을 계속해보자.

(41) 항상 거꾸로 생각해보자.

(42) 책은 친구, 연인처럼 늘 가까이 하자.

(43) 혼자 있는 나만의 시간을 2시간 정도 만들자.

(44) 사소한 일이라도 성심성의껏 대하자.

(45) 거짓 없이 진실한 마음으로 칭찬하자.

(46) 다른 사람에 대한 험담이나 나쁜 소문이 돌았을 때 퍼뜨리지 않고 나에게서 멈추도록 하자.

(47) 화를 애써 참지 않고 도움을 청하자.

(48) 나에게 해를 입혔다고 해서 앙갚음을 하려 하지 말자.

(49) 남을 용서하고 사랑하자.

(50) 나를 용서하고 사랑하자.

- 좋은 글 중에서

1년만 미쳐라

만약 당신이 네트워크 비즈니스 마케팅 사업을 선택하고 창업을 하였다면 꼭 해야 할 지침을 잘 새겨야 한다. 그리고 적극적인 행동으로 옮기는 당신은 성공할 수 있다는 것을 명심하시기를 바란다. 성공할 수 있는 비법, "1년만 미쳐라!"

1년간 미치기 위한 각오(방법)

(1) 환경을 탓하지 말고 다시 시작해라.

(2) 실천하지 못하면 죽을 각오를 하라.

(3) 기회를 포착하고 즉시 행동해라.

(4) 자신에 대한 믿음 없이는 시작도 하지 말라.

(5) 파격적인 생각으로 미쳐야 할 것을 찾아라.

(6) 마지막 1초까지 올인해라.

(7) 성패를 따지지 말고 미쳐라.

(8) 1%의 희망만 보여도 매달려라.

(9) 주인의식을 가지고 미쳐라.

(10) 자기가 좋아하는 일을 해라.

(11) 변화를 즐겨라.

(12) 정직하게 승부해라.

(13) 승리자처럼 생각하고 행동해라.

(14) 사람을 소중히 여겨라.

(15) 최고가 되겠다는 도전의식을 가져라.

(16) 능력이 없으면 편하게 먹고 자지도 말아라.

(17) 대가를 바라지 말고 몰입해라.

(18) 자신을 칭찬해라.

(19) 정보를 확보해라.

(20) 실패를 성공 자산으로 만들어라.

(21) 끊임없이 배우고 익혀라.

(22) 장기적인 안목을 가져라.

(23) 일관된 행동원칙을 세워라.

(24) 성공 모델을 찾아라.

(25) 미치면 성공으로 가는 길이 보인다.

- 좋은 글 중에서

위의 25가지의 지침을 내 것으로 만들어 적극 활용하자.

"나는 할 수 있다."

"해낼 수 있다."

"정말 잘 돼."

"술술 풀릴 거야."

"불행 끝! 행복시작!"

"실패 끝! 성공시작!"

이제부터 여러분이 하시는 사업은 성공할 수밖에 없다는 것을 명심하고 딱 1년만 미쳐보시기 바란다. 대개 실패하는 사람들의 몸에는 못된 벌레 한 마리가 살고 있다고 한다. 그 벌레의 이름은 '대충'이다.

- SNS 중에서

관계의 소중함

약점은 도와주고, 부족은 채워주고, 허물은 덮어주고, 비밀은 지켜주고, 실수는 감춰주고, 장점은 말해주고, 능력은 인정해주자. 사람을 얻는 것이 커다란 행복이며, 사람을 잃는 것은 크나큰 슬픔이다. 그렇다. 기쁨도 슬픔도 성공도 실패도 사람으로 연결되는 것이다. **그러니 좋은 사람 만나고 싶거든 내 자신이 먼저 어떤 사람인지 봐야 할 것 같다.** 마치 사람은 자석 같아서 자신과 비슷한 사람을 끌어당기기 때문이다. 성공도 같다. 우리들의 그릇을 키운 만큼 담을 수 있는 사람의 크기가 달라지게 되어 있기 때문이다.

- SNS 중에서

불경일사 일지

"한 가지 일을 경험하지 아니하면 한 가지의 지혜가 자라지 못한다." 살면서 늘 염두에 두어야 할 3가지를 마음에 새기자.

첫째, 인간의 좋은 습관 3가지

(1) 일하는 습관

(2) 운동하는 습관

(3) 공부하는 습관

둘째, 인간을 감동시키는 액체 3가지

(1) 땀

(2) 눈물

(3) 피

셋째, 남에게 주어야 할 3가지

(1) 필요한 이에게 도움

(2) 슬퍼하는 이에게 위안

(3) 가치 있는 이에게 올바른 평가

넷째, 내가 진정 사랑해야 할 3사람

(1) 현명한 사람

(2) 덕 있는 사람

(3) 순수한 사람

다섯째, 반드시 소유해야 할 3가지

(1) 건강

(2) 재산

(3) 친구

여섯째, 살면서 한 번 놓치면 다시 돌아오지 않는 3가지

(1) 시간

(2) 말

(3) 기회

일곱째, 살아가는 데 가장 가치 있는 3가지

(1) 사랑

(2) 자신감

(3) 긍정적 사고

여덟째, 성공적인 사람을 만들어주는 3가지

(1) 근면

(2) 진실성

(3) 헌신과 전념

아홉째, 성공하지 못하는 사람을 만들어주는 3가지

(1) 폭음

(2) 자만(아집)

(3) 분노

열번째, 인생에서 한 번 무너지면 다시 쌓을 수 없는 것

(1) 존경

(2) 신뢰

(3) 우정

살아가면서 지켜야 할 교훈들이다.

- SNS 중에서

'되고' 법칙

돈이 없으면 돈은 벌면 되고,

잘못이 있으면 잘못은 고치면 되고,

안 되는 것은 되게 하면 되고,

모르면 배우면 되고,

부족하면 메우면 되고,

힘이 부족하면 힘을 기르면 되고,

잘 안 되면 될 때까지 하면 되고,

길이 없으면 길을 만들면 되고,

기술이 없으면 연구하면 되고,

생각이 부족하면 생각을 하면 되고,

믿고 사는 세상을 살고 싶으면 거짓말로 속이지 않으면 되고,

미워하지 않고 사는 세상을 원하면 사랑하고 용서하면 되고,

사랑 받으며 살고 싶으면 부지런하고 성실하고 진실하면 되고,

세상을 여유롭게 살고 싶으면 이해하고 배려하면 되고.

이와 같이 '되고' 법칙에 대입해서 인생을 살아가면 안 되는 것이 없을 것이다. '되고' 법칙을 사업에 활용하시길 바란다.

- 좋은 글 중에서

거꾸로 읽어도 똑같은 문장

(1) 다들 잠들다.

(2) 아 좋다 좋아.

(3) 다시 합창합시다.

(4) 소주 만병만 주소.

(5) 색깔은 짙은 갈색

(6) 다 같은 것은 같다.

(7) 바로크는 크로바

(8) 다 이쁜이쁜이다.

(9) 여보 안경 안 보여.

(10) 통술집 술통

(11) 짐 사이에 이사짐

(12) 나가다 오나 나오다 가나.

(13) 다리 그리고 저고리 그리다.

(14) 소 있고 지게 지고 있소.

(15) 다시 올 이월이 윤이월이올시다.

(16) 다 가져가다.

(17) 건조한 조건

(18) 기특한 특기

(19) 다 이심전심이다.

(20) 자 빨리 빨리 빨자.

(21) 자꾸만 꿈만 꾸자.

(22) 다 같은 금은 같다.

(23) 다 좋은 것은 좋다.

(24) 생선 사가는 가사 선생

(25) 여보게 저기 저게 보여.

(26) 다 큰 도라지일지라도 크다.

(27) 대한 총기공사 공기총 한 대

(28) 아들딸이 다 컸다 이 딸들아

(29) 지방상인 정부미 부정 인상 방지

(30) 가련하다 사장 집 아들딸들아 집장사 다 하련가.

- SNS 중에서

덕목

언제 어디서나 남을 도우면 자기 자신도 이롭게 되어
언제 어디서든 행복을 누릴 수 있다.

토끼를 잡을 땐 귀를 잡아야 하고
닭을 잡을 땐 날개를 잡아야 하고
고양이를 잡을 땐 목덜미를 잡으면 되지만

사람은 어디를 잡아야 하나요?
멱살을 잡히면 싸움이 나고
손은 잡히면 뿌리치지요.

그럼 어디를 잡아야 할까요?
마음을 잡으세요.
마음을 잡으면 평생 떠나지 않는다네요.
가까이 있는 사람의 마음을 잡도록 노력하세요.

내 마음이 날카로운 칼이라면 상대방은 철판으로 방어할 테고
내 마음이 날아가는 화살이라면 상대방은 방패로 응수할 겁니다.
내 마음이 시리도록 차가운 바람이라면
상대방은 추워서 마음의 문을 꽁꽁 닫을 겁니다.

내 마음 쓰기에 따라 상대방은 마음을 조절하며

내 마음의 온도에 따라 상대방도 온도를 맞춰옵니다.

내가 이웃으로 보내는 떡이 커야

이웃도 떡 담을 접시를 큰 것으로 준비하겠지요.

- SNS 중에서

덕목을 잘 쌓아야 당신의 어떤 사업이든 더욱 번창할 수 있다. 상대방을 배려하는 마음, **상대의 마음을 잡는 것이 바로 성공의 지름길이다.** 우리는 처음과 중간, 끝이 다른 것이 항상 문제를 일으킨다는 것을 잊고 있다. 처음과 같은 열정, 신뢰를 지속시킬 수 있는 끈기가 당신의 사업에 성공을 가져온다는 것이다. 그래서 늘 우리는 초심을 잃지 말라. 처음처럼을 외치길 바란다.

감사와 만족은 미인을 만든다

거울에 비친 자기 얼굴에 대해 실망하거나 자기 얼굴의 결점을 보려고 하지 마세요. 아름다움만을 찾아내고 내 얼굴은 아름답다고 믿는 것이 좋습니다. 주름살을 찾아내고 슬퍼한다든지, 흰 머리카락을 찾아내고는 늙었다고 생각해서는 안 됩니다. 어떤 사람의 용모에도 그 사람이 아니면 갖지 못할 아름다움이 있습니다. 그 아름다움을 찾아내 자기가 미인이라고 생각하면서 웃어야 됩니다.

자기가 미인이라고 마음속 깊이 생각할 때 그 생각은 형태로 나타나게 마련이므로 정말 특징 있는 얼굴을 가진 미인이 됩니다. 미인은 선천적인 아름다움이 아니라 후천적 아름다움에서 옵니다. 마음의 표정이 가져오는 개성 있는 아름다움입니다. 감사와 만족의 감정은 당신의 인생을 밝게 하며 당신의 표정에 기쁨의 문양을 그려줍니다. 당신을 또 다른 당신으로 탄생시켜 생명력 있는 미인으로 만들어주는 것입니다.

- SNS 중에서

그러니 항변하지 말라. 사실은 도처에 감사해야 할 은혜가 넘쳐 흐르고 있다. 이와 같이 신변에 있는 모든 가구와 집기, 그리고 만물 등 헤아릴 수 없을 정도로 무수히 감사해야 할 물건을 찾아낼 수 있다. 모든 사물에 대하여 감사하자. 이것이 당신의 표정을 아름답게 하고 오랫동안 그 미모를 유지시키는 길이다. **당신의 사업도 상대에 대하여 항상 감사와 만족으로 받아들이는 사람이 성공한다는 것이다.**

인생의 날씨

기분이 좋지 않은 날에는 구름 한 점 없는 맑은 하늘이 그렇게 보기 싫을 수가 없습니다. 환한 미소를 지으며 지나가는 사람들의 모습도 왠지 보기가 싫지요. 하지만 기분이 좋은 날에는 잔뜩 구름 낀

흐린 날씨도 마음에 듭니다. 인생에서 일어나는 일들도 날씨처럼 마음에 따라 좋거나 나쁘거나 할 따름입니다. 어떤 시각에서 보느냐에 따라 좋은 날씨가 되기도 하고, 나쁜 날씨가 되기도 하는 것입니다. 오늘 당신의 날씨는 어떻습니까?

- SNS 중에서

햇빛은 달콤하고 비는 상쾌하고 바람은 시원하며 눈은 기분을 들뜨게 만든다. 세상에 나쁜 날씨는 없다. 서로 다른 종류의 날씨만 있을 뿐이다. **당신의 파트너 각자의 단점과 장점 중에서 단점만을 보는 것이 아니라 단점도 장점으로 만드는 지혜가 필요하다.** 나와의 생각이 틀린 것이 아니라 다르다고 인정하는 순간 당신의 파트너와 신뢰가 쌓이면서 사업은 더욱 번창 발전하며 당신과 파트너를 성공자로 이끌어줄 것이다.

당신이 주저앉고 싶을 때 용기를 주는 말

(스티브잡스 어록)

(1) 지난 33년 동안 매일 아침 거울을 보며 물었다. "오늘이 인생 마지막 날이라면, 오늘 할 일을 하고 싶나?" 이에 대한 답이 "아니오."이고 그런 날이 연달아 계속되면, 변화의 시점이 찾아왔다는 걸 깨닫는다.

(2) '점진적 개선'이란 개념을 존중하고 내 삶에서 그런 걸 해왔

다. 그리고 모든 사람이 "당신 완전 실패했어."라고 말하는 시기를 거치게 된다.

(3) 당신에게 주어진 시간은 한정적이다. **다른 사람의 인생을 살면서 삶을 허비하지 마라. '도그마'에 갇히지 마라.** 이건 다른 사람들이 만들어놓은 것이다. 다른 사람의 의견이 당신 내부의 목소리를 가라앉히게 하지 마라. 가장 중요한 건 당신의 마음과 직감을 따를 용기를 가져야 한다는 것이다.

(4) 일은 우리 인생의 많은 시간을 차지한다. **당신이 삶에 만족할 수 있는 유일한 방법은 당신이 하는 일이 '위대하다'고 믿는 것이다.** 위대한 일을 하는 유일한 방법은 당신 일을 사랑하는 것이다. 사랑하는 일을 찾지 못했다면 계속 찾아라. 타협하지 마라. 마음에 관한 문제가 그렇듯 그걸 발견하는 관계처럼 해가 지날수록 꿈은 더 좋아지게 된다.

(5) 묘지에서 가장 부자가 되는 건 내게 중요치 않다. 내게 중요한 건 밤마다 잠자리에 들면서 "오늘 굉장한 일을 했어."라고 말할 수 있냐는 점이다.

(6) 내가 곧 죽는다는 걸 기억하는 건 큰 선택을 할 수 있도록 도와주는 중요한 원동력이다. 왜냐하면 외부의 기대든 자존심이든 망신이나 실패에 대한 두려움이든 뭐든 간에 죽음 앞에 선 아무것도 아니기 때문이다. **죽음을 기억하면 정말로 중요한 것만 남는다.**

(7) 미래를 보면서 (인생의) 점들을 연결할 순 없다. 오직 과거를

돌아봐야 점이 연결된다. 그 점들이 미래에 어떻게든 연결될 것이라 믿어야 한다. 여러분은 여러분의 배짱, 운명, 인생, 인연 등 여러분에 관한 모든 걸 신뢰해야 한다. 이 방식은 내 인생을 크게 바꿔놓았다.

(8) 혁신을 시도하다 보면 실수를 할 때가 있다. 빨리 실수를 인정하고 당신의 다른 혁신을 서둘러 개선해 나가야 한다.

(9) 많은 사람들에게 '집중'이란 집중해야 할 것에 '예스'라고 말하는 걸 의미한다. 하지만 전혀 그런 게 아니다. 집중이란 좋은 아이디어 수백 개에 '노'라고 말하는 것이다. 당신은 매우 조심스럽게 골라야 한다.

(10) 우리 IT업계에선 다양한 인생 경험을 갖고 있는 사람이 별로 없다. 연결할 만한 충분한 '점'들이 없고, 그래서 문제에 대한 넓은 시각이 없는 매우 단선적인 솔루션을 내놓는다. 인간 경험에 대한 광범위한 이해를 갖고 있을수록 더 훌륭한 디자인이 나올 것이다.

(11) 누구도 죽길 바라지 않는다. 천당에 가는 이들도 천당에 가려고 죽음을 택하진 않을 것이다. 하지만 죽음은 우리 모두 가야 하는 곳이다. 누구도 죽음을 피할 순 없었다. 죽음은 삶의 가장 훌륭한 발명품이다. **죽음은 삶을 바꾸는 원동력이다.** 새로운 것을 위해 낡은 것을 없애준다.

(12) 창조성이란 단지 점들을 연결하는 능력이다. 창조인 사람들한테 어떻게 그걸 했냐고 물어보면, 그들은 약간 죄책감

을 느낀다. 왜냐하면 그들은 뭔가를 한 게 아니라 뭔가를 보았기 때문이다. 그들은 경험들을 연결해서 새로운 걸 합성해낸다.

(13) 예술가처럼 창조적인 삶을 살고 싶다면 뒤를 너무 돌아보면 안 된다. 당신이 지금 무얼 했든지 당신이 누구였든지 간에 그 모든 걸 내던질 자세가 되어야 한다.

(14) **'집중'과 '단순함' 이게 내 원칙 중 하나다.** 단순함은 복잡함보다 어렵다. 생각을 명쾌하게 해 단순하게 만들려면 굉장히 노력해야 한다. 하지만 결국 그럴 가치가 있다. 일단 단순함에 도달하면 산을 움직일 수 있기 때문이다. - SNS 중에서

스티브잡스 어록처럼 지금 이 순간 최선을 다해야 한다는 것이다. 지나간 과거에 집착하는 것, 미래를 걱정을 하는 것이 아니라, 지금 이 순간 무엇을 해야 할지 한 곳에 집중하고 올인하는 것이 성공으로 이끌어준다는 것이다. "우물을 파도 한 우물을 파라."는 옛 속담에서와 같이 한 번 결정을 하였다면 끝까지 최선을 다하라는 것임을 명심하고 "나는 할 수 있다."는 강인함으로 사업하시길 바란다.

유머와 재치

'아인슈타인'은 상대성 이론으로 엄청난 강연 요청에 쉴 틈이 없었습니다. 어느 날 운전기사가 아인슈타인에게 말했습니다.

"박사님이 너무나 바쁘시고 피로하신데 제가 상대성 이론을 30번이나 들어 거의 암송하다시피 하게 되었습니다. 다음번에는 제가 박사님 대신해서 강연하면 어떨까요?"

운전사는 공교롭게도 아인슈타인과 너무나 닮았습니다. 서로 옷을 바꿔 입었습니다. 연단에 올라선 가짜 아인슈타인의 강연은 훌륭했습니다. 어쩌면 진짜 아인슈타인보다 더 잘했습니다. 그런데 문제가 생겼습니다. 한 교수가 이론에 관한 질문을 했습니다. 가슴이 "쿵" 내려앉았습니다. 정작 놀란 것은 가짜보다 운전사 복장을 한 진짜 아인슈타인이었습니다. 그런데 가짜 아인슈타인은 조금도 당황하지 않았습니다. 빙그레 웃으면서 말했습니다.

"그 정도의 간단한 질문은 제 운전사도 답할 수 있습니다."

"어이 여보게, 올라와서 잘 설명해드리게나."

- SNS 중에서

와우! 운전기사의 놀라운 재치! 과연 이런 상황에서 여러분은 어떤 재치를 보였을까? 아마 이 운전사 양반은 노벨재치상이 있다면 당연히 수상을 받아야 한다. 우리들은 이런 재치의 말을 유머와 재치로 이해하는 데 인색하다. **지금부터 당신의 일상 또는 사업에서도 재치 있는 여유를 가지고 사업에 성공하시기를 바란다.**

생각

생각은 인생의 소금입니다. 음식을 먹기 전에 간을 보듯,

말과 행동을 하기 전에 먼저 생각하세요.

깊은 강물은 돌을 집어 던져도 흐려지지 않습니다.

모욕을 받고 발칵 하는 사람은 작은 웅덩이에 불과합니다.

세 번 생각하고 행동하는 값진 사람이 되고 싶습니다.

그 사람이 있을 때는 존중하고

그 사람이 없을 때는 칭찬하고

그 사람이 곤란할 때는 도와주고

그 사람의 은혜는 잊지 말고

그 사람이 베푼 것은 생각하지 말고

그 사람에게 서운한 것은 잊으세요.

- SNS 중에서

우리의 일상생활에서 나는 과연 상대방에게 어떤 마음으로 대하였는가? 이제부터라도 상대의 마음을 헤아릴 줄 아는 지혜가 필요하다는 좋은 글이다. 사소한 일로 서로가 원수지간으로 변하는 것이 현실이다. '삼사일언', 세 번 생각하고 한 번 말하라는 사자성어에서 보듯이 우리는 나만을 생각하고 상대방의 의견이나 생각을 무시함으로 마음의 앙금이 생겨지는 것이다. 더욱이 여러 사람들과의 비즈니스 관계는 더욱 그렇다. **가정, 친구, 직장, 사업에서 특히 작은 마음이 상대를 움직이게 된다는 것이다.**

가장 중요한 일

어느 한 신사가 어머니에게 보내드릴 꽃다발을 주문하기 위해서 꽃가게 앞에 차를 세웠습니다. 그런데 한 소녀가 꽃가게 앞에 앉아 울고 있는 것이었습니다. 신사는 그 소녀에게 다가가 왜 우는지 물었습니다. 그러자 소녀는 신사에게 대답했습니다.

"엄마에게 드릴 꽃을 사고 싶은데 제가 가지고 있는 돈은 저금통에 들어 있는 동전 몇 개가 전부라서요."

신사는 미소를 지으며 말했습니다.
"나랑 가게 안으로 들어가자. 내가 꽃을 사줄게."

신사는 소녀를 데리고 가게 안으로 들어가 소녀에게 꽃을 사주었습니다. 그리고 자기 어머니의 꽃다발도 함께 주문하고 배달해달라고 요청했습니다. 신사는 가게를 나오면서 소녀에게 집까지 태워다주겠다고 말했습니다. 소녀는 신사에게 정말 고맙다고 말하면서 길을 안내하였습니다. 그런데 한참을 달려 도착한 곳은 뜻밖에도 공동묘지였습니다. 차에서 내린 소녀는 한 묘 앞으로 다가갔습니다. 그리고 "엄마" 하면서 꽃을 내려놓았습니다. 이 소녀의 모습을 본 신사는 크게 깨달았습니다. 곧바로 꽃가게로 돌아가서 어머니에게 보낼 꽃배달을 취소했습니다. 그리고는 가장 예쁜 꽃다발을 직접 사들고 나와 멀리 떨어져 있는 어머니 집으로 갔습니다.

인생이라는 긴 여정 가운데 우리는 늘 무언가에 쫓기며 살아갑니다. 학업에 쫓기고, 일에 쫓기고, 시간에 쫓기며 아등바등 살아갑니다. 그러다 보니 정작 가장 중요한 일은 뒷전으로 미루기 일쑤입니다. 감사하다, 사랑한다, 미안하다와 같이 진심을 전하는 '가장 중요한 일'은 바로 말입니다.

- SNS 중에서

이 세상에 가장 중요한 것은 내가 '어디'에 있는가가 아니라 '어느 쪽'을 향해 가고 있는가를 파악하는 일이다. - 올리버웬들 홈스

틈

「장미의 이름」의 작가 옴베르토 에코(1932~2016)는 소설가이면서도 기호학자, 철학자, 미학자로 불릴 정도로 세계적인 석학으로 알려져 있습니다. 이렇게 그는 많은 분야에서 뛰어난 업적을 남겼기에 당대의 천재라는 소리를 들을 수가 있었지요. 한 사람이 그에게 이런 질문을 던졌습니다.

"어떻게 그렇게 많은 일을 하십니까?"

옴베르토 에코는 이렇게 대답하였습니다.

"세상에는 틈이 많습니다."

누구는 시간이 없다면서 아무것도 못하고 있지만 누구는 시간이 많다면서 실제로 많은 것을 하고 있습니다. 그런데 제3자가 보기에는 시간이 많다고 하는 사람에게는 시간이 늘 부족할 것만 같습니다. 왜냐하면 하는 것들이 너무나도 많기 때문입니다. 어떤 마음을 품고 있느냐가 중요하다는 것이지요. 시간이 없다고 생각하면 정말로 시간이 없으며, 시간이 많다고 생각하면 시간이 많은 것처럼 다가오는 것입니다. 따라서 내 마음이 중요합니다. 시간이 남아도는 사람에게 할 일이 밀려오는 것이 아님을 기억하면서 '그럼에도 불구하고' 행동하는 자세가 필요합니다.

- SNS 중에서

세상에 핑계 없는 무덤은 없다는 말처럼 우리는 핑계에 익숙하여 있다는 것이다. '핑계'로 돈을 많이 번 사람이 있다. 누구일까? 그 사람은 바로 가수 김건모일 것이다. 그의 노래 '핑계'는 많은 음반판매로 수익을 많이 벌었다는 이야기이다. 우리네 일상은 늘 핑계에 익숙한 삶의 연속이다. **고급정보를 주려고 하는데 늘 시간이 없다는 핑계로 좋은 기회를 놓쳐버리는 것이 일상이라는 뜻이다.** 고급정보는 언제든지 마음을 열고 시간을 쪼개어 잘 들어보고 결정하면 되는 것이다. 지금부터는 마음을 활짝 열고 고정관념에서 탈피하여 보시기를 바란다.

스티그마 효과 & 피그말리온 효과

(1) 스티그마 효과

부정적인 편견, 부정적인 낙인이 찍힌 사람이 실제로 그렇게 행동하게 되어 부정적인 인식을 더욱 강화하는 현상으로 '낙인 효과'라고도 한다. **편견이나 고정관념에 따라 실제로 그렇게 된다는 현상을 말한다.** 그래서 모두가 절대긍정, 초긍정으로 하루하루를 시작하라고 하는 것이다.

(2) 피그말리온 효과

기대와 긍정이 만들어내는 기적을 이야기한다. 그리스 로마 신화에서 일명 조각상을 사랑한 실제 인물 피그말리온을 이야기한다. 기대와 칭찬, 열정과 사랑의 힘을 이야기한다. 피그말리온은 여성에게는 결점이 너무 많다고 생각하여 현실의 여성을 멀리하는 대신 상아를 빚어 아름다운 여인상을 조각한다. 작품은 완벽하였고 살아있는 여인으로 착각할 정도로 정교하고 생동감이 넘쳤으며 세상의 어떤 여인보다 뛰어난 미모를 갖추고 있었다. 피그말리온은 그만 조각상과 사랑에 빠졌고 틈만 나면 여인상을 바라보며 사랑의 감정을 키워가며 하루에도 몇 번씩 끌어안고 쓰다듬고 키스하고 예쁜 꽃을 안겨주기도 하고 옷을 입혀주고 손가락에 반지와 모든 장신구 등을 여인에게 주며 속삭인다.

"여인이여, 바라건대 제 아내가 되어주소서."

하루에도 몇 번씩 기도를 하였다. 그러던 어느 날 조각상에 생명이 깃들며 조각상은 인간이 되어 피그말리온은 인간이 된 여인 갈라테이아(Galateia)와 부부로 맺어졌다는 이야기이다. 당신도 성공하고자 하는 간절함, 열망이 있다면 성공할 수 있다는 피그말리온의 효과를 적극 활용하여 성공하시길 바란다.

- 좋은 글 중에서

빌 게이츠 성공 명언

주어진 삶에 적응하라.

인생은 공평하지 않다는 것을 명심하라.

피할 수 없는 현실이라면 수용하라.

적응한 자만이 살아남는다.

적극적인 마음자세를 소유하라.

자신의 단점에도 도전하라.

실망스러운 결과가 발생했을 때 빨리 극복하라.

인생이 항상 원만할 것이라는 환상을 버려라.

인격이 성공의 밑천임을 기억하라.

대가 없이 얻고자 하지 말라.

성공은 저절로 찾아오지 않는다.

성공은 적극적인 노력의 산물이다.

실행하면서 꿈을 실현하라.

나태는 성공의 적이다.

자신의 창의성을 적기에 사용하라.

머뭇거리지 말고 목표를 향해 달려가라.

미루지 말자.

지금 바로 행동하라.

목표를 세분화하고 순차적으로 도전하라.

마지막까지 굳세게 해내라.

자신을 통제하는 습관을 가져라.

남의 지적을 수용하라.

자신에게 엄격한 사람이 되라.

훈련을 통해 좋은 습관을 만들라.

나쁜 습관을 과감히 버려라.

작은 일도 소홀히 여기지 말라.

평범한 것이 큰 일을 이룬다.

작은 일부터 시작하라.

작은 것에서 승부를 낼 줄 알라.

큰 일이든 작은 일이든 시종일관 충실하라.

실패에서 교훈을 배워라.

실수를 교훈으로 삼아라.

잘못했을 때는 과감히 인정하라.

잘못으로부터 뭔가를 배워라.

가장 중요한 것은 문제를 해결하는 것이다.

모든 일을 스스로 해결하라.

절대 오늘 일을 내일로 미루지 말라.

시간 낭비는 인생 최대의 실수다.

휴일에도 시간을 잘 활용하라.

시간 관리를 위해 계획을 수립하라.

오늘을 놓치지 말라.

3분간 열심히 휴식하라.

반드시 해야 할 일은 하라.

자신의 삶에 가치를 부여하라.

현실을 외면하지 말라.

향락을 쫓는 마음을 넘어서라.

공부는 우리 삶의 우선적 요소다.

무미건조한 삶에서 벗어나라.

일을 바꾸면서 휴식하라.

주변의 모든 사람을 선하게 대하라.

타인을 선대하는 것은 곧 자신을 선대하는 것이다.

너그럽지 못한 것은 곧 여유가 없음을 말한다.

비판 대신 칭찬을 하라.

능동적으로 상대에게 적응하라.

경제학 이야기, 스물

현재의 경제시장에서 부동산 정책으로 인한 많은 변화를 가져오고 있는 것이 사실이다. **이에 일본 경제시장에서의 경제 이야기 중 '1엔 별장 이야기'이다.** '1파운드 주택 프로그램'을 진행 중이다. 인구 감소로 빈집이 늘어 동네가 황폐해지자 도시 재건을 위해 시(市) 소유의 빈집을 단돈 1파운드(약 1,460원)에 시민에게 넘겨주는 것이다. 1년 안에 자비로 리모델링해 최소 5년 거주하는 조건이다. 유럽연합(EU)의 회원국인 프랑스, 이탈리아도 비슷한 방식으로 1유로(약 1,300원)짜리 집을 팔고 있다. 최근 후지산과 온천으로 유명한 일본 시즈오카현에서 2층짜리 별장이 1엔(약 10원)에 매물로 나왔다. 이 별장은 지자체가 아니라 개인 소유다. 소유자는 관리할 돈이 없어 사실상 공짜로 내놨지만 세금과 수리비 부담 때문에 매수자는 나타나지 않는다고 한다. 일본에서 주인이 버리거나 죽어 빈집이 이미 2013년 820만 채가 넘었다. 전체 주택의 13%다. 노무라 종합연구소는 2033년이면 이 비율이 30%로 치솟을 것으로 내다봤다. **젊은 세대에게 집은 더 이상 가치 있는 부동산(不動産)이 아니라 상속세와 재산세를 짊어져야 하는 '부(負)동산'이 된 탓이다.**

일본은 거품경제 시기인 1980~1990년대에 주택 가격이 오르며 과도한 공급이 이뤄졌다. 여기에 연간 출생아는 100만 명이 안 되는

데 사망자는 130만 명이 넘는 초고령사회에 접어들자 빈집은 심각한 사회문제가 됐다. 일본 전국 토지의 9분의 1이 주인과 연락이 닿지 않는다는 조사결과도 있다. 2015년엔 '빈집대책 특별조치법'도 제정했다. 빈집을 방치하면 범죄 등 각종 사고를 불러오고 결국 지역 전체를 슬럼화시키기 때문이다.

한국도 2000년 이후 연평균 53만 채 이상이 공급되면서 전국 기준 주택보급률은 100%가 넘는다. 신생아 감소에 따른 인구 감소도 일본과 판박이다. 이미 지방은 물론 수도권에서도 빌라나 노후 아파트를 중심으로 빈집이 126만 채, 전체 주택의 7%나 된다. 대부분 버려진 상태다. 일본은 빈집이 13%가 넘으면서 집값이 폭락하는 '빈집 쇼크'를 경험했다. **유럽이나 일본처럼 미리 대책을 세우지 않으면 빈집이 우리 사회에 위협이 되는 것은 시간문제다.** (출처 : 동아일보, 2018. 10. 30. 인용)

제21장.
희망의 글,
용기를 주는 글 모음

희망의 글, 용기를 주는 글 모음

(1) 내가 지금 서있는 곳에서 행복할 수 없다면 세상 어느 곳을 가도 마찬가지일 것이다.

(2) 한 글자로는 '꿈', 두 글자로는 '희망', 세 글자로는 '가능성', 네 글자로는 '할 수 있어'

(3) 생각을 바꾸면 행동이 바뀌고, 행동을 바꾸면 습관이 바뀌고, 습관을 바꾸면 인격이 바뀌고, 인격을 바꾸면 운명이 바뀐다.

(4) 행복은 비움이 데려오고, 불행은 욕심이 데려오고, 사랑은 선심이 데려오고, 미움은 소심이 데려오고, 성공은 노력이 데려오고, 실패는 오만이 데려온다.

(5) 자기를 발견하고 자신의 길을 찾으면 그때부터 그의 인생은

아주 멋진 환희의 파노라마가 펼쳐지게 되고 행복과 기쁨도 이때 찾아온다.

(6) 길을 모르면 물으면 될 것이고, 길을 잃으면 헤매면 그만이다. 중요한 것은 나의 목적지가 어디인지 늘 잊지 않는 마음이다. - 히피의 〈여행 바이러스〉 중에서

(7) 멀리 있는 사람이라도 마음이 통한다면 가까이 있으면서 마음이 통하지 않는 사람보다 더욱 의지할 수 있다. 인간관계에서 물리적인 거리보다 마음의 거리가 훨씬 더 중요하다는 것을 말한다.

(8) 가짜 친구는 소문을 믿고 진짜 친구는 나를 믿는다.

(9) 할 수 있을 때 하지 못하면 하고 싶을 때 할 수 없다.

(10) 오늘 내가 헛되이 보낸 하루는 어제 죽은 이가 그토록 살고 싶어 했던 내일이다.

(11) 웃었던 날들을 모으면 행복이 되고, 좋아했던 날들을 모으면 사랑이 되고, 노력했던 날들을 모으면 꿈이 된다.

(12) 이 길이 맞을까 의심하지만, 사실 그 길이 맞는지 안 맞는지 가봐야 아는 거다. 가봐서 아니라면? 또 다른 길을 찾으면 된다. 길의 끝은 언제나 다른 길로 이어지게 되어 있다.

- 〈서른 살엔 미처 몰랐던 것들〉 중에서

(13) 사는 날까지 꿈을 버리지 마세요. 마음을 닫지 마세요. 남을 원망하지 마세요. 죽는 소리하지 마세요. 사람을 미워하지 마세요. 자신을 포기하지 마세요. 말로 상처를 주지 마세요.

손에서 일을 놓지 마세요. 부정적 생각을 하지 마세요.

(14) 인생에서 가장 멋진 일은 사람들이 당신은 해내지 못할 거라 한 일을 해내는 것이다.

(15) 길을 가다가 돌이 나타나면? 약자는 그것을 '걸림돌'이라 하고, 강자는 그것을 '디딤돌'이라고 말한다. - 토마스 카알라일

(16) 인생은 곱셈이라 어떤 찬스가 와도 내가 제로이면 아무런 의미가 없다.

(17) 삶은 속도가 아니라 방향이다.

(18) 누구에게나 삶은 의미가 있다. 누구에게나 공평하게 주어진 삶을 자신의 노력에 따라 바꿔가는 것이다. 과정도, 결과도, 모두.

(19) 아무것도 하지 않으면 아무 일도 일어나지 않는다.
 - 기시미이치로

(20) 오늘은 내가 할 수 있지만 내일은 내가 할 수 없다.

(21) 바람은 이야기한다. 난 멈춰진 시간을 만나러 간다고. 구름도 그러했다. 만약 내가 멈춰진 시간을 만나면 뭐라고 말을 건넬까? 여기서 뒤돌아가자고 이야기해야 되는 것인가? 내 마음이 궁금하다.

(22) 긍정의 힘! 세상에 쉬운 건 없다. 근데 못할 것도 없다.

(23) 뭐든 말하고 나면 그만큼 쉬운 게 없더라.

(24) 실패로부터 배운 것이 있다면 이 또한 성공이다.

(25) 산이 내게 오지 않으면 내가 산에게로 가면 된다.

(26) 자존심의 꽃이 떨어져야 인격에 열매가 맺힌다.

(27) 인생에서 가장 슬픈 세 가지! 할 수 있었는데, 해야 했는데, 해야만 했는데.

(28) 하염없이 작아지는 용기를 크게 키우는 말은 "넌 할 수 있어!"이다. 부적보다 큰 힘이 되는 말은 "널 위해 기도할게!"이다. 충고보다 효과적인 말은 "잘 되지 않을 때도 있어."이다. 돈 한 푼 들이지 않고 호감 사는 말은 "당신과 함께 있어."이다. 말이란 참으로 놀라운 결과를 가져다준다.
- 〈생각하는 글쓰기〉 중에서

(29) 누구나 마음속에 생각의 보석을 지니고 있다. 다만 캐내지 않아 잠들어 있을 뿐이다.

(30) 아무것도 변하지 않을지라도 내가 변하면 모든 것이 변한다. - 오노레드 발자크

(31) 승리는 가장 끈기 있는 자에게 돌아간다. - 나폴레옹 보나파르트

(32) 살면서 미쳤다는 말을 들어보지 못했다면 너는 단 한 번도 목숨 걸고 도전한 적이 없었다는 것이다. - W. 볼튼

(33) 발암의 주요 원인 중 흡연이 25%이며, 75%가 화장품이나 욕실용품 등이다. 즉 자신도 모르는 사이에 발암물질에 노출되어 있다. - Dr. 사무엘 S. 엡스틴

(34) 세상에서 가장 중요한 일들은 대부분 아무도 도와주지 않을 때에도 계속 노력한 사람들에 의해 이루어졌다. - 데일 카네기

(35) 가난함은 창피한 것이 아니다. 게으르고 노력 안 하는 것이

창피한 것이다.

(36) 자기 자신도 알 것이다. 정말 최선을 다했는지, 모든 걸 다 쏟아부었는지. 1년만 미쳐보자.

(37) 경제적 자유를 원한다면 네트워크 마케팅 사업을 하라.
- 로버트 기요사키

(38) 도전을 친구로 생각하세요. 내가 성장하면 도전도 함께 성장하니까. - 피겨스케이트 선수 김연아

(39) 자신이 진짜 누구인지 보여주는 것은 능력이 아니라 선택에 달려있다. - 작가 조앤 K. 롤링

(40) 백만장자 마인드! 부자는 기회에 집중한다. 가난한 사람은 장애물에 집중한다.

(41) 나는 운이 없다고 절대 생각하지 마라. 운이란 준비와 기회가 만났을 때를 말한다.

(42) 행복의 문 하나가 닫히면 '다른 문'이 열린다. 하지만 우리는 '닫힌 문'을 너무 오래 바라보느라 열린 문을 보지 못한다.
- 헬렌켈러

(43) 같은 실수를 두려워하되 새로운 실수를 두려워하지 마라. 실수는 곧 경험이다.

(44) 처음에는 우리가 습관을 만들지만 그 다음에는 습관이 우리를 만든다. - 존 드라이든

(45) 누군가를 조금의 의심도 없이 완전히 믿으면 그 결말은 다음 두 가지 중 하나이다. 인생 최고의 인연을 만나거나, 인

생 최고의 교훈을 얻거나.

(46) 사람은 누구든지 후회되는 행동을 할 수 있어. 중요한 건 시간이 지나서도 그 후회되었던 행동을 가슴 깊이 새기고 있는지가 중요하겠지.

(47) 희망은 잠자고 있지 않은 인간의 꿈이다. 인간의 꿈이 있는 한 이 세상은 도전해볼 만하다. 어떠한 일이 있더라도 꿈을 잃지 말자. 꿈을 꾸자. 꿈은 희망을 버리지 않는 사람에겐 선물로 주어진다. - 아리스토텔레스

(48) 살아오면서 기쁨을 나누었더니 질투가 되고, 슬픔을 나누었더니 약점이 되고, 배려를 했더니 권리인 줄 알고, 즐겁자고 웃었더니 바보인 줄 알더라.

(49) 남의 탓, 세상 탓을 해대기 이전에 먼저 자신의 허물부터 돌아보라. 남의 흉허물이 한 개이면, 너의 흉허물은 열 개도 넘는다는 걸 항상 명심하라. - 인디언 속담

(50) 남을 비방하는 손가락은 한 개이나 정작 자기 자신을 향하는 손가락이 세 개(3개)나 된다는 것을 모르는 어리석음에서 깨어날 줄 모른다. - 인디언 속담

(51) 화무십일홍! 지금 현 세상이 그러하듯 자고로 어디를 가든, 어느 조직이든지 간에 시기, 질투와 음해, 모함을 일삼는 유자광 같은 이들이 있기 마련이다. 말세에는 특히 더 기승을 부린다. 그러나 꽃잎이 먼저 피어 아무리 기승을 부려도 나중에 한 톨 씨앗이 나올 때면 낙엽으로 다 떨어지는 것이다. - 속담

(52) 넘어진 그 자리가 새로 시작할 자리이다.

(53) 칼로 베인 상처는 쉽게 아물지만 말로 베인 상처는 치유되지 않는다.

(54) 사람들은 행복을 적금처럼 나중에 쓸 거라 생각해요. 그런 일은 절대 일어나지 않습니다. 닥치는 대로 행복하게 살아요.

(55) 내가 서있는 곳에서 행복할 수 없다면 세상 어느 곳을 가도 마찬가지일 것이다.

(56) 좋은 환경이 아니라고 불평하지 마십시오. 좋은 환경만이 좋은 결과를 가져오는 것은 아닙니다.

(57) 인생의 목적은 "얼마나 빨리 가느냐?"가 아니라 아름다운 풍경을 "얼마나 여행하느냐?"는 것입니다.

  - 베스트셀러 〈너를 사랑했던 시간〉 중에서

(58) 모든 기회에는 어려움이 있고, 모든 어려움에는 기회가 있다. - 시드로우 백스터

(59) 성공이 당신에게 오는 것이 아니라, 당신이 성공을 향해 가는 것이다. - 마르바 콜린스

(60) 그냥 시작해. 시작부터 훌륭할 필요는 없지만 훌륭해지기 위해선 시작해야 한다. - 지그 지글러

(61) 내가 서있는 곳에 확신이 있다면 굳건히 버텨라.

  - 에이브러햄 링컨

(62) 누군가 당신에게 어떤 일을 해낼 수 있느냐고 물어올 때마다 "나는 그 일을 확실하게 해낼 수 있습니다."라고 말하라.

부딪혀 최선을 다하다 보면 어떻게 해내야 하는지 요령이 생기기 때문이다. - 루즈벨트

(63) 한 걸음 한 걸음씩 나아가는 것, 어떤 일을 하든 목표를 달성하는 데 이보다 뛰어난 방법은 없다. - 마이클 조던

(64) 멋진 사람보다, 부족한 게 하나 없는 사람보다 마음이 다정한 사람이 좋습니다. 누군가의 마음을 움직이는 건 그 사람의 겉모습이 아니라 마음입니다.

(65) 변화 속에 반드시 기회가 숨어 있다. - 빌 게이츠

(66) 세상에서 가장 중요한 일들 대부분은 아무도 도와주지 않을 때에도 계속 노력한 사람들에 의해 이루어졌다. - 데일 카네기

(67) 기업가나 상인이 되는 것은 어렵다. 싸우는 것과 비슷하다. 살아남는 게 성공이다. 전쟁터에서 살아 돌아오는 게 성공이다. 생존한 5%가 되려면 95%가 저지르는 실수에서 반드시 배워야 한다. - 알리바바 마윈

(68) 바이너리 보상플랜이 가장 쉽고 간단하다. 바이너리 보상플랜은 1992년 마켓 아메리카 제임스 리딘저가 창안한 방식이다. 바이너리 시스템에서 성공하고자 한다면 3가지 역량을 갖춰라. ① 전달능력 ② 후원능력 ③ 육성능력이다. 바이너리는 최초 사업자가 성공하기보다는 최선을 다해 조직을 잘 형성하고 육성하는 사업자가 성공확률이 훨씬 높다.

(69) 새장에서 도망친 새는 잡을 수 있으나 입에서 나간 말은 붙잡을 수 없다.

(70) 꿈꾸는 것을 멈추면 인생이 끝나고, 믿는 것을 멈추면 희망이 끝나고, 배려하는 것을 멈추면 사랑이 끝나고, 나누는 것을 멈추면 우정이 끝난다.

(71) 인생은 살짝 미쳐야 즐겁다.

(72) 지금 생각하고 지금 행동하라.

(73) 생각이 1% 바뀌면 인생은 99% 바뀐다.

(74) 겁쟁이는 시작조차 하지 않았고, 약한 자는 중간에 사라졌다. 그래서 우리만 남았다. - 나이키 창업자 필 나이트

(75) 많은 일에는 타이밍이란 게 있어. 그때 못하면 영원히 못하게 된다.

(76) 성공하는 사람들은 믿기 때문에 보인다. 일반 사람들은 보이기 때문에 믿는다. 실패하는 사람들은 보고도 믿지 않는다. - 알리바바 마윈

(77) 많은 사람들이 매우 가치 있는 일을 앞두고 시기를 저울질하고 머뭇머뭇거리다가 소중한 기회를 놓치고 만다.

(78) 팀워크는 재능보다 강하다.

(79) 사업의 성공 핵심은 타이밍이다. 가난한 사람들은 당장 나가는 금전을 손실로 보지만 부자들은 타이밍을 놓친 것을 가장 큰 손실로 본다고 한다. 어느 회사나 대부분의 성공자들은 기득권을 잡았던 사람들이다.

(80) 당신을 움직이게 하는 것은 꿈! 꿈을 이루게 하는 것은 바로 선택과 집중이다.

(81) 꿈을 버리거나 포기하지 마세요. 항상 꿈꾸는 삶을 살기 위해 노력하면 어느새 뜻밖의 성공에 도달할 수 있으니까요.
- 존버의 법칙

(82) 그 어떤 것도 이길 수 있는 두 글자 "우리"

(83) 성공한 사람과 그렇지 못한 사람이 능력에서 큰 차이가 있는 것이 아니다. 그들의 차이점은 잠재력에 도달하고자 하는 욕구에 있다.

(84) 지금이야말로 일할 때다. 지금이야말로 싸울 때다. 지금이야말로 나를 더 훌륭한 사람으로 만들 때다. 오늘 그것을 못하면 내일 그것을 할 수 있는가? - 토마스 아켐피스

(85) 남들이 보지 못하는 것이 비전입니다. 여러분은 어떤 비전을 보고 계십니까? 이곳이 당신의 인생을 바꿔줄 기회입니다. 기회를 놓치지 마세요.

(86) 변명 중에서도 가장 어리석고 못난 변명은 '시간이 없어서'라는 변명이다.

(87) 시작하지 않으면 변할 기회조차 없다.

(88) 인생은 어디로 가느냐가 중요한 게 아니다. 만남과 관계가 잘 조화된 사람의 인생은 아름답다. 누구와 가느냐가 중요하다.

(89) 백만장자 마인드 부자는 기회에 집중하고 가난한 사람은 장애물에 집중한다.

(90) 나의 과거는 바꿀 수 없지만 오늘 내 행동을 바꿈으로써 나

의 미래를 바꿀 수 있다. - 한 줄 명언

(91) 오늘 힘들고, 내일은 더 힘들겠지만 모레는 아름다울 것이다. - 알리바바 마윈

(92) 세상에서 제일 중요한 때는 바로 지금이다. - 톨스토이

(93) 포기하면 안정을 얻지만 조만간 자유를 잃는다. 포기하지 않으면 불안정하지만 머지않아 자유를 얻게 된다. - 한 줄 명언

(94) 생각은 말을 만들고, 말은 행동을 만든다. 행동은 습관을 만들고, 습관은 인격을 만든다. 그리고 인격은 운명을 만든다.
- 영화 〈철의 여인〉 중에서

(95) 일단 한 번 해보자. 거절당할 용기만 있다면 무엇이든 할 수 있다.

(96) 꿈을 날짜와 함께 적어놓으면 그것은 목표가 되고, 목표를 잘게 나누면 그것은 계획이 되며, 그 계획을 실행에 옮기면 꿈은 실현되는 것이다.

(97) 지치면 지는 겁니다. 미치면 이기는 겁니다.

(98) 생각이 많아지면 용기는 줄어든다. 적당한 생각은 지혜를 주지만 과도한 생각은 겁쟁이로 만들 뿐 그것은 생각이 아니라 잡념이다.

(99) 긍정적인 생각이 행복의 첫걸음이다.

(100) 하나의 목표를 중단 없이 쫓는 그것이 성공의 비결이다.

(101) 시간을 내서 내게 오는 사람과 시간이 나서 내게 오는 사람을 구분하라.

(102) 인생이란 폭풍우가 지나가길 기다리는 것이 아니라 퍼붓는 빗속에서 춤추는 법을 배우는 것이다.

(103) 인생은 생방송이다. 절대 재방송은 없다.

(104) 흔들리지 않고 피는 꽃이 어디 있으랴. 이 세상 그 어떤 아름다운 꽃들도 다 흔들리면서 피었나니, 흔들리면서 줄기를 곱게 세웠나니, 흔들리지 않고 가는 사람이 어디 있으랴. 젖지 않고 피는 꽃이 어디 있으랴. 이 세상 그 어떤 빛나는 꽃들도 다 젖으며 피었나니, 바람과 비에 젖으며 꽃잎 따뜻하게 피웠나니, 젖지 않고 가는 삶이 어디 있으랴.

- 도종환의 〈흔들리며 피는 꽃〉 중에서

(105) 행복한 사람들의 비밀 - 긍정의 힘, 감사의 마음

(106) "사람은 망설이지만 시간은 망설이지 않는다. 잃어버린 시간은 되돌아오지 않는다."라는 말처럼 오늘도 내일도 순간순간 놓치지 말고 최고의 하루 만드세요.

(107) 성공에는 세 가지가 필요하다. - 의지, 용기, 결단력

(108) 하루를 긍정과 함께 시작하고 용서와 함께 마무리하라. 인생의 행복은 마음속에서 시작하고 끝을 맺는 법이다.

(109) 격한 감정으로 마음을 거르지 않는 행동은 1분도 못 되어 후회하게 되고, 속사포처럼 해대는 말 속에도 주워 담지 못할 말이 더 많기 때문이다.

(110) 걱정을 하든 안 하든 해가 뜨지 않음을 걱정해도 해는 뜨고, 해가 지는 것을 걱정해도 해는 진다. 일상생활의 모든

일도 이와 같다. 걱정을 하든 안 하든 이루어질 것은 반드시 이루어지고, 이루어지지 않을 것은 이루어지지 않는다.

- 진우의 〈두려워하지 않는 힘〉 중에서

(111) 내 마음속에 교만과 자만, 고정관념과 선입견이 가득하다면 상대방을 이해하기 어렵다. 내 생각과 관점을 내려놓고 겸손한 마음으로 상대를 바라볼 때, 비로소 그 사람이 보인다. - 〈오늘 행복을 쓰다〉 중에서

(112) 끝까지 해보라. 무슨 일을 해도 포기하지 말라. 마지막까지 눈을 똑바로 뜨고, 머리를 쳐들고 한 번 끝까지 해보라.

(113) 새로운 진리와 인생의 위대한 목적은 지식이 아니라 행동이다. - 토마스 헨리 헉슬리

(114) 행동하는 2%가 행동하지 않는 98%를 지배한다. - 지그 지글러

(115) 다섯 번은 왜라고 물어라. 대다수 사람들이 다섯 번의 왜라는 순차적 탐색방법을 이용할 때 답을 쉽게 찾아낼 수 있다. 도요타 직원들은 아래와 같이 다섯 번을 묻는다.

① 왜 그런가?

② 이 정도로 괜찮은가?

③ 무언가 빠뜨린 것은 없는가?

④ 당연하게 생각하는 것들이 정말 당연한 것인가?

⑤ 좀 더 좋은 다른 방법은 없는가?

- 도요타 기술자, 타이이치 오노

(116) 따뜻한 말 한마디! 때로는 내 입술의 30초가 상대방의 가슴에 30년의 감동이 될 수 있고, 30년의 지옥이 될 수 있다.
- 승한 스님

(117) 그 사람이 등록할지? 안 할지? 잘할지? 못할지? 미리 판단하지 말고 먼저 제안하라!

(118) 그대가 옳다고 상대방이 틀린 건 아니다. 상대방의 입장에서 바라보지 않았을 뿐이다.

(119) 기억하라! 등 뒤에서 욕하는 자가 있다면 그들보다 두 걸음 앞서 있다는 뜻이다.

(120) 노래 제목만 가지고는 어떤 느낌의 노래인지 알 수가 없다. 노래를 끝까지 들어봐야 그 노래에 대해서 이해할 수 있듯이, 모든 일들은 직접 경험하지 않고 판단하는 건 판단이 아니라 잘못된 선입관일 뿐이다. - 〈생각을 뒤집으면 인생이 즐겁다〉 중에서

(121) 내일 하겠다고 말하면 한 달이 흘러갑니다. 다음 주에 하겠다고 하면 일 년이 흘러갑니다. 나중에 하겠다고 하면 평생이 흘러갑니다.

(122) 변화하고자 하는 마음! 나는 유별나게 머리가 똑똑하지 않다. 특별한 지혜가 많은 것도 아니다. 다만 나는 변화하고자 하는 마음을 생각으로 옮겼을 뿐이다. - 빌 게이츠

(123) 무엇이든 할 수 있는 '나'이다.

(124) 꿈을 품고 뭔가 할 수 있다면 그것을 시작하라. 새로운 일

을 시작하는 용기 속에 당신의 천재성과 능력과 기적이 모두 숨어있다. - 괴테

(125) 리더는 남 탓을 하지 않는다. 리더는 더 잘하지 못하는 자신을 탓한다.

(126) 어느 누구도 과거로 돌아가서 새롭게 시작할 수는 없지만 지금부터 시작해서 새로운 결말을 맺을 수는 있다.

- 카를 바르트

(127) 어제 한 일이 아직도 대단해 보인다면 오늘 할 일을 제대로 하지 않은 것이다. 과거의 성취가 현재의 성취보다 초라해 보이지 않는다면 제대로 성장하지 못하고 있는 것이다. 수년 전에 한 일을 보면서 지금은 더 잘할 수 있다고 생각하지 않는다면 발전하고 있지 않은 것이다. - 앨버트 허버드

(128) 자신이 실력이 있으면 굳이 인정을 받으러 노력하지 않아도 주변에서 먼저 인정을 해준다. 왜 나를 인정해주지 않느냐 따지지 말고 스스로에게 물어볼 일이다. - 〈생각을 뒤집으면 인생이 즐겁다〉 중에서

(129) 네가 정말로 갖기를 원한다면 넌 얻을 수 있어. 하지만 넌 시도하고 또 시도하고 계속 시도해야 해. 그럼 넌 마침내 얻을 수 있을 거야. - 〈인어공주〉 중에서

(130) 해야 할 것을 하라. 모든 것은 타인의 행복을 위해서, 동시에 특히 나의 행복을 위해서다. - 톨스토이

(131) 뭐든 그냥 하는 사람은 열심히 하는 사람을 당할 수 없고,

열심히 하는 사람은 즐겨서 하는 사람을 당할 수 없고, 즐겨서 하는 사람은 미쳐서 하는 사람을 당할 수 없다.

(132) 생각만 하고 행동으로 이어지지 않으면 당신은 늘 그 자리이거나 퇴보한다. - 니오

(133) 기회는 포착할 준비가 된 사람들만 따라다닌다. 어떤 사람들의 눈에는 기회만 보이고, 어떤 사람들의 눈에는 문제만 보인다. - 나폴레온 힐

(134) 성공의 비밀은 '자신감'이며, 자신감의 비밀은 '엄청난 준비'이다. - 조수미

(135) 토끼는 상대를 보았고, 거북이는 목표를 보았다.

(136) 기회는 준비하는 자에게 찾아온다. 과학적인 발견이 우연한 기회에 이루어졌다면 이러한 우연한 기회는 평소 자질을 갖춘 사람, 독립적인 사고를 하는 사람, 그리고 중도에 포기하지 않고 끝까지 노력하는 사람에게 찾아온다. 게으른 사람에게 우연한 기회는 없다. - 중국 수학자 화뤄겅

(137) 한 분야에 집중하라. 자기 분야에서 최고로 성공하고 싶다면 먼저 한 분야의 최고 전문가가 되라. 자신의 능력을 여기저기 나눠 쓰는 일은 자제하라. 나는 여태까지 여러 가지 일에 손대는 사람이 돈을 많이 버는 것을 거의 보지 못했다. - 앤드류 카네기

(138) 좋은 습관의 노예가 되어라. 오그 만디노가 말했다. "이 세상에서 가장 위대한 세일즈맨의 비밀에서 진실로 실패한

사람과 성공한 사람의 차이는 단지 그들의 습관에 있다. 좋은 습관은 모든 성공의 열쇠이다. 나쁜 습관은 실패로 가는 문이다. 그러므로 무엇보다 우리가 지켜야 할 제1법칙은 좋은 습관의 노예가 되는 것이다.

(139) 인간의 간절함은 못 여는 문이 없구나. 그게 인간의 의지라는 거다. 스스로 운명을 바꾸는 힘! - 드라마 〈도깨비〉 중에서

(140) 기회가 왔을 때 잡을 준비가 되어 있는 것! 그것이 바로 성공의 비결이다. - 벤자민 디즈데일리

경제학 이야기, 스물하나

여러분의 기억에 예전에 배운 것을 다시 한 번 생각해보는 **'국민경제의 3대 원칙'**에 대하여 알아보는 시간이다. 국민경제의 3대 원칙에 대하여 사무엘슨(P.A. Samuelson)은 이것을 '국민경제의 3대 기본문제'로 정리하였다.

첫째, 어떤 재화를 얼마만큼 생산할 것인가?(What and much to produce?) 이것은 생산물의 종류와 수량의 결정문제를 이야기하는 것이다. 예를 들어 건설업자가 단독주택을 지을지 아파트를 지을지를 선택해야 하는 문제를 이야기하는 것이다.

둘째, 그럼 어떻게 생산할 것인가?(How whom to produce?) 예를 들어 국내에 공장을 지을까, 아님 외국에 지을까 하는 것이다.

셋째, 누구를 위하여 생산할 것인가?(For whom to produce?) 즉 소득분배의 문제를 말한다. 예를 들어 정부가 서민 예산을 증액하여 국민주택을 건설할 것인가, 아니면 국방예산을 증액하여 잠수함을 생산할 것인가의 선택을 말한다.

여기서 국민경제의 3대 기본문제를 해결하는 방식은 경제체계마다 다르게 나타난다. 그래서 경제체계는 생산수단의 소유방식이나 경제문제의 조정방식에 따라 구분할 수 있는데 대부분의 국가들이 자본주의 시장경제 체계를 도입하고 있다. 자본주의 체계에서는 생산수단의 소유 = 사적 소유와 자원분배의 기준 = 가격기구(보이지 않는 손) 경제 운영조직 = 개별경제 주체로 분리되어지며, 장점으로는 효율적인 자원배분, 오류의 자동수정, 기술진보 등을 들 수 있다. 단점으로는 불공평한 소득분배, 비탄력적인 경제계획, 정치적 자유의 제약 등으로 나누어진다. 이에 자본주의 시장경제 체계에서 대부분의 나라들은 시장경제가 완벽하게 작동하지 않기 때문에 문제점을 해결하기 위해서 일부 시장 개입을 하는 제도를 채택하고 있는데 **이를 수정자본주의 또는 혼합경제 체계라고 부른다.** 이웃나라 중국이 시장경제의 장점을 받아들여서 자원배분은 시장에 맡기고 생산수단은 사회화를 유지하는, 즉 혼합경제 체계이며, 대부분의 나라가 혼합경제 체계의 모습으로 바뀌고 있는 것이 현실이다.

여기서 우리가 생각을 좀 넓혀보면, 즉 사회주의 비효율성에 대하여 예를 들어보면 생리대가 없어요! 왜 생리대가 없을까? 사회주의 비효율성 경제체계를 치밀하게 세운다고 고심해도 어처구니 없는 결함을 노출시키는 사례가 많이 있다. 한 예로 소련, 지금의 러시아의 계획경제 정책을 비꼬는 우스갯소리가 있다. 지상천국이라고 자랑하던 소련에서 하루는 스탈린이 생리대가 없다는 딸의 소리를 듣고 그 원인을 알아보니 구소련의 정책을 입안하는 위원회 중에 여자가 한 명도 없었기 때문인 사실을 알게 되었다 한다.

즉 여성들에게 꼭 필요한 생리대가 생산품목에서 빠져 있어도 위원회의 위원들이 남자로만 구성되어 있어 아무도 발견하지 못했고, 결국 생리대가 생산품목에서 포함되지 못했다는 일이 실제로 있었다. 생산과 수요, 배급에 대해 모두 계획을 세우라니 물건이 한두 개인가? 계획과 현실은 항상 어긋나는 것 아닌가 한다. **여러분 또한 효율적이고 계획적인 꿈과 계획을 세워서 잘 선택하여 행동으로 실천으로 옮기면 사업을 성공할 수 있다는 것을 명심하시기를 바란다.**

제22장.

100세 시대 긴 인생,
축복인가? 재앙인가?

유엔에서 발표한 시대별, 연령별 초년, 중년, 장년, 노년의 구분의 달라진 현 시대의 100세 시대! 나는 아니 여러분은 긴 인생이 축복일까? 재앙일까? **필자가 보는 긴 인생의 여정은 결코 축복이 아니라고 말할 것이다.** 왜 아니라고 할까? 그것은 우리의 선조들로부터 지금까지 내려온 시대의 흐름, 삶의 인생주기가 수명이 늘어남으로 인하여 발생하는 많은 일들, 역사상 한 번도 구경해본 적이 없는 고령화사회의 짙은 그림자, 고령화에 대한 두려움! 이 현상은 우리 사회를 무겁게 하고 있다는 것이다. 나는 우리는 과연 품위 있게 사망할 수 있을까? 내가 죽는 날까지 생활비는 충분할까?

아마도 지금 걱정을 하지 않는 당신이라면 당신은 긴 여행에서 축복을 받을 사람이다. 하지만 대체적으로 상위의 10% 안에 들지 않는다면 긴 인생의 여행을 축복이라 할 수 없을 것이다. **특히 인구**

의 고령화사회가 세계에서 가장 빠른 속도로 진행되고 있다는 것이다. 고령화 속도가 빠른 이유는 어디에 있다고 생각하는가? 그것은 젊은이들이 줄어드는 이유인 출산율 저하 및 생활수준의 향상, 의료기술의 발달 등으로 수명이 늘어나고 있기 때문이다.

우리 사회는 대가족 제도의 전통을 가지고 있어 자식이 부모를 부양하는 책임을 당연시 하였지만 이제는 핵가족화 의식의 변화로 자식들이 부모를 부양하는 것에 긍정적이지 않다는 시대의 변화 속에 있다는 것이다. 결국 노후를 우리 스스로 준비해야 하는 일은 이제 선택이 아니라 필수가 되었다는 것이다. 특히 현재의 40대, 50대는 더욱더 긴장해야 할 것이다. 대부분 부모를 부양하면서도 막상 자신들은 자녀들로부터 어떤 부양도 못 받는 첫 번째 세대가 될 가능성이 높기 때문이다.

앞으로 다가오는 노후 준비를 어떻게 해야 할까? **100세 시대, 은퇴 후 40년! 이미 현실로 다가오고 있다. 나의 미래, 나의 노후 또한 곧 다가온다. 더 늦기 전에, 더 후회하기 전에 이제는 나의 노후를 위해 '스스로' 준비해야 할 때이다.**

이제부터 우리는 다각적으로 긴 인생을 축복으로 맞이할 기간별 포트폴리오를 마련해야 할 것이다. 정년은 짧아지고 평균 수명은 길어지는 현대인의 생활은 20년에서 길게는 30년을 넘어서는 기나긴 시간을 대수롭지 않게 생각하고, 허술한 계획은 당신을 재정적인 난관으로 몰아갈 것이다. 이에 이제부터 우리는 단계별로 구분하고, 장기적인 자금을 공격적으로 운용하고, 현 시대 전 세계적으로 변화하는 마케팅, 새로운 사업의 고급정보를 우리의 것으로 받아들여 나만의 긴 인생을 준비해야 한다는 것이다.

긴 인생의 여정을 준비하기 위한 선택이 아닌 필수조건을 지금 당장 실행으로 옮겨야 한다는 것이다. 특히 당신이 지금 40대, 50대라면 지금 당장 미래를 위한 필수요건 7가지 원칙을 활용하여 성공자로 거듭나길 바란다.

성공하기 위한 7가지 필수요건

첫째, 목표를 설정하라.

무엇을 하든 가장 먼저 하는 것이 바로 목표 설정이다. 이것은 회사의 경영주 또는 영업을 하는 사람에게만 적용하는 것이 아니라 일상생활 속에서도 여러 가지 목표 설정은 필수라는 것이다. 당신이 지금 네트워크 사업을 어떤 회사와 제품을 선택해서 시작하였다면 지금 당장 단기, 중기, 장기 세부적인 목표 설정을 해야 할 것이다. 언제 직급을 단계별로 도전할지 정확한 목표 설정이 있어야 성공할 수 있다는 것이다.

둘째, 현실을 직시하라.

한 번도 해보지 않았다면 해봐라. 구체적, 세부적으로 하나하나 당신의 노트에 나열하여 누구와 어떻게 내가 설정한 목표를 무난하게 달성할지, 어떻게 대처해야 하는지, 무리한 목표는 아닌지 등 제대로 해보고 싶은 마음이 있다면 실현 가능한 세부적인 목표를 반드시 적어보아라.

셋째, 알았으면 즉시 실천하라.

나에게 맞는 사업인지 아닌지 알았으면, 앞으로 미래의 비전이 있다는 것을 알아차렸다면 하루라도 빨리 즉시 실천하라는 것이다.

특히 네트워크 비즈니스 사업의 변화 속도가 빨라지고 있다는 점을 인식해야 한다. 네트워크 비즈니스는 선택이 아니라 필수시대에서 당신이 회사를 선택하고 사업을 시작하였다면 즉시 실천으로 옮겨야 할 것이다.

넷째, 끈기 있게 하라.

N/W 비즈니스 사업의 성공에서 기교가 끈기를 따를 수 없다. 당신의 네트워크 사업에서 끈기라는 토대 위에 기교가 더해진다면 금상첨화가 될 것이다. 기교보다 끈기가 우선이라는 것이다. 네트워크 사업을 시작하였다면 성공할 때까지 사업을 진행해야 한다. 사업을 시작한다는 마음을 가졌다면 어렵다고 포기하는 것이 아니라 우직하게 지키려고 노력해야 한다. 공부나 일에만 끈기가 필요한 게 아니라 가정경제를 풍성하게 하려면 끈기는 필수다.

다섯째, 빨리 종잣돈을 만들어라.

정해진 수입만으로 우리 식구들이 하고 싶어 하는 것들을 다 할 수 없듯이 남부럽지 않게 사는 데 한계가 있다. 보통의 일반 직장인들은 남들보다 경제적으로 앞서기 위해서 하루빨리 종잣돈을 만들려고 하우성이다. 최소의 종잣돈 1억 모으기! 직장인들의 꿈이다. 직장인들이 현 시점에서 종잣돈 1억 모으기는 최소 5년에서 10년이라는 긴 시간과의 사투를 벌이고 있다는 것이다. 네트워크 비즈니스 사업에서의 종잣돈 1억 모으기는 지금 당장 당신의 의지만 있다면 만들 수 있다는 것이다. 네트워크 비즈니스 방식, 특히 바이너리 방식에서 종잣돈 1억은 바로 당신의 파트너, 동지, 친구 2명을 만드는 것이다. 지금 당장 만들어라.

여섯째, 당신의 열정을 마음껏 투자하라.

돈을 왜 벌려고 하는가? 돈은 쓰기 위하여 모으는 것이다. 무조건 적게 쓰고 저축만 열심히 한다고 그 사람이 과연 행복할까? 저축만으로 행복을 느끼는 사람도 있겠지만 잘못하면 돈의 노예가 될 수도 있다는 것이다. 이제부터 돈의 주인이 되자. 쓸 때는 써야 한다. 단 계획 하에 마음껏 쓰자. 만약 당신이 1년 후에 해외여행을 가려고 1년 동안 열심히 저축했다면 행복하게 여행을 다녀와야 한다. 막상 가려니 돈이 아까워 망설여서는 안 된다. 그런데 당신의 네트워크 비즈니스 사업에서 돈을 쓰지 않고 공짜의 여행을 매년 상반기, 하반기 다닐 수 있다면 행복하다고 할까? 지금부터 당신의 열정에 마음껏 아낌없이 투자하라. 그러기 위해서는 계획된 올바른 소비를 하고, 나와 같이 올바른 소비를 할 사람 2명만 찾으면 된다는 것이다. 지금부터 계획을 잘 세우고 당신의 열정을 불태워라.

일곱째, 전문가를 활용하라.

당신보다 아니 나보다 더 훌륭한 전문가를 활용해야 한다는 것이다. 네트워크 사업에서의 스폰서를 어떻게 활용하는가에 따라 당신의 사업 성공을 좌우한다는 것을 명심해야 한다. 전문가 스폰서가 눈에 보인다면 그 사람과 친해져라. 그리고 활용하라. 분명 나보다 더 많이 알고 있다. 즉 도움이 된다는 것이다. 훌륭한 스폰서를 보았다면 최대한 활용하라. 그리고 스폰서의 장점을 내 것으로 복사하여 시스템을 활용한다면 당신은 성공할 것이다.

위의 7가지 미래를 위한 필수요건 원칙만 잘 지킨다면 누구나 쉽게 네트워크 비즈니스 사업을 성공할 수 있을 것이다. 지금 당장 실행으로 옮기시기 바란다. 꼭 성공하시기를 바란다. "나는 할 수 있다!", "하면 된다!"는 강인함으로 무장하라!

종잣돈이란?

종잣돈은 영어로 'seed money', 즉 '씨앗이 되는 돈'이다. 다시 말해 큰돈의 씨앗이 되는 돈이라는 것이다. "돈이 돈을 번다."는 말이 있듯 일정 금액 이상의 종잣돈이 있어야 돈 버는 데 가속도도 붙고 돈 모으는 재미도 더해진다. 그럼 종잣돈은 얼마를 모아야 할까? 종잣돈을 가장 빨리 마련하는 방법은 어떤 것일까? 빨리 마련하기 위한 비법은 있을까? 있다. 가장 좋은 방법은 안 쓰고 저축하는 방법이 비법이다. 하지만 안 쓰고 저축할 수 있을까? 많은 사람들은 종자돈을 1,000만원으로 시작해서 조금씩 늘려가는 방법 중 간접투자 또는 주식투자 등 수익률을 높여 조금씩 늘려 종잣돈을 마련하는 데 최선을 다한다. **하지만 네트워크 비즈니스 사업가 당신의 종잣돈은**

나와 같은 올바른 소비, 똑똑한 소비를 하는 파트너, 동지, 친구 2명을 찾는 것이 당신의 종잣돈임을 명심하라.

당신은 성공자로서 돈과 명예(직급)가 당신을 경제적 자유와 자신감을 줄 뿐만 아니라 자신과 사랑하는 가족을 지켜주는 울타리이며, 자신과 가족의 미래를 차곡차곡 준비해가는 과정이라는 것을 생각한다면 말이다. 가자! 세계로 미래로! 실패를 두려워하지 말라. 지금부터 당신을 이끌어줄 성공자, 리더, 멘토를 찾아 활용하라.

최저임금제

시장경제, 노동경제 시장에서의 우리나라 최저임금제란 국가가 노사 간의 임금결정 과정에 개입하여 임금의 최저 수준을 정하고, 사용자에게 이 수준 이상의 임금을 지불하도록 법으로 강제함으로써 저임금 근로자를 보호하는 제도이다. 우리나라에서는 1953년에 근로기준법을 제정하면서 제34조와 제35조(당시 근로기준법)에 최저임금제의 실시 근거를 두었으나 이를 시행치 못하였다가 1986년 12월 31일에 최저임금법을 제정, 공포하고 1988년 1월 1일부터 실시하게 되었다.

최저임금제는 근로자에 대하여 임금의 최저 수준을 보장하여 근로자의 생활안정과 노동력의 질적 향상을 기함으로써 국민경제의 건전한 발전에 이바지하게 함을 목적으로 한다. (최저임금법 제1조) 최저임금제는 최저임금액 미만의 임금을 받고 있는 근로자의 임금이 최저임금액 이상 수준으로 인상되면서 임금격차가 완화되고, 소득분배 개선에 기여하여 근로자에게 일정한 수준 이상의 생계를 보장해줌으로써 근로자의 생활을 안정시켜 근로자의 사기를 올려주어 노동생산성의 향상 및 저임금을 바탕으로 한 경쟁방식을 지양하고, 적정한 임금을 지급토록 하여 공정한 경쟁을 촉진하고 경영합리화를 기할 수 있다. (출처 : 최저임금위원회 인터넷 자료 인용)

경제학 이야기, 스물둘

부동산 시장경제의 분양가 상한제 이야기이다. **분양가 상한제란 정부가 일정 기준 이상으론 돈을 더 받지 못하도록 가격을 제한하는 제도이다.** 똑같은 아파트라도 어느 지역에서 짓느냐에 따라서 건설업체는 인기가 좋을 것으로 예상하는 곳에선 분양가를 높이고, 그렇지 못한 곳에선 가격을 낮춰 전체적으로 일정한 수익을 유지하는 전략을 사용한다. 그런데 한 번 높아진 집값은 좀처럼 낮아지지 않고 지속적으로 높아지는 경향이 있다.

분양가 상한제가 시행되면 분양가를 구성하는 땅값, 건축비, 가산비를 일정 수준 이상은 받지 못하도록 하기 때문에 분양가는 당연히 낮아질 수밖에 없다. 심지어 이미 지어진 주변 아파트보다 새 집이 더 싸질 수도 있다. 이렇게 되면 싸게 분양받은 아파트를 재빨리 비싼 가격에 넘기려는 사람이 생길 수 있다. 이런 이가 많아지면 집값은 계속 올라가 분양가 상한제를 시행한 효과가 적어진다. 이처럼 분양가 상한제로 인해 집값이 너무 싸지는 것을 막기 위해 정부는 분양자에게 채권을 강제로 팔아 다시 집값을 올리는 효과를 내기 위한 채권입찰제를 시행하고 있다. 시장경제는 법치주의를 근간으로 신뢰와 예측 가능성이 담보돼야 정상적으로 작동할 수 있다. **이런 맥락에서 조명해보면 분양가 상한제는 시장경제의 본질과 경제**

적 효율성에 배치되는 정책으로써 정책 실패의 대표적 사례라고 할 수 있다.

주택시장에 대한 정부의 과도한 개입과 규제는 주택시장의 불확실성을 증폭시켜 시장을 왜곡하고 전월세난을 발생시키는 등 역효과를 양산한다. 주택시장의 예측 가능한 성공을 위한 정부의 역할은 분양가격 규제에 있는 것이 아니라 시장 기능을 신뢰하고 시장이 정상적으로 작동될 수 있도록 불확실성을 제거하는 데 있다. 아무리 주택가격 안정이 중요하더라도 정부의 정책개입은 시장 경제적 법치주의라는 헌법의 틀 안에서 이뤄져야 한다. 정부가 시장 참여자 간 공정한 경쟁의 틀을 조성하는 데 그치지 않고 개별 사안들을 직접 해결하려고 하는 것은 헌법상 시장경제 질서의 기본원리에 반한다. (출처 : 송현담, 한국일보, 2011. 12. 29. / 김준현, 중앙일보, 2007. 5. 30. 인용)

제23장.
마침글

N/W 시대적 흐름

N/W 비즈니스 마케팅은 전 세계적으로 미국을 비롯하여 각 나라가 빠른 속도로 발전을 하고 있는 것이 현실이다. 결과적으로 N/W 시대적 흐름은 빠른 속도로 '진화'되어 가고 있다. '변화'라는 표현을 쓰기보다 시대적 흐름에서는 **필자는 '진화'의 표현을 쓰는 것이 적절하다고 생각한다.**

진화라는 표현을 쓴 이유는

N/W의 핵심, 사회의 핵심이 되는 것은 사람이기 때문이다. 6개월 전의 시대와 3개월 전의 시대, 그리고 1개월, 하루 전, 1시간 전의 변화의 속도가 다르다는 것을 잘 알듯이, 즉 변화보다 '진화'가 진행되고 있다는 것이다. 이러한 변화는 보다 많은 사람에게 행복을 주는 쪽으로 진화(변화)되고 있다는 사실이다.

N/W 마케팅은

경영학 분야 중에서의 마케팅 이론의 한 과목(N/W 분야)이다. 약 40년에서 70년 이상의 역사를 가지고 있으며 수많은 변화와 진화를 거듭하고 앞으로도 더 빠른 속도로 진화하고 발전할 것이라는 것이다. 즉 학습 + 체험 + 구조 + 기타 + 개인적인 델리벨리를 통하여 판매하는 방법으로 방문판매보다 한층 업그레이드된 판매유통 방법이다.

N/W 사업가는 빠르게 변화하는 시대의 흐름에 따라 오랜 세월을 꾸준히 끈기를 가지고 인내와 싸워야 한다. 또한 N/W 비즈니스는 본인이 언제든지 사업에 진입하기는 쉽지만 네트워크 비즈니스 사업을 해본 사람은 쉽게 폐업하거나 사업을 포기하기는 어렵다는 것이다. 이것이 네트워크 비즈니스 사업의 매력이라는 것이다.

네트워크 비즈니스 사업은 사람과 사람의 비즈니스 사업으로 남에게 상처를 주지 않고 약속을 지키는 사업으로 기본적인 일반 법칙, 기본사항 등 이러한 것들을 지키지 않으면 매번 실패한다는 것이다. **많은 직업 중에서 당신이 어떤 사업을 시작한다면 한 사업에 30여 년 이상 노력하면 성공하듯이 꾸준히 노력해야 한다는 것이다.** 현재의 경제시장에서 한평생을 지속적으로 사업을 할 수 있는 것으로 무엇이 있을까? 이와는 달리 네트워크 비즈니스 사업은 평생을 하는 사업이며, 노후에도 할 수 있으며, 정년이 없으며, 당신의 후손, 자녀에게 상속까지 가능한 현 시대의 최고의 비즈니스라는 것을 명심해야 한다는 것이다.

현 시대는 100세 시대이다. 전 세계가 고령화 시대를 맞이하면서 장수의 역사 속에서 예측할 수 없는 인생의 긴 여정이 기다리고 있으며, 무엇을 하면 못 먹고 사느냐는 일반적인 생각들을 하고 있다. 이에 현실의 경제흐름 속에서 지금 중요한 것은 노후 때문에 더 열심히 노력하듯 자녀에게 필요한 유산은 어떤 것이며, 무엇을 물려줄 것인가를 생각해야 할 것이다. **즉 부모가 자식에게 성공을 보여주는 것이다. 일반적으로 아이는 자랄 때 가난하면 더 강해지는 생각과 행동, 습관, 관념이 있다고 한다.**

그럼 N/W 사업에서 제일 중요한 것은 무엇인가를 분석할 줄 아는 것이다. 문제점 본질은 무엇이고, 당신이 해야 할 것은 특히 네트워크 비즈니스에서의 소비자의 힘, 회원의 힘이 네트워크 사업에서 엄청난 힘으로 당신을 응원할 것이다.

기존의 N/W 사업의 흐름

자유 민주경제 시장의 기본 논리를 보면 대부분의 회사 유통망 경제시대에서 많은 변화를 가져오고 있으며, 새로운 유통방식으로 백만장자 탄생에 흐름을 바꿔가는 현 시대의 흐름을 파악하여 나의 것으로 만들어야 하는 시대임을 명심해야 할 것이다.

현재의 네트워크 회사들은 유형의 상품을 취급한다. 유형의 상품 취급을 A라고 가정하고, 소비자의 회사물류를 B라고 하고, 네트워크 비즈니스 사업가를 C라고 한다면 A에서 B에서 C의 사업흐름이라면 앞으로 변화추정은 A(유형상품 회사), C(네트워크 비즈니스 사업자), B(소비자의 회사물류)의 형태로 바뀐다는 것이다.

즉 N/W 회원사의 힘이 커지므로 종합 조정능력이 생기면서 전문 경영자로 출발하므로 성공할 수밖에 없다는 것을 이야기한다. 다시 말하면 미래의 네트워크 비즈니스는 사회적 압력이 더욱더 커질 것이며, 국회 법률 강화와 규제 + 압력의 감시가 커진다는 것이다.

N/W 판매의 3가지 공통점

제조회사 & 소비자 ① 직접 공급 ② 구매조합(회원) ③ 공동판매를 한다는 것의 공통점이 있다. 즉 N/W 마케팅은 소비자의 이익을 고려한 마케팅이라는 것이다. 결국 N/W는 비즈니스 사업이며, 사업의 형태는 네트워크 성격을 띤 사업이다.

N/W 마케팅의 10년 뒤 미래상은 어떻게 변화할까?

네트워크 비즈니스 마케팅은 사회적 정당성과 네트워크의 올바른 소비방식으로 변화하며, 이에 따르는 엄청난 변화를 네트워커들은 실감할 것이다. 또한 미래의 소비자들은 단독(개인)으로 존재하려 한다면 많은 손해를 볼 것이고, 모든 구매는 N/W 속에서 이루어지게 되고 구매하게 되는 변화를 가져올 것이다.

올바른 소비의 변화로 인하여 회사는 구매자와 협상이 이루어지며, N/W 사업가는 개념의 소비를 만드는 사회적인 공헌자가 될 것이고, 판매를 하는 것이 아니라 N/W 비즈니스맨이 된다는 것이다. **즉 국민들에게 효과적인 N/W를 소개하고 문제를 해결해주는 리더자가 되는 것이다.**

이런 변화의 시대에서 경제흐름에 변화하지 않는 물류 중심의 N/W는 머지않아 한계에 도달하게 될 것이다. 또한 미래에 아니 앞으로 N/W 사업은 서비스로 전환하는 사업으로 발전하며 제 역할을 할 것이다. 선진국의 사업형태가 서비스를 주축으로 커다란 혜택을 주는 정책의 유형이라면, 후진국의 사업형태는 물류의 정책으로 혜택을 줄 것이다. 이에 물류는 서비스 사업으로 앞으로 개인의 필요는 서비스 사업의 비중이 크게 될 것이다. (예) 국민소득 하위(서민층) 10% 중 전체수익 40% 이상 60%가 먹는 것에 비중이 크며, 국민소득 상위(상류층) 9% 중 전체수익 100% 이상 서비스에 비중을 두고 있다.

유형 & 무형 마인드의 차이점

경제시장에서 유형 & 무형의 상품으로 구분되어 경제흐름의 역할을 한다. 경제시장에서의 무형 & 유형의 형태로 구분되지만 우리 인간의 삶에 있어서 마음의 형태를 유형의 마인드 & 무형의 마인드를 이제부터라도 준비해야 한다.

유형의 마인드는 다른 상품과 경쟁을 하고 비교가 되는 시스템을 준비해야 한다. 서비스 분야의 N/W를 발전시켜서 장점(장기화)으로 만들어야 한다. 무형의 마인드는 무엇이든지 할 수 있다는 것이다. 이것은 제조업이 서비스업 전환이 잘 안 되듯이 유형의 마인드에서 무형의 마인드화를 해야 한다는 것이다. 이에 당신이 기왕에 물류를 공급한다면 **첫 번째 부가가치가 많은 것은 사람의 기여도가 높아야 하며, 두 번째는 창조형의 물건이어야 하며, 세 번째는 신기술, 신개발품, 아이디어 상품이어야 한다는 것이다.**

결국 미래의 네트워크 비즈니스 경제는 물건을 선택하는 것이 아니라 설득에 의하여 판매하는 비즈니스이며, 지식의 서비스이고, 창조적인 상품으로 N/W 방법으로의 사업이 비전 있는 사업이다. 미래의 네트워크 비즈니스 경제사업은 나만의 독특한 상품을 가지려는 소비가 늘어나며, 자존심, 개인적인 힘, 브르조아적인 보스(사람)가 늘어나면서 차별화된 제품 및 독특한 것, 맞춤의 형태만 찾는다는 것이다.

네트워크 회사 관련 물류상품의 특성

네트워크 비즈니스 회사의 물류상품의 특징은 장기승부형이다. 앞으로 네트워크 회사의 탄생에 있어서 세 가지의 특징이 있다. 이 세 가지의 특징을 잘 관찰하고 미래의 비전을 위하여 준비해야 할 것이다.

첫째, 속도(speed)이다.

네트워크 회사의 탄생을 위하여 물류상품 관련 제품의 소비 속도, 사업자가 네트워크 정보를 전달하는 데 있어서 스피드가 빨라야 하며, 신규 회원가입 속도가 빠른 물류이어야 한다.

둘째, 고객관리 시스템이다.

기존의 소비자가 지속적이고 반복 구매가 이루어져야 할 수 있는 물류제품이며, 상품의 인지도, 평판, 검증이 되어야 한다.

셋째, 모든 비즈니스는 속도와 고객관리이다.

네트워크 비즈니스 취급 제품은 희소성과 신뢰를 줄 수 있는 속도와 소비자가 일상적으로 반복적으로 소비를 할 수 있는 두 가지 조건이 충족된다면 비즈니스 사업의 성공은 빠르게 발전할 것이고, 이에 따른 자체적인 시스템을 토대로 파트너, 고객관리가 사업의 성공에 필요조건이 된다는 것을 명심해야 할 것이다.

앞에서와 같이 네트워크 비즈니스 사업을 성공적으로 이끌어가려면 여러분 자신의 관리가 있어야 한다. **자신의 관리조건의 첫째는 당신 자신의 소비자의 생활지도 능력이 있어야 하며, 둘째 당신 자신의 현재의 생활습관, 생활인식을 빠른 시간 내에 바꾸어주어야 하며, 셋째 소비자가 너도 나도 지속적인 반복구매 + 평판 검증이 되어 나의 지지자로 만들어야 한다.** 지금 위의 사항을 당신이 지속적으로 나의 것으로 행동과 실천으로 옮기고 실행하는 사업자라면 당신은 성공자로서 우뚝 서있을 것이고, 그렇지 않고 있다면 당신의 네트워크 사업은 실패하였다고 인정해야 할 것이다. 지금부터 당신은 위의 사항을 자신의 것으로 만들어 사업 성공을 위하여 꾸준히 만들어가기를 바란다.

네트워크 비즈니스 사업의 성공자, 사업가는 지지자가 있어야 한다.

당신이 지금 네트워크 비즈니스 사업을 창업하고 열심히 추진하는 데 있어서 당신의 지지자가 있으면 성공을 할 것이고, 당신의 사업 진행에 있어서 두려움 없이 당신은 어떤 네트워크 비즈니스 사업을 하던지 성공할 것이다. 예를 들어서 할아버지, 할머니가 살아남으려면 당신이라면 어떻게 해야 할까? 적극적인 지지자가 있어야 한다.

서울대학교 강의과목 중에 정주영론이라는 학문이 생겼다는 설도 있다. 현대그룹의 창업자 정주영 회장의 어록이라는 것을 많은 사업자 또는 도전하는 모든 사람들의 귀감이 되어 널리 알려진 이야기로 정주영 회장의 어록이 경영자로서의 연구대상이자 지지자가 많이 있다는 것이다. **즉 당신의 사업에서 당신의 지지자 집단을 많이 만들어가는 것이 최고이며, 사업의 영향력을 넓혀가고 당신의 지지자를 만들어가는 것, 즉 이것이 네트워크 사업의 꽃이며, 당신이 네트워커로서 사업을 진행하는 데 있어 현 시대 인간의 매력이라고 필자는 말하는 것이다.** 앞으로 네트워크 비즈니스 사업은 그 그룹의 팀의 조직도 중요하지만 앞으로 조직보다는 개인의식을 중심으로 분명히 변화할 것이고, 당신이 이제부터 준비해야 할 것은 당신이 매력적인 사람이 되어야 한다.

사회 주변의 일반적인 예를 들어보면 믿음의 종교 교회를 비교하면 교회는 사람의 네트워크 비즈니스라고 볼 수 있다. 교회는 목회자들에게 신념의 확신을 불어넣어 주고 미래의 힘인 목회자들에게 엄청난 믿음과 신뢰를 주듯이 앞으로 네트워크 비즈니스 또한 신뢰와 믿음을 주지 못한다면 어떠한 네트워크 비즈니스 사업에 있어서 회사, 제품, 시스템, 보상플랜이 아무리 뛰어나다 하더라도 성공하지 못할 것이다. 이에 지금부터 당신은 하느님, 부처님과 같은 절대적인 신뢰를 주는 사람으로 재탄생할 수 있도록 노력해야 할 것이다.

당신의 네트워크 비즈니스 사업을 성공하기 위하여 지지자를 많이 만들기 위하여 사람을 많이 만나는 데 있어서 앞으로 당신은 첫 번째 두려움이 있으면 안 되며, 두 번째 인간 수집자가 되어야 하고, 세 번째 특이한 사람, 어려움의 사람을 사귀어놓아야 진국이 될 것이며, 네 번째 사람을 차별화하지 말고, 미워하지 않고, 모두를 생각하고 사랑할 것이며, 다섯 번째 다양한 사람들을 만남에 있어서 집단이론에서 보면 사람은 성공할수록 같은 레벨의 사람만 사귀려고 하는 습관이 있다는 것이다. 즉 서로 편안한 복제인간을 수집하면 망하고, 사업에서 실패한다는 것이다. **결론은 위의 사항들에 대한 나의 습관이나 관점을 변화시키지 않는다면 당신의 기업은 망한다는 것을 명심해야 한다.**

정주영 회장 어록 '팁'

(1) 운이 없다고 생각하니까 운이 나빠지는 것이다.

(2) 길을 모르면 길을 찾고 길이 없으면 길을 닦아라.

(3) 무슨 일이든 확신 90%와 자신감 10%로 밀고 나아가라.

(4) 사업은 망해도 괜찮아. 신용을 잃으면 그걸로 끝이다.

(5) 나는 젊었을 때부터 새벽에 일어나 더 많이 일하려고 하였다.

(6) 나는 그저 부유한 노동자에 불과하다.

(7) 위대한 사회는 평등한 사회야. 노동자를 무시하면 안 된다.

(8) 고정관념이 멍청이를 만든다.

(9) 성패는 일하는 사람의 자세에 달린 것이다.

(10) 누구라도 신념에 노력을 더하면 뭐든지 해낼 수 있는 것이다.

(11) 내 이름으로 일하면 책임 전가를 못한다.

(12) 잘 먹고 잘 살려고 태어난 게 아니야. 좋은 일을 해야지.

(13) 더 바쁠수록 더 일할수록 더 힘이 나는 것은 신이 내린 축복이다.

(14) 열심히 아끼고 모으면 큰 부자는 몰라도 작은 부자는 될 수 있다.

(15) 불가능하다고 해보기는 해보았는가?

(16) 시련이지 실패가 아니야.

위의 성공할 수밖에 없는 어록을 정주영 회장이 평소에 실천하면서 현대그룹의 신화적 창시자가 된 것이다. 우리는 일상의 자신에게 할 수 있다는 성공의 교훈으로 삼아야 할 것이다.

어떻게 하면 성공할까?

당신의 네트워크 사업, 어떻게 해야 성공할까?

첫째, 성공하기 위하여 창조적, 건설적인 갈등이 존재하는 사람을 수집해야 한다.

둘째, 사람이나 사회를 리더한다는 것은 어려움이 많이 있듯이 사람을 초대할 때는 보다 더 까다롭고, 힘든 사람을 먼저 초대하고 섭외해야 한다.

셋째, 사람이 이탈하면서 창조적인 동기가 나오며 성공한다는 것이다. 이때 결심이 생기며, 생산적인 사업이 되고, 항상 새로운 사람을 만들며, 일사분란하고 끝없이 달라져야 한다.

현 시대의 경제흐름은 기업은 실업자를 만들고 네트워크 비즈니스 사업은 실업자를 구제하는 곳이라고 필자는 주장한다.

네트워크 사업, 왜 네트워크 비즈니스인가?

미래의 경제, 전 세계의 네트워크 시장에서 선진국 미국이나 영국, 독일, 중국 등 각국의 네트워크 회사들이 대한민국의 시장에 진입하여 대대적인 사업을 펼치고 있다는 것이다. 이에 미래에는 대한민국 토종의 N/W 마케팅 회사, 당신의 회사가 바야흐로 세계적인 N/W 회사로 발돋움하며 전 세계로 사업을 펼쳐 글로벌화 하는 네트워크 회사, 한국 경제를 이끌어가는 초석이 되는 회사로 발전할 것이다. 그리고 당신의 미래를 책임질 만한 신뢰와 명예가 있는 회사로 글로벌화 함에는 틀림이 없을 것이며, **당신의 네트워크 회사와 네트워커 당신은 당신의 네트워크 비즈니스 사업을 자랑스럽게 여기고 더욱 박차를 가하여 성공자로 모두가 정상에서 만나기를 바란다.**

이제부터 "난 할 수 있어!"라고 더 자주 외쳐야 당신은 성공한다.

우리는 열일곱 살이 될 때까지 "아니, 넌 할 수 없어!"라는 말을 평균 15만번 듣는다. "그래, 넌 할 수 있어!"는 5,000번이다. 부정과 긍정의 비율이 무려 30 : 1이다. 이런 까닭에 "난 할 수 없어!"라는 믿음이 마음속에 자리 잡는다.

- 존 아사리프 & 머레이 스미스 〈The answer〉 중에서

이런 환경 속에서 자라기 때문에 성인이 되기 전에 이미 우리 마음속에 "난 할 수 없다."라는 믿음이 강하게 자리 잡게 된다. **"난 할 수 있다!"라고 더욱 자주, 그리고 힘차게 외쳐야 하는 이유가 여기에 있다고 생각한다.**

하루에 생각날 때마다, 어떤 일을 할 때마다
그래 "난 할 수 있어!"라고 외쳐라!

자기 자신에게 암시를 지속적으로 "할 수 있다!"라고 지속적으로 외친다면 힘든 일이나 안 되는 일 모두 해결할 수 있을 것이며, 당신 아니 우리가 하는 네트워크 비즈니스 마케팅 사업에 자신감을 가지고 당신의 꿈과 목표를 향하여 노력할 때 당신은 백만장자의 대열에 우뚝 서있을 것이다. 모두 성공하시길 바란다.

"나는 성공할 수 있다!"라고 자신만의 최면을 걸자!
행운은 스스로 만들어내는 것이므로 영원히 가질 수 있다. 만일

오늘 일을 내일로 미룬다면 행운은 결코 찾아오지 않을 것이다. **새로운 미래를 원한다면 그 시작이 분명 있어야 한다. 그 첫발을 오늘 당장 내딛자!**

- 알렉스 로비라 셀마의 〈행운〉 중에서